한국사

10

발해

국사편찬위원회

한국사 간행취지

우리 겨레가 앞으로 어떻게 살아갈 것인가 하는 문제는 우리들은 물론 우리와 더불어 살아가는 세계인들의 관심사일 것이다. 이에 대한 해답은 과거에 어떻게 살아왔는가 하는 우리 역사에 대한 인식을 통해 찾을 수 있을 것이라고 생각된다.

본 위원회에서는 이미 1970년대에 『한국사』 25권을 간행하여 해방 이후 한국사의 연구성과를 집대성함으로써 한국사에 대한 인식을 새롭게 한 바 있다. 그 이후 한국사회는 놀라운 성장과 발전을 이루었고 역사학계도 상당한 연구성과를 축적하였다. 이러한 변화에 발맞추어 한국사학계는 새로운 『한국사』 편찬의 필요를 느끼게 되었다.

이에 본 위원회는 일차적으로 한국사 연구지원비를 마련하여 역사학계로 하여금 1980년대 중반까지 연구성과가 미진하다고 생각되는 분야를 연구할 수 있도록 하였다. 이어서 1989년부터 1990년까지의 준비를 거쳐 1991년에는 '신편 한국사 편찬위원회'를 따로 구성하고 총 60권에 달하는 새로운 『한국사』를 편찬하기로 하였다. 그리고 다음과 같은 『한국사』 편찬의 목표를 세웠다.

① 한국의 역사와 문화에 대한 객관적 인식의 토대를 제공할 수 있는 한국사를 편찬한다.

② 민족의 창조적 문화활동과 민족사의 내재적 발전을 드러내는 한국사를 편찬한다.

③ 최근까지의 연구성과를 체계화하고 새로운 영역을 개척함으로써 한국사 연구의 지평을 넓힌다.

④ 한국사 연구와 관련하여 고고학·인류학·사회학·경제학 등 인접학문의 연구성과를 수용하여 한국사 인식의 폭을 넓히는 데 기여한다.

새로운 『한국사』를 펴내면서 우리 모두가 바라는 바는, 민족의 통일에 대비해야 하고 급격히 변화하는 시대상황 속에서, 한국사 연구자의 깊이 있는 연구를 도와주고 독자들의 역사인식을 드높일 수 있는 길잡이 구실을 할 수 있었으면 하는 것이다.

국사편찬위원회 위원장

목　차

Ⅱ. 발해의 변천

Ⅲ. 발해의 대외관계

V. 발해의 문화와 발해사 인식의 변천

개 요

I

발해는 698년 건국한 이후 단기간에 급속히 발전하여, 727년 일본에 보낸 武王의 국서에서 "고구려의 옛 땅을 회복하였고 부여의 遺俗을 잇게 되었다"고 호언할 정도가 되었다. 고단한 일개 망명집단에 의해 건국된 발해가 이렇듯 급속한 발전을 할 수 있었던 데에는, 당의 營州지역에서의 오랜 幽居生活과 험난한 東走過程을 헤쳐 나오면서 길러진 大祚榮집단의 주체적 역량이라는 측면과 함께, 7세기 종반 이후 동북아시아지역의 대내외적인 객관적 정세가 크게 작용하였다.

676년 신라에 패배한 唐이 한반도에서 전면 철퇴한 이후, 평양과 원산만을 잇는 선 이남은 신라의 영역이 되었고, 당의 지배력은 요동지역에 한정되었다. 몽골고원에서는 680년대에 突厥이 재흥하였으나, 그 세력이 興安嶺산맥을 넘어 만주지역 깊숙이까지는 뻗쳐오지는 못하였다. 이에 따라 중·동부만주와 한반도 북부지역은 주변의 어떤 강대국의 세력도 미치지 못하는 국제적인 힘의 공백지대가 되었다. 대내적으로도 이 지역에서는 668년 이후 기존의 고구려의 지배조직이 해체되고, 이를 대체할 만한 다른 유력한 세력이 아직 형성되지 못하였다. 이 지역의 고구려유민들과 말갈족의 여러 부족들은 소규모 단위로 나뉘어져 자치를 영위하였다. 그런 가운데서 한두 세대가 흘러 전란의 상처가 어느 정도 아물어 가면서, 이 지역에 새로운 활력소가 생성되고 있었다. 우월한 생산기술과 문화를 지닌 상당수의 고구려유민의 유입과 그들에 의한 개척도 그 한 요인이 되었다. 그 무렵 외부로부터 이동해온 세력이 새로운 정치적 구심점으로 등장하자, 이를 중심으로 한 통합이 빠르게 진전되어 갔다. 그 힘의 구심점은 바로 대조영집단이었다.

2 발 해

고구려 멸망 후 당의 영주지역에 옮겨져 생활하고 있던 고구려유민과 말갈족은 일종의 羈縻州 형태로 집단별로 당에 예속되어 있었다. 696년 거란족이 당의 압제에 저항하여 봉기함에 따라 영주 일대가 혼란에 빠지자, 이들 중 일부 집단은 각각 乞乞仲象과 乞四比羽의 영도 아래 당의 지배망을 벗어나 동으로 이동하였다. 거란군을 진압한 뒤 당군은 이들에 대한 공격을 벌였다. 당의 추격군을 맞아 먼저 말갈집단이 싸웠으나 패배하여 그 수령인 걸사비우가 전사하였다. 대조영집단은 걸사비우집단의 잔여무리를 흡수하면서 동으로 이동하여, 추격해오는 당군을 오늘날의 哈達嶺인 天門嶺에서 대파하였다. 이후 계속 동진하여 牧丹江 상류지역에 정착하여 새로운 나라를 세웠다. 대조영집단이 처음 자리잡았다고 史書에서 전하는 東牟山은 오늘날의 연변조선족자치주 敦化市 賢儒鄉의 城山子山城으로 여겨지며, 그 동편의 평지에 있는 永勝유적이 초기 도읍지인 '舊國'으로 비정된다. 이곳에서 멀지 않은 곳에 발해 초기 지배층의 무덤들이 있는 六頂山古墳群이 있다. 천문령전투가 700년 6월에서 그리 멀지 않은 시기에 벌어졌으므로 영승지역에서 발해가 실질적으로 건국을 한 것은 700년 이후라고 보여진다. 아마도 발해인으로부터 전해들은 바를 기술한 것으로 믿어지는 일본의 《類聚國史》에서 발해가 698년에 건국되었다고 한 것은 그 때 대조영이 이른바 그의 아버지라는 걸걸중상에 이어 집단의 우두머리가 되었음을 뜻하는 것으로 보여진다.

건국 후 대조영은 돌궐과 신라에 사신을 보내어 통교하였다. 우선적으로 고려해야 했던 당의 침공 가능성에 대한 대비책이었다. 그러나 이 무렵 당은 거란군의 봉기를 진압하였지만, 이어 돌궐이 요서지역을 압박하고 있어 우선 그에 대처해야 하였으므로 대조영집단에 대해 더 이상 공격을 가할 여력이 없었다. 8세기초에 접어들면서 당은 정책을 바꾸어 발해를 인정하고 회유하고자 하였다. 이는 당시 요서지역을 교란하고 있던 거란·奚·돌궐 등에 대처하기 위하여 그 동편에 있는 발해의 존재를 주목한 데서 비롯한 것이었다. 건국 초기였던 발해 또한 당과의 충돌을 피하는 것이 필요하였던 만큼, 당에 조공사를 파견하는 등 우호적인 조처를 취하였다. 그러나 발해는 당과 거란·돌궐간의 분쟁에는 개입하지 않고, 고구려유민과 말갈족의 통합에 주력하였다.

발해의 순조로운 성장은 720년대에 접어들면서 위기를 맞이하게 되었다. 위협은 밖으로부터 왔다. 당은 716년 돌궐의 내분을 이용하여 요서지역에 대한 지배권을 재차 확립하였다. 나아가 이를 바탕으로 동북아지역으로 그 영향력을 확대해 나갔다. 당은 726년 발해의 배후에 있던 黑水靺鞨을 포섭하여 그 지역에 黑水府라는 관청을 설치하고 관리를 파견하여 흑수말갈족을 감독·조종하게 하였다. 이는 곧 발해의 존립을 위협하는 것이었다. 武王은 이에 강하게 반발하여 흑수말갈에 대한 원정을 단행하였다. 이 원정으로 당과의 관계가 첨예화되자 발해는 당의 침공 가능성에 대비하여야 했다. 아울러 발해의 급속한 팽창에 위협을 느껴 북쪽 국경지대에 성을 쌓는 등의 움직임을 보여온 신라가 당과 동맹하여 공격해올 경우를 우려하지 않을 수 없었다. 무왕이 727년 일본에 사신을 보내어 통교하며 우호관계를 맺을 것을 희망하였던 것도 그럴 가능성에 대비하여 신라를 견제하기 위한 방략의 일환이었다. 발해와 당간의 대립은 무왕의 대외강경책에 반대한 그의 동생 大門藝가 당에 망명한 사건으로 인하여 더욱 첨예화되었다. 732년 발해의 해군이 당의 登州를 공격하면서, 양국간에 戰端이 열렸다. 이러한 발해와 당간의 관계 진전을 주시하던 신라는 당과 동맹을 맺어 양국이 발해를 협격하는 방안에 적극적인 자세를 취하였다.

733년 당군과 신라군은 각각 발해의 서부와 남부의 국경선을 향해 진공하였다. 그러나 양군은 발해군의 반격과 추위로 다수의 희생자를 내고 퇴각하였다.

이후 발해는 당과의 관계개선을 도모하였고 당도 발해를 더 이상 공격하기 어렵다고 판단하여 양국간에는 국교가 재개되었다. 한편 당은 735년 신라가 대동강 이남지역을 차지한 것을 정식으로 승인하고, 신라와 발해가 서로 대립하도록 유도하면서 동북아지역의 현상유지에 힘썼다. 신라도 대동강 이남의 황해도지역의 군현화에 주력하였고 더 이상의 북진을 도모하지 않았다. 이에 7세기 후반 이후 고구려의 멸망과 신라의 한반도 통일 및 발해의 건국과 발전 등에 따라 격동하던 동북아시아지역에, 당제국을 축으로 하여 발해·신라·일본 등이 공존하는 안정된 국제관계의 틀이 형성되었다. 이 구도는 10세기초까지 이어졌고, 그러한 구도 아래에서 각국간에는 사신왕래가 빈번해졌으며, 무역과 유학생 파견 등을 통한 교류도 늘어났다. 발해·신라·일본 등은 당의 선진문물을 받아들이면서 자국의 발전을 도모하여 귀족문화를 꽃피워 갔다.

한편 당과의 관계가 개선되고 신라의 위협이 사라지자, 발해는 그 배후에 있던 鐵利部·拂涅部·越喜部 등의 미복속 말갈 부족들에 대한 압박을 가하였다. 이들 집단이 8세기 후반 이후 발해에 복속되자 발해의 영토가 송화강 하류에까지 미치게 되어, 건국초 이래로 추구해오던 대외적인 팽창은 한 단락을 짓게 되었다. 발해가 또 한번의 대외적인 팽창을 한 것은 9세기 전반 宣王대였다.

Ⅱ

대외적인 안정을 회복한 이후 발해는 대내적인 체제정비에 주력하였다. 무왕을 이은 文王의 장기간에 걸친 재위기간 중에 발해의 제도와 문물은 크게 정비되었다. 먼저 770년대 무렵에는 지방제도로서 府－州－縣制와 5京制가 성립되어 있었다. 주요 부는 京이라 하였다. 부는 주의 상위기관으로서 기능하였다. 이는 조정에 직할되었던 3개의 獨奏州가 따로 존재하였음을 통하여 알 수 있다. 주 아래에는 여러 개의 현이 설치되어 있었고, 현 아래에는 촌락들이 있었다. 촌락의 장은 首領이라고 하였는데 그 촌락의 유력자가 되었던 것 같다. 수령은 행정조직의 말단에 속하여 세금의 징수와 노동력의 징발 등의 실무를 관장하였고, 때로는 대외사절단의 일원으로 참가하기도 하였다.

지방제도와 함께 중앙관서조직도 정비되었다. 政堂省·宣詔省·中臺省 등의 3省과 정당성 관할하의 忠·仁·義·智·禮·信 등의 6部가 발해의 중앙관서조직의 중추를 이루었다. 이는 당의 3성 6부제를 본받은 것이나 당과는 달리 정당성이 국무를 총괄하는 위치에 있었다. 이 밖에 감찰기구인 中正臺와 文籍院·司賓寺 등의 관서도 설치되었다.

이처럼 관료조직이 정비되어 갔다는 것은 곧 중앙집권력과 왕권이 강화되었음을 의미하는데, 이런 진전을 뒷받침하였던 당시의 이념적 기반의 하나는 유교였다. 6부의 명칭이 유교적인 덕목을 딴 것이었다는 점은 그런 면을 웅변해준다. 冑子監이 설치되어 있어 유교 경전에 대한 교육과 인재 양성에 중심적인 역할을 하였다. 불교 또한 왕실과 밀착하여 왕권의 강화에 일정한 역할을 하였다. 문왕의 시호가 '大興寶曆孝感金輪聖法大王'이었는데, 이 중 '大興'과 '寶曆'은 문왕대의 年號이고, '金輪聖法'은 문왕이 정복군주로서 천하에 正法을 시행하는 이상적 군주인 轉輪聖王임을 상정한 것이다. 이 역시 당시 불교의 성격의 일면을 말해준다.

한편 문물제도의 정비와 함께 수도를 새롭게 조영하였다. 발해는 그 수도를 여러 번 옮겼다. 舊國 즉 첫 도읍지였던 영승지역에서 中京 顯德府로 천도했다가, 755년 무렵 上京 龍泉府로, 다시 785년에는 東京 龍原府로 옮겼으며, 794년 문왕이 죽은 뒤 얼마 되지 않아 다시 상경 용천부로 천도하였다. 상경은 이후 926년 나라가 망할 때까지 수도가 되었다. 상경은 광활한 평지에 정연한 도시계획에 따라 건설되었다. 성곽으로 둘러싸인 도시 전체의 둘레가 16㎞였는데, 이는 당시 동아시아에서 당의 장안성 다음으로 큰 도시였다. 중경과 동경 또한 평지성의 형태를 취하였다. 그런데 천도는 한 국가에 있어서 모든 면에 영향을 주는 매우 중요한 사건인데, 이렇듯 발해에서 잦은 천도가 이루어졌던 배경이나 까닭은 분명하지 않다.

당시 발해의 중앙관제, 지방제도, 수도의 도시구획 등은 일단 외형상 당의 그것을 방불케 하는 매우 세련된 면모를 지니고 있었다. 신개척지에서 기존의 전통과 제도적 유산의 제약을 상대적으로 덜 받으면서 새로이 국가를 건설해 나갔기 때문에, 당의 문물 제도를 모방하는 작업을 보다 용이하게 수행할 수 있었을 것이다. 그러나 발해의 제도가 외면상 세련되고 정비된 면모를 갖추었다는 것이 반드시 그 제도가 실제 그처럼 일원적으로 운영되었다는 것을 의미하지는 않는다. 특히 발해는 다종족국가로서, 종족 및 지역에 따른 발전의 불균등성이 컸던 만큼, 그러한 면이 제도의 운영에서 어떻게 반영되었는지에 대한 보다 구체적인 검토가 필요하다. 그것은 발해의 주민구성이 어떠하며 발해국을 이끌어 나갔던 주된 집단이 어떤 족속이었느냐를 파악하는 문제와 연관되는 것이기도 하다.

Ⅲ

발해국의 주민은 여러 계통의 족속들로 구성되어 있었는데, 그 중 절대 다수를 차지하였던 것이 고구려계와 말갈계 주민이었다. 건국 과정에 참가하였던 집단도 그러하였다. 그런데 말갈계와 고구려계 중 어느 족속이 발해국을 이끌어 나가는 데 주도적 역할을 하였느냐에 대해서는 그간 논의가 분분하였고, 그것은 발해사의 성격을 이해하는 데 핵심적인 쟁점이 되어 왔다. 말갈족이 중심이었다고 보는 경우에는 발해사를 중국사나 만주지역사의 일부로 파악하였고, 고구려계의 주민이 중심이었다고 보는 경우에는 발해사를 한국사의 일부분으로 여겼다. 이렇듯 논란이 분분한 것은 발해인 자신이 남긴 史書가 전해지는 것이 없고, 발해 왕실의 기원에 관하여 신라와 당측의 단편적인 기록에서는 이를 말갈족이라 한 서술과 고구려인이라 한 것이 모두 전하고 있기 때문이다.

그런데 10세기초 발해가 멸망한 뒤, 遼의 지배 아래에서 옛 발해국의 주민들은 두 족속으로 나뉘어져 파악되었다. '발해인'과 '女眞人'이 그것이다. '발해인'과 '여진인'은 그 존재 양태에서 상당한 차이를 보였다. 여진인의 생활은 부족 및 부락 단위의 공동체적 요소가 강하게 작용하고 있었는데 비하여, 발해인의 그것은 이미 사회 분화가 깊이 진행된 상태였다. 그래서 요는 발해인을 漢人과 동일하게 州縣으로 편제하여 요의 지방관이 직접 통치하였고 漢法을 적용하였다. '여진인'은 그 추장의 주도 아래 부족 단위로 자치를 행하며, 요의 간접적인 통치를 받았다. '발해인'과 '여진인'은 집단적인 귀속의식에서도 차이를 보였다. 여진인은 말갈족의 후예였다. 발해 멸망 후 고려로 넘어온 발해국의 주민들에 대해서 고려 조정에서는 그들을 발해인과 여진인으로 구분하여, 요나라의 그것과 동일한 면을 보였다. 이렇듯 발해국의 멸망 후에 보였던 주민 구성에서의 이중성은 발해국이 존속하고 있을 때에도 존재하였다.

8세기 전반 발해를 방문하였던 일본 사신이 남긴 기록에서, "발해는 고구려의 옛 터에 자리잡고 있다.…그 백성은 말갈이 많고 土人이 적으며", 州가 설치된 큰 촌락의 촌장은 모두 토인이 되었다고 하였다. 건국 초기부터 주민 구성에서 이중성을 지녔고, 토인이 발해국을 주도하였음을 나타내준다. 여기에서 말하는 토인은 고구려계 사람들을 의미한다.

일본에 보낸 발해의 國書에서 발해왕이 스스로 고려왕이라 칭한 예가 있으며, 일본에 간 발해인을 일본측에서도 이들을 고려인으로 표현하기도 하였다. 반면 발해인이 스스로 말갈족이라고 표현한 예는 보이지 않으며 오히려 그것을 부정하는 사례가 보인다. 792년 당에 파견된 발해 사신 楊吉福의 관직이 말갈을 관할하는 직이라는 뜻의 '押靺鞨使'였다는 사실은 그 구체적인 예이다.

보수성이 강한 무덤의 양식을 보면 발해 초기 왕족 등 지배층의 무덤떼인 六頂山고분군은 고구려계의 양식인 석실봉토분이었다. 발해의 고분 양식은 석실분과 토광묘 및 벽돌무덤으로 나뉘어진다. 이중 석실분은 주로 5경지역과 압록강 유역에 분포하고, 토광묘는 주로 외곽지대에 있다. 후자는 말갈계 무덤이었다. 벽돌무덤은 당문화의 영향을 받은 귀족의 무덤으로서 발해 중기 이후에 출현하였다.

한편 발해 존립 당시 그 나라의 성격에 관한 인접국 사람들의 인식을 보면, 寶藏王의 손자로서 당의 안동도호를 역임한 高震의 墓誌銘에서 그의 출자를 '발해인'이라 하였다. 내륙아시아의 터키계 사람들도 발해를 'Mug-lig'라 하였다. 이 단어는 그 전에 돌궐에서 고구려를 지칭하던 'Mökli'(貊句麗)라는 말에서 비롯한 것이었다. 발해를 멸망시킨 후 그 땅에 일시 설치하였던 東丹國의 左次相을 지낸 耶律羽之가 발해인을 강제 이주시킬 것을 주장하면서, 요하유역을 발해인의 고향이라 하였다. 이 역시 발해가 고구려계 사람들에 의해 주도되었다고 여기고 있던 거란인의 인식을 나타낸 것이다. 이런 면으로 볼 때 발해국은 고구려계 사람들이 중심이 되고 말갈족 일부가 이에 합류하여 이룩한 나라로 볼 수 있다.

발해국의 주민 구성에서 보이는 이중성은 지방제도의 운영에도 반영되었다. 외형상 전국의 모든 지역과 주민이 주현제로 편제되어 일원적으로 통치되었던 것처럼 보였지만, 실제로 주민의 일부는 부족 및 부락 단위로 그 추장인 '首領'의 휘하에서 자치를 영위하면서 지방관의 간접적인 통제를 받았고, 일부의 주민은 주현의 지방관의 직접적인 통치를 받았다. 다수의 말갈족이 전자의 경우에 해당하며, 이들은 발해 멸망 후 '여진인'으로 불렸다. 후자에 속하는 사람들이 '토인'이며 발해 멸망 후 '발해인'으로 불린 이들이다. 이들은 주현이 설치된 지점을 중심으로 그 인근지역에 주로 거주하였고, 요가 발해국의 주민들을 요동지역으로 대규모 강제 이주시켰을 때 그 주된 대상이 되었던 이들이기도 하다. 곧 발해의 지방제도는 주현제의 外皮를 쓰고 있었지만 실제로는 주현제와 部族制가 함께 작용한 것이었다.

발해국을 주도해 나가던 주민은 주현제하에 있던 이들이다. 이들은 귀족과 평민 및 部曲·奴婢 등의 예속민으로 구성되어 있었다. 이들의 숫자는 부족제하에 있던 말갈족보다 소수였다. 이 점은 발해의 지배구조를 불안정하게 만드는 하나의 요소가 되었으며, 그 문화 기반이 상대적으로 협애함을 나타내게 한 요인이었다. 한편 말갈족은 요대의 여진인의 상황을 통해 미루어 볼 때 아직 공동체적인 관계가 강하게 작용하는 사회상을 지녔던 것으로 여겨진다.

Ⅳ

장기간에 걸친 문왕의 치세기간 중 융성했던 발해는 793년 문왕이 죽자 곧이어 내분이 발생하였다. 문왕에 이어 즉위한 大元義는 불과 수개월 후 피살되었다. 이후 25년 동안 정치적 불안상태가 지속되었다. 이를 수습한 이가 傍系로서 왕위를 이은 10대 宣王 大仁秀였다. 대조영의 동생인 大野勃의 4세손인 선왕은 내정을 안정시킨 뒤 활발한 대외활동을 벌였다. 북으로는 오늘날의 興凱湖 이북지역에 있던 말갈의 여러 부족들을 복속시키고, 서로는 요동평야지역에 진출하였다. 《新唐書》 渤海傳에 전하는 5경 15부 62주의 행정구역은 이 때 완비된 것이다.

선왕대의 중흥의 노력에 힘입어 그 다음에 즉위한 11대 大彝震, 12대 大

虔晃, 13대 大玄錫에 이르는 수대의 왕들의 치세기간 동안 발해는 크게 융성하였다. 唐人들이 발해를 '海東盛國'이라 하였던 것도 바로 이 시기였다. 당시 발해는 '外王內帝' 즉 대외적으로는 당과 조공책봉관계를 맺으면서 대내적으로는 황제국으로서의 면모를 어느 정도 갖추고 있었다.

10세기에 접어들면서 발해를 둘러싼 정세가 급속히 바뀌었다. 이미 기울어진 당제국이 멸망하였으며 거란이 흥기하여 발해의 안위에 중대한 위협이 되었다. 거란이 동으로 요동평야로 진출해옴에 따라, 양국간에는 상쟁이 벌어졌다. 거란의 위협에 대처하기 위하여 발해는 신라와 연결을 도모하였으나, 당시 신라는 간신히 명맥을 유지하기에도 힘든 상태였다. 거란은 몽골지역을 평정한 뒤 발해에 대한 결정적인 공격을 감행하였다.

925년 12월 21일 발해 원정에 나선 요 태조 耶律阿保機는 扶餘府를 함락시킨 뒤, 발해군 3만을 격파하고 수도인 상경을 포위하니, 발해의 마지막 왕 大諲譔이 항복하였다. 거란군의 출정 이후 미처 한달이 채 되지 않아 발해는 멸망하였다. 이렇듯 허망하게 무너진 것은 기습을 감행한 거란 기병대의 신속한 작전능력과 전투력에 기인한 바 컸다. 그러나 "발해의 내분을 틈타 군사를 움직여서 싸우지 않고 이겼다"라는 거란측의 표현처럼, 당시 발해 내정의 혼란이 결정적인 원인이었다. 이미 이에 앞서 발해에 종속되어 있던 말갈계 집단들의 이탈과, 925년 9월과 12월에 발해의 고위 귀족들이 대거 고려로 망명해간 사실은 당시 발해 내부에서 심각한 균열이 있었음을 말해준다.

발해를 멸망시킨 뒤 야율아보기는 그의 장자를 왕으로 한 東丹國을 설치하였다. 그러나 곧이어 발해인의 부흥운동이 일어나고 요의 태종과 동단왕 倍간의 대립이 있자, 요의 조정은 동단국을 요동지역으로 옮기면서 발해인에 대한 대규모 강제 이주를 단행하였다. 이후 요동지역이 발해인의 주된 거주지가 되었다.

한편 압록강 중류지역에서 발해유민이 定安國을 세웠으나 얼마 후에 요의 공격으로 멸망하였고, 많은 수의 발해유민들이 고려로 넘어갔다.

요동지역으로 옮겨진 발해인들은 그 뒤 大延琳이 주동한 '興遼國'과, 高永昌의 '大渤海國'을 세워 재흥을 도모하였으나 실패하였다. 金이 성립한 후 요동의 발해인이 번성해지는 것을 두려워하여, 이들을 소규모 단위로 나누어 장성 이남지역으로 강제 이주시켰다. 옮겨진 발해인은 점차 漢人에 동화되어 소멸되어 갔다.

발해는 예맥계 주민이 만주지역에 건설하였던 마지막 국가였다. 발해의 멸망과 이어 있었던 몇 차례의 발해인에 대한 강제 이주로 만주지역의 주민 구성에 근본적인 변화가 일어나게 되었다. 이후 만주지역은 말갈-여진계 사람들의 거주 공간이 되었다. 지금의 화룡현 일대인 盧城은 발해 당시 쌀의 산지로 유명하였다. 그 땅에 다시 쌀 농사가 지어진 것은 19세기 후반 조선인들이 이주하면서부터였다.

〈盧泰敦〉

Ⅰ. 발해의 성립과 발전

1. 발해의 건국
2. 발해의 발전
3. 발해국의 주민구성

Ⅰ. 발해의 성립과 발전

1. 발해의 건국

1) 고구려 멸망 후 그 유민과 말갈족의 동향

(1) 고구려유민의 동향

668년 고구려가 멸망한 이후 그 유민은 다음과 같이 몇 갈래로 나누어 흩어졌다. 첫째는 당에 의해 중국 내지로 끌려간 이들이다. 당과의 전쟁 기간 중 요동성 등과 같은 당군에 함락된 성의 주민과, 고구려 멸망 직전 男生이 이끌고 당에 투항한 국내성 일대의 주민들은 당으로 강제 이주되었다. 보다 대규모 이주는 평양성 함락 직후에 행해졌다. 당은 고구려인의 저항을 봉쇄하기 위하여 669년 2만 8천여 호의 고구려인들을 강제로 이주시켰다. 이 때 주된 대상이 된 이들은 평양 일대와 요동지역의 주민들로서, 고구려 상층부에 속하는 豪强한 민호들이었다. 당에 끌려간 고구려인들은 요서의 營州지역·회하유역의 황무지·甘肅省 회랑지역·黃河 상류지역 등지에 분산 정착되어졌다. 감숙성지역에 끌려간 이들은 그 뒤 이 지역 지방군의 유력한 병력원이 되기도 하였는데, 유명한 高仙芝장군은 바로 그 좋은 예이다. 그리고 왕족과 귀족들은 주로 당의 수도지역에 幽居되었다.

둘째는 신라로 넘어간 이들이다. 당의 지배에 저항한 고구려유민들의 부흥운동은 평양성이 함락된 이듬해부터 일어났다. 평양지역에서는 劍牟岑이 봉기하여 귀족 安勝을 옹립한 뒤 당군에 저항하였다. 그러나 안승과 검모잠간의 알력과 당군의 압박으로 내분이 생겨, 안승이 검모잠을 죽이고 신라로 넘어갔다. 이 외에도 고구려 남부지역에서 부흥운동군이 당군과 치열한 전투를 벌였는데, 673년 호로하전투 등에서 패배한 뒤 신라로 넘어갔고 평양 일대의 주민 다수도 함께 신라로 갔다[1]. 이후에도 평양 이남지역과 예성강유역 일대는 신라군과 당군간의 전쟁의 주된 무대가 되었다. 그에 따라 이 지역 주민들의 대부분이 신라로 가니 평양 일대는 황폐화되어 갔다.

셋째는 요동지역에 계속 거주하였던 이들이다. 요동 일대는 598년 이래로 고구려와 수·당간의 전쟁의 주된 무대로서 전쟁의 피해를 가장 많이 받은 지역이다. 669년에는 당에 의해 이 지역 주민의 상당수가 중국으로 강제 이주되었고, 그런 당의 폭거에 대한 저항이 각지에서 일어났다. 그러나 이 지역에서의 고구려 부흥운동은 671년 安市城의 함락을 고비로 종식되었다. 한편 676년 당은 安東都護府를 이곳으로 옮긴 후, 남생을 도호부의 관리로 파견하고,[2] 寶藏王과 일부 유민을 귀환시키는 등 이 지역의 안정과 지배권 확립을 위한 일련의 조처를 취하였다. 그러나 보장왕이 反唐 모의를 하자 재차 그와 일부 유민을 당 내지로 이주시켰다. 그러나 그 이후에도 당의 지배에 불복하여 이 지역 고구려인의 다수는 신라와 돌궐 및 동부 만주지역으로 이탈해갔다.[3] 그에 따라 안동도호부 관내의 요동지역에는 소수의 빈약한 戶口만이 남게 되었다. 요동지역에 대한 당의 지배력은 9세기 중반까지 유지되다가, 安祿山의 난 이후 이 지역의 고구려인들은 점차 자립해 가는 형세를 나타냈다. 그것이 이른바 小高句麗國이다. 그러나 소고구려국은 곧이어 8세기 초반 발해의 宣王대에 발해의 세력 아래로 들어가게 되었다.[4]

넷째는 고구려의 서북부지역인 요동과 부여성 일대에 거주하던 이들로서, 몽고고원 방면으로 이주해간 집단이다. 몽고고원으로 이주한 고구려인들은 돌궐의 可汗의 휘하에서 몇몇 집단으로 나뉘어져 자치를 영위하였다. 그 중 默綴可汗의 사위가 된 高文簡의 경우 '高麗王 莫離支'라고 칭하기도 하였다. 이들 집단 중 일부는 8세기 전반에 다시 돌궐을 이탈하여 당으로 넘어가기도 하였다.[5]

---

1) 《舊唐書》 권 5, 本紀 5, 高宗 下 咸亨 4년 윤5월 정묘.

2) 〈泉男生墓誌銘〉(《譯註 韓國古代金石文》 I, 韓國古代社會硏究所, 1992), 495쪽.
《新唐書》 권 110, 列傳 35, 泉男生.

3) 《新唐書》 권 220, 列傳 145, 東夷 高麗.

4) 盧泰敦, 〈高句麗遺民史硏究－遼東·唐內地 및 突厥方面의 集團을 중심으로－〉(《韓沽劤博士停年紀念史學論叢》, 1981a).

다섯째는 동부 만주의 고구려인들이다. 동만주지역은 직접 전쟁의 무대가 된 곳은 아니었으며, 668년 후 당의 지배 영역에 실제상 포함되지 않았다. 그러나 이 지역의 고구려인과 말갈족이 고구려군의 주요 병력원이었던 만큼, 오랜 전란과 망국의 여파는 이 지역 주민들의 생활에도 큰 영향을 주었다. 두만강유역과 길림 등지와 같이 고구려의 주요 성이 있었던 곳에는 고구려인들이 많이 살았지만, 그 외의 대부분의 지역에서는 주민의 다수가 말갈족이었다. 광대한 지역에 걸쳐 말갈족 사이에 산재하여 고구려의 지배조직과 연관을 가지며 생활하고 있던 고구려인들은 기존 정치조직이 해체되고, 말갈족이 크게 동요하는 상황에서 그들의 종전의 우월한 위치를 그대로 유지할 수는 없었다. 그리고 그들간의 횡적 연대를 맺어 새로 통합된 정치조직을 형성하기도 어려운 상태였다. 따라서 이 지역의 고구려인들은 말갈족 사이에 산재하여 고립된 생활을 영위하였던 것으로 보인다.[6)]

7세기 후반 동만주지역에서 있었던 또 하나의 큰 변화는 많은 수의 고구려인들이 이 지역으로 유입된 사실이다. 전란의 와중에서 그리고 당의 압제를 피하여 원 고구려의 중심지였던 서·남부지역에서 많은 유민들이 흘러들어왔다. 이들은 대규모 집단으로 조직적 이주를 해온 것이 아니라, '散奔'[7)] 이라는 표현처럼 소규모로 각 방면에서 간헐적으로 이주해와 각지에 분산거주하였던 것으로 보인다. 그리고 668년 이후 서·남부지역의 상층부 호강한 민호의 다수는 당에 강제 이주되었거나 부흥운동의 주력이 되었기 때문에, 동으로 이주해온 이들은 기존의 빈약한 호구나 전란으로 피폐해진 민호들이 다수였다고 여겨진다. 자신들의 생활 터전을 박탈당하고 기존 조직이 와해된 채로 뿔뿔이 각처에 散居한 이들 유민들이 곧 어떤 조직적인 세력으로 될 수는 없는 것이다. 전란을 피하여 혹은 생존을 위하여 각지에 은거하였을 것이다. 그러나 한두 세대가 흘러 전란의 상흔이 어느 정도 회복되고, 동만주 신개척지에서 그들의 우월한 생산기술로 생활의 터전을 다져나갈 때, 그들은 이 지역의 새로운 활력소와 변수가 될 수 있었을 것이다.

---

5) 위와 같음.
6) 盧泰敦, 〈渤海 建國의 背景〉(《大丘史學》 19, 1981 b).
7) 《新唐書》 권 220, 列傳 145, 東夷 高麗.

이들 이주해온 유민들은 당과의 격렬한 투쟁을 경험하였기 때문에 고구려인으로서의 강한 自意識을 지니고 있었다. 그리고 동만주지역에는 말갈족이 주민의 다수를 차지하고 있었다. 우월한 문물과 빛나는 역사를 지녔고 얼마 전까지도 이들 말갈족을 지배하여 왔던 고구려유민들은 자연 수적인 열세 속에서 그러한 자의식을 더욱 강하게 느꼈을 법하다. 바꾸어 말하면 어떤 유민집단의 정치적 움직임이 있으면 그들간에 쉽게 결합할 수 있는 내적 응집력을 가지게 된다는 것이다.

그러나 그런 요소들이 구체적인 정치세력으로 구현되기 위해서는 광대한 동만주지역의 각지에 산재해 있는 소수의 고구려유민들을 결집시킬 수 있는 새로운 힘의 구심점이 필요했으나 이 지역에서는 아직 형성되지 못하였다.

(2) 말갈 부족들의 상태

7세기 후반 말갈족의 상태를 알기 위해서는 먼저 靺鞨諸部의 연혁에 관하여 살펴볼 필요가 있다. 6세기말 7세기초의 말갈족의 상황에 관해서는 다음과 같은 기록이 전해지고 있다.

> 읍락에는 각각 추장이 있고 통일된 상태가 아니다. 무릇 일곱 부류가 있다. 그 하나가 粟末部이다. 고구려와 접해있고 勝兵이 수천이며, 용감하고 무용이 뛰어나 매번 고구려에 쳐들어가 노략질을 하였다. 둘째는 伯咄部로서 속말부의 북쪽에 위치하며 승병이 7천이다. 셋째가 安車骨部로서 백돌부의 동북쪽에 있다. 넷째가 拂涅部로서 백돌부의 동편에 있다. 다섯째가 號室部로서 불열부 동쪽에 있다. 여섯째가 黑水部로서 안거골부의 서북에 있다. 일곱째가 白山部로서 속말부의 동남에 있는데, 승병이 3천에 불과하다. 흑수부가 그 중 굳세고 강하다. 불열부 이동은 돌화살촉을 사용하는데 이는 옛적의 肅愼氏이다.…그 땅에서는 보리·조·기장 등이 난다.…사람들은 사냥을 생업으로 삼고 있다(《隋書》 권 81, 列傳 46, 東夷 靺鞨).

이는 당시 중국인들이 전해들은 사실을 간략히 기술한 것이다. 이들 말갈 7부 중 속말부는 대체로 粟末水, 즉 북류 송화강과 그 지류인 휘발하유역 및 부여성(長春, 農安) 서북에 이르는 지역 일대에 거주하고 있었다. 백돌부는 북류 송화강 하류와 拉立河유역, 안거골부는 지금의 하얼빈 일대인 阿城을 중심으로 한 평원 일대로 그 위치를 비정하고 있다.[8] 불열부와 호실부는 납림하유역의 동편으로 막연하나마 비정될 수 있다. 흑수부지역은 동류 송화강 하류 일대이다. 백산부는 백두산 북쪽 斜面 일대에 거주하였던 것으로 여겨진다.

당시 말갈족사회는 '읍락마다 추장이 있고 통일된 상태가 아니다'라고 한 표현이 말해주듯, 상설적인 지배조직을 갖춘 어떤 통합력이 말갈족 자체 내에 형성되어 있지 못하고, 각 촌락별로 자치를 영위하고 있었다. 위의 기록에서 말하는 '部'라는 것도 그 구성원 전체에 대해 일정한 강제력을 행사할 수 있는 정치적 단위집단을 의미하는 것은 아니었다.

7부란 지역적 여건이나 방언·풍속 등에 따라 조금씩 차이가 있는 말갈족의 여러 집단들을 중국인이 전해들은 바에 의해 지역별로 구분하여 파악한 것일 뿐이다. 7부의 명칭을 볼 때 속말수·(장)백산·흑수 등과 같은 강이나 산의 이름으로 그 지역 주민들을 호칭하여 분류한 것이 있다. 그리고 어느 방면의 말갈족 중 가장 크거나 알려진 부족 또는 촌락의 명칭을 따서 그 지역 주민 전체를 대표하는 것으로 파악한 것이 있는데, 그런 경우 만약 다른 부락이 강성해져 알려지면 그 부락이 그 지역을 대표하게 되므로 중국인들이 파악하는 그 지역의 부의 명칭도 바뀌게 되는 것이다.

그리고 중국인의 견문의 범위가 확대되면 다수의 새로운 부의 설정도 가능해진다. 실제로 《舊唐書》 靺鞨傳에서는 "그 나라에는 수십의 부가 있고 그 각각에 추장이 있다"라고 기술하고 있다. 따라서 7부라는 것은 말갈족의 7부족으로서 영속성을 지닌 집단은 아니었다고 여겨진다. 하지만 이 7부의 동향을 살펴보면 각 방면의 말갈족의 동향을 개괄적으로 이해할 수는 있다.

그러면 6세기말 7세기초 말갈 7부에 고구려의 영향이 어느 정도 미쳤는가를 살펴보자. 먼저 속말부의 경우 그 거주지역이 고구려의 중심부에 인접해 있었고, 또 고구려의 주요 성이 속말부지역에 설치되어 있었던 것으로 보아 고구려의 지배 아래 완전 귀속되어 있었다고 여겨진다. 나머지 부들의 경우는 이들의 고구려 멸망 후의 동향을 보면 역으로 그 전의 상태를 추론해 낼

8) 《吉林通志》 권 10.

수 있다. 고구려 멸망 후 말갈 부족들의 상태에 대해서는 다음과 같이 전하는 기록이 있다.

> 백산부는 일찍이 고(구)려에 복속되었는데, 평양이 함락된 후 그 무리의 대부분은 중국으로 옮겨갔다. 백돌부·안거골부·호실부 등도 고(구)려 멸망 후 흩어져 (그 세력이) 약해져 그 뒤로 그들 부에 관한 소식이 전해지는 바 없으며, 그 유민들은 모두 발해의 편호가 되었다. 오직 흑수부 만이 강성해져 16部로 나뉘어졌다(《舊唐書》 권 199 下, 列傳 149 下, 北狄 靺鞨).

이를 통하여 백산부·백돌부·안거골부·호실부 등은 고구려의 지배 또는 강한 영향권 아래 있었던 것을 알 수 있다. 오직 흑수부와 '大拂涅'이라 칭할 만큼[9] 그 세력을 확대한 불열부 만이 그 지배망 밖에 있었다.

말갈족은 고구려와 수·당간의 전쟁에서 큰 타격을 입었다. 고구려군에 있어 말갈족은 그 전부터 주요 병력원의 하나였다. 신라나 백제와의 전투 때에도 빈번하게 동원되었음을 《三國史記》의 여러 곳에서 볼 수 있다.

말갈족은 삼림에 거주하며 수렵활동을 통하여 길러진 기동성이 뛰어난 종족이었다. 이러한 자질을 바탕으로 수·당과의 전쟁에서 고구려군의 전초병이나 기습부대로 활약하였고, 적군의 후방을 교란하고 보급로를 차단하는 유격부대의 역할을 수행하였다.[10] 그에 따라 70여 년에 걸친 오랜 전쟁으로 막대한 타격을 입었다. 위의 기록에서 지적한 바와 같이 668년 이후에는 당에 의해 일부 강제 이주되기도 하여 말갈족사회는 전란의 여파로 혼란이 매우 심하였던 것 같다.

위의 기사에서 '奔散 微弱'해졌다는 것은 백돌부 등의 명칭으로 분류·파악된 그 지역의 말갈족사회의 기존 질서가 무너졌음을 말해준다. 즉 고구려가 한 유력한 촌락세력을 그 지역의 대표적 존재로 인정하고, 그것을 중심으로 하여 일대의 여러 촌락들을 집단적으로 예속시켜 그 지역에 대한 지배망을 구축했었으나, 고구려 멸망 후 이것이 유지될 수 없게 되었다. 오히려 고구려에 충성하였기에 전란에 가장 큰 피해를 입어 약화되었고 하위 촌락들

---

9) 《新唐書》 권 219, 列傳 144, 北狄 黑水靺鞨
10) 《新唐書》 권 220, 列傳 145, 東夷 高麗.

의 이탈과 저항을 받게 되니 흩어져 도망가거나 미약하게 되었던 것이다. 그것은 동시에 고구려 세력에 의해 편제되어 형성되어 있던 말갈 부족들의 기존 질서의 와해를 의미하는 것이다.[11]

그 결과 7세기 종반 이후 말갈족 내에서는 越喜部나 鐵利部 등과 같은 새로운 집단이 등장하기도 하였다. 또한 전란과 고구려 멸망에 따른 충격의 여파를 받지 않고 더욱 번성하여 세력을 떨쳤던 흑수부 조차도 16부락으로 나뉘어져 각각의 추장이 자치를 영위하는 상태였다.[12] 따라서 7세기 종반 말갈족사회에는 어떤 강력하고 통일된 세력이 형성되지 못한 상태였다.

이렇듯 7세기 종반 동부 만주지역의 상황은, 기존의 고구려의 지배질서는 무너지고 새로이 통합된 정치세력은 아직 형성되지 않은 가운데서, 고구려유민 집단과 말갈족의 여러 부족들이 각지에서 흩어져 자치를 영위하고 있었다. 이는 동만주지역 주민들의 내부 사정에 기인한 것인 동시에 당시 국제정세에 의해 그러한 상태가 장기간 지속될 수 있었던 것이다.

2) 676년 이후 동북아 국제정세

買肖城전투와 伎伐浦해전에서 신라에 패배한 것을 고비로 당은 한반도에서 철퇴하여 676년 안동도호부를 요동으로 옮겼다. 이후 당은 허갈해 진 요동지역을 충실화하여 동북아지역으로 재진출하기 위한 전진기지로 삼으려 하였다. 그런 정책의 일환으로 당 내지에 강제 이주시켰던 고구려유민과 보장왕을 676년에 다시 요동으로 귀환시키고 요동의 주민들을 안정시키려 하였다. 같은 해에 義慈王의 아들인 夫餘隆을 熊津都督 帶方郡王으로 봉하고 당 내지로 끌고 갔던 백제유민을 요동의 建安城에 옮겨 웅진도독부를 이곳에 僑置시켰다.[13] 그런 뒤 678년 재차 한반도에 대한 대규모 원정을 하려는 계획을 수립하였다. 그러나 예상되는 신라의 강력한 저항과 이 시기 당의 서부지역을 압박하는 吐蕃의 공세로 인하여, 이 계획에 대한 반대 의견이 당

11) 盧泰敦, 앞의 글(1981b).
12) 《新唐書》 권 219, 列傳 144, 北狄 黑水靺鞨.
13) 《資治通鑑》 권 202, 唐紀 18, 儀鳳 원년 2월 갑술.

조정 내에서 강하게 일어나 좌절되었다.[14] 그 뒤 東征의 논의는 다시 제기되지 못하였고 당의 지배영역은 요동에 한정되어졌다.

한편 요동의 당 세력은 말갈족의 움직임에도 주의하였다. 특히 말갈족과 과거 그들이 지배하였던 고구려유민들이 연결하는 것을 방지하는 데 주력하였다. 만약 고구려유민과 말갈족이 재차 결합한다면 요동의 지배권은 물론이고 당의 동북면에 대한 중대한 위협이 될 수 있었다. 실제 676년 요동으로 귀환한 보장왕이 곧 말갈족과 모의하여 당에 저항하는 거사를 도모하다 발각되었다. 위협을 느낀 당은 다시 보장왕과 고구려유민에 대하여 당 내지로의 대규모 강제 이주를 단행하였다. 그리고 677년 안동도호부를 요동성에서 그 북쪽에 있는 新城으로 옮겼다. 이는 요동의 고구려유민과 말갈족과의 교섭의 길목을 차단하고자 하는 의도에서 내려진 조처였다. 이후에도 당은 이 가능성에 대처하였을 것이며, 그것이 안동도호부를 요동에 계속 유지하도록 한 주요 목적의 하나였다. 나아가 말갈족 내부의 동향에 대해서도 주의하였을 것이다. 그러나 요동지역 자체가 이미 戶口가 크게 감소되어 텅 빈 상태였으며, 말갈족에 대한 당의 영향력은 주로 요동지역 주변에 한정된 것이었다.

696년 거란족의 봉기로 당의 요동 지배가 난관에 봉착하자, 정면으로 안동도호부 포기론을 내세운 狄人傑의 상소에서 "요동은 이미 돌밭(石田)이 되었고, 말갈은 먼 지역으로서 鷄肋과 같다"[15]고 하였다. 이는 7세기말의 요동의 상태와 말갈에 대한 당의 관심과 영향력이 약하였던 일면을 전해준다. 당이 동만주지역의 말갈족에 대해 다시 적극적으로 개입하게 된 것은 726년 흑수말갈에 黑水府를 설치한 이후부터이다. 따라서 7세기 종반 사실상 대부분의 말갈족사회는 당의 영향력 밖에 있었다.

7세기 종반 신라의 세력 또한 동만주지역에까지 뻗칠 여유가 없었다. 신라는 당의 세력을 한반도에서 몰아낸 후 더 이상의 북진은 하지 않았다. 이는 신라 국내의 사정과 국력의 한계 그리고 신라정부 자체의 정책적 의도 등이 함께 작용하였던 것으로 여겨진다.

---

14) 《舊唐書》 권 85, 列傳 35, 張文瓘.
《資治通鑑》 권 202, 唐紀 18, 儀鳳 3년 9월.
15) 《舊唐書》 권 89, 列傳 39, 狄人傑.

金春秋가 당 태종 李世民과 함께 신라와 당간의 군사동맹을 맺을 때, 평양 이남지역을 신라 영토로 한다는 협약을 한 바 있다. 이런 협약은 상황에 따라 파기될 수 있는 것이지만, 新·唐戰爭 중인 671년 문무왕은 唐將 薛仁貴에게 보낸 편지에서 이 협약의 내용을 다시 환기시켰다.[16] 이는 당의 압박을 완화시켜 보려는 의도를 담은 것이지만, 한편으로 당시 신라의 전쟁목적을 밝혀주고 있는 것이기도 하다. 실제 신라군이 압록강을 넘어 진출한 적도 있지만 그것은 관위가 沙湌인 薛烏儒가 이끈 1만 명의 부대로서 고구려부흥군과 함께 행한 작전이었고,[17] 대규모 병단을 대동강 이북지역에 진출시킨 일은 없다. 당군의 막강한 세력을 잘 알고 있고, 그리고 서남부 백제지역을 완전히 병탄하지 못한 상태에서, 그 이상의 진출은 신라군에는 무리라는 판단에 의한 것으로 여겨진다.

당군을 패퇴시킨 후에도 신라는 새로 병합한 지역과 주민를 경영하는 데 주력하였고, 강력한 왕권을 정점으로 한 중앙집권체제 구축에 골몰하였다. 684년 고구려유민 집단의 자치국인 報德國을 해체시키는 등 전국을 9州 5小京으로 편제하였다. 한편 신문왕 원년(681) 金欽突의 난을 계기로 진골 귀족들에 대한 일대 숙청을 단행하여 왕권 강화를 꾀하였다.

이런 대내적 체제정비에 주력하기 위해서는 대외적 안정이 무엇보다 필요하였다. 그런데 676년 이후에도 신라와 당 사이에는 이면적인 대립이 지속되었다. 당은 신라의 대동강 이남지역의 병합을 인정하지 않았고, 720년대까지도 고구려와 백제의 왕손을 각각 '고려조선군왕'과 '백제대방군왕'으로 봉하여 당의 수도에 幽居시켜 놓고 있었다.[18] 때가 되면 다시 이들을 앞장 세워 한반도로 쳐들어갈 수도 있다는 의도를 내포한 것이다. 이러한 상황에서 신라는 朝貢使를 파견하는 등 당과 관계개선을 위하여 노력하면서, 일면으로는 당에 대한 경계를 늦추지 않았다. 한편 신라는 663년 백제부흥군을 지원한 일본군을 白江 하구에서 격파한 이후, 일본과 직접적인 충돌은 더 이상 없었지만 일본에 대한 경계도 늦추지 않고 있었다.

---

16) 《三國史記》 권 7, 新羅本紀 7, 문무왕 11년 7월.
17) 《三國史記》 권 6, 新羅本紀 6, 문무왕 10년 3월.
18) 《舊唐書》 권 23, 禮儀 3, 開元 13년 11월 임진.

이와 같은 상황에서 신라는 그 북방지역에 대한 적극적인 정책을 취하지 않았다. 신라가 그 북부 국경선지역에 대한 본격적인 관심을 나타낸 것은 발해가 등장한 이후인 8세기 전반부터였다. 그런 만큼 7세기 종반 신라의 세력이 동만주지역에 뻗칠 여지는 없었다.

7세기 후반 북아시아지역의 형세를 살펴볼 때, 돌궐 세력의 消長이 주목된다. 돌궐은 630년 頡利可汗이 당군에 격파된 이후 그 세력이 붕괴되어 당에 복속하게 되었다. 640년대에는 薛延陀의 세력이 일시 강대해져 고구려와 연합하여 당에 대항하기도 하였으나,[19] 이 또한 당에 격파되어 급속히 약화되었다. 그후 몽고고원지역은 당의 지배 아래 있었다. 그러다가 680년대에 들어 돌궐이 다시 일어나 고비사막 이북지역에서 세력을 떨치며 당을 압박하였다. 당시의 돌궐은 서로는 天山山脈에 이르고 동으로는 興安嶺을 넘어 서북부 만주지역에까지 세력을 뻗치고 있었다. 그러나 당시 돌궐은 長城 일대에서 당과 치열한 대립을 벌이고 있었고, 그 주력도 여기에 집중되었다. 그래서 서북부 만주지역에 대한 영향력은 그리 컸던 것 같지 않다. 서북 만주에 있던 室韋族이 7세기 종반 당으로부터 이탈하였지만, 곧 당군에 의해 격파되어 다시 복속하게 되었음을 볼 때 그런 면을 알 수 있다.[20] 돌궐이 흑수말갈에 그 지방관인 吐屯(tudun)을 둔 것은 8세기초였다. 따라서 그 이전에 돌궐의 세력이 동부 만주지역까지는 도저히 미칠 수 없는 상황이었다.

이렇듯 676년 이후 동만주 일원은 당·신라·돌궐 중 그 어느 쪽도 세력을 뻗치지 못하는, 국제 역관계에서 일종의 힘의 공백지대였다. 대내적으로도 통일된 세력이 형성되지 못한 형편이었다. 그러한 여건에서 새로운 정치세력 형성의 모체가 될 수 있는 힘의 구심점이 등장할 때, 그것은 이 지역사회에 급속한 변화를 몰고 올 수도 있는 상황이었다. 그 새로운 구심력은 營州 방면에서 東走해 온 大祚榮집단이었다.

---

19) 盧泰敦, 〈高句麗·渤海人과 內陸아시아 住民과의 交涉에 관한 一考察〉(《大東文化硏究》 23, 成均館大, 1989).
20) 《新唐書》 권 219, 列傳 144, 北狄 室韋.

3) 대조영집단의 동주와 건국

대조영집단이 徙居되어 있던 영주지역은 大凌河 상류로 비교적 건조한 지대였다. 이 지역은 5세기 이래 중국세력의 동북 관문이요, 동북아시아 여러 종족들의 교역 중심지였다. 7세기 이후 당제국에 흡수되어진 종족들로 구성된 羈縻州가 다수 이 지역에 설치되었으며, 고구려 멸망 후 많은 고구려인과 말갈족이 이 지역에 옮겨져 생활하고 있었다. 이들의 영주지역에서의 거주 양태는 아마도 그들이 이곳에 옮겨오게 된 동기에 따라 일부는 집단적으로 예속된 기미주로 편제되었고, 일부는 영주 성내나 성 옆에 거주하며 편호되어 영주도독부의 직접 지배를 받았을 것으로 여겨진다. 대조영집단은 기미주 형태로 편제되어 집단적으로 예속되어 있었다.[21]

영주지역은 이른바 異族的 氣風이 강한 곳이어서 한문화의 압력이 덜 하였고, 주위에는 상대적으로 저급한 문화를 지닌 종족들이 많이 거주하고 있었다. 이런 환경은 이곳에 강제로 옮겨진 고구려인들이 그들의 독자성을 유지하는 데 상대적으로 유리한 요소로 작용하였다. 그들은 기미주형태로 집단적으로 예속되었으므로 자체의 조직과 결속력을 상당히 유지할 수 있었다. 나아가 멀리 떨어진 이국 땅에서 幽居生活을 하는 피복속민으로서의 동일한 처지로 인하여, 문화적·역사적 친연관계에 있는 고구려인과 말갈족 사이에는 상호 이해와 화합으로 진전된 동류의식이 형성될 수 있었다.

전란과 이주에 따라 극도로 피폐해진 상태는 세월이 흐를수록 어느 정도 회복되어 갔을 것이다. 특히 戶口의 증식이라는 면에서 그러하였을 것이다. 696년 5월 거란족의 수령 李盡忠이 돌궐의 후원을 받으며 봉기하여 당의 영주를 엄습하고 스스로 無上可汗이라 칭하며 당에 대한 공격에 나섰다. 이에 따라 영주지역 일대는 큰 혼란에 빠졌고, 일부 이종족 집단들은 당의 지배에서 벗어나 이탈해 나갔다. 당황한 唐 조정은 영주지역에 설치하였던 기미주들을 대거 장성 이남지역으로 옮겨 이에 대처하였다. 이런 와중에서 고구려

---

21) 盧泰敦, 앞의 글(1981a).

유민들과 말갈족의 동향은 일정하지 못하였다. 일부는 계속 이 지역에 남아 있거나 당군과 함께 행동하였다. 그래서 영주가 다시 당의 지배 아래 들어간 이후 이 지역에 거주하며 당의 군병으로 활약하기도 하였다. 고구려유민으로서 유명한 李正己 집안은 그 대표적 예이다. 다른 일부는 이탈하였으니, 대조영집단과 말갈족의 乞四比羽집단은 東走를 택하였다. 이 때 거란은 남으로 하북성지역으로 진격하는 등 당에 대한 공격에 주력하고 있었고 당은 이를 저지하기에 급급하였기 때문에, 이들 집단의 동주는 상대적으로 용이하였다. 그런데 이 때 대조영집단이 영주를 벗어나 바로 동만주로 가서 나라를 세웠던 것은 아니다. 중간에 어느 곳에서 일정 기간 머물며 주변지역을 경략하면서 자체의 힘을 배양하며 정세를 관망하고 있었다.

한편 이진충이 이끈 거란군은 신속히 북중국의 하북지역으로 남진하였다. 그 해 9월 이진충이 죽자 孫萬榮이 무리를 이끌고 당군을 격파하며 크게 세력을 떨쳤다. 수세에 몰린 당은 돌궐에 물자를 제공하며 서로 밀약을 맺어 거란을 양면에서 협공하는 방책을 도모하였고, 돌궐이 이에 응하여 거란의 배후를 기습하였다. 이에 정세는 크게 역전되었다. 거란은 본거지를 돌궐에게 유린당하였고 거란의 동맹군이었던 奚族이 돌궐에 투항하였다. 당군의 방어망이 강화되자 거란군은 궁지에 몰려 마침내 당군에 격파되어 697년 6월 진압되었다. 이 무렵 거란 장수였던 李楷固·駱武整 등이 당에 항복하였다.[22]

당은 영주지방을 벗어나 동쪽으로 달아나 형세를 관망하고 있던 대조영집단과 걸사비우집단에 대한 회유의 손길을 뻗쳐, 대조영의 아버지라는 乞乞仲象에게 震國公을, 걸사비우에게는 許國公의 작위를 주면서, 다시 이들 집단을 당 체제 안으로 끌어들이려 하였다. 그러나 이들이 이를 거부하자 당은 거란 항장 출신의 이해고를 장수로 한 토벌군을 보내어 공격해왔다. 이 무렵 걸걸중상이 병사하고 대조영이 그 집단의 수장이 되었다. 이해고가 이끈 당군의 공격에 맞서 말갈족의 걸사비우집단이 먼저 교전을 벌였으나 패배하여 걸사비우가 전사하였다. 대조영은 당군의 예봉을 피하여 일단 더 동쪽으로 이동하면서 걸사비우집단의 잔여세력들을 규합하였다. 당군이 계속 추격해오

---

22) 이진충의 난의 전개과정은 宋基豪, 〈大祚榮의 出自와 渤海의 건국과정〉(《아시아文化》 7, 翰林大, 1991) 참조.

자 대조영은 이를 天門嶺에서 맞아 싸워 대파하였다. 그리고 계속 동진하여 동만주 牧丹江 유역에 자리잡아 새로운 국가를 건설해 나갔다. 당은 천문령 전투 이후 더 이상의 추격은 포기하였다. 이는 영주지방을 돌궐이 유린하여 북중국에서 만주지역으로 이어지는 육로가 크게 위협을 받고 있었고 요동지역에 대한 보급도 해로에 의존해야 할 형편이어서, 대조영집단에 대한 더 이상의 공격은 어려웠기 때문이었다.[23] 당은 699년 요동에 두었던 안동도호부를 安東都督府로 격하시킨 뒤, 보장왕의 아들 高德武를 안동도독으로 삼아 이 지역 고구려유민을 통치하게 하였다.[24] 이어서 700년대초 다시 안동도독부를 도호부로 격상시켰으나 幽州지역으로 그 치소를 옮긴 것에서 알 수 있듯이,[25] 당의 동북아 방면에 대한 정책은 소극적인 방어 위주로 전환하였다.

이와 같은 대조영집단의 동주와 건국과정과 관련하여 그 동안 논란이 있어왔던 몇 가지 문제에 대하여 보다 구체적으로 언급할 것이 있다. 먼저 대조영집단이 영주에서 탈주하여 일시 정착한 지역이 어느 곳인가 하는 점이다. 이를 검토하기 위해서는 천문령전투에 대해 살펴볼 필요가 있다. 대조영집단과 이해고의 당군이 싸웠던 지점인 천문령은 북류 송화강의 지류인 揮發河와 渾河의 분수령 지대인 哈達嶺으로 여겨진다.[26] 자연 천문령전투 이전에는 대조영집단은 그 서쪽의 어느 곳에 있었던 것이 된다. 근래 대조영집단의 일차 정착지를 瀋陽으로 비정하거나,[27] 太子河유역으로 여기는 설이[28] 제기되었다. 그 주요 논거로 발해 멸망 후 발해인을 요동으로 강제 이주시킬 것을 제안한 遼의 耶律羽之가 태자하유역을 발해인의 '고향'이라고 표현한 기사와,[29] 《五代會要》에서 걸걸중상과 걸사비우가 '走保遼東 分王高麗故地'하였다는 기사를 들고 있다.[30] 당시 영주와 요동의 안동도호부의 치소인 新城

---

23) 《舊唐書》 권 199 下, 列傳 149 下, 北狄 渤海靺鞨.
24) 《舊唐書》 권 199 上, 列傳 149 上, 東夷 高麗.
25) 津田左右吉, 〈安東都護府考〉(《滿鮮地理歷史硏究報告》 1, 1915).
26) 潭其驤 主編, 《中國歷史地圖集》(釋文匯編 東北卷, 中央民族學院出版社, 1988), 126~127쪽.
27) 楊保隆, 〈新舊唐書渤海傳考辨〉(《學習與探索》 1984-2).
28) 宋基豪, 앞의 글.
林相先, 〈渤海 建國 參與集團의 硏究〉(《國史館論叢》 42, 國史編纂委員會, 1993).
29) 《遼史》 권 75, 列傳 5, 耶律羽之.

(지금의 撫順)간의 교통로는 세 갈래가 있었다. 우선 영주-燕郡-懷遠-通定鎭(지금의 신민현 高台山)-신성으로 이어지는 北道와, 영주-연군-회원-險瀆-요동성(遼陽)-蓋牟(지금의 蘇家屯)-신성으로 이어지는 中道, 그리고 영주-연군-汝羅守捉-遼隊-요동성-개모-신성의 南道가 있었다.[31] 그런데 696년 가을 거란군이 안동도호부성을 공격해오자, 안동도호 裴玄珪가 이를 저지하였으며,[32] 이듬해 초 요동주도독 高仇須에 의해 거란의 공격군은 격파되었다.[33] 이어 그 해 5월 고구려유민인 高文·高慈 부자가 당군을 이끌고 거란군과 싸우다 요동의 磨米城에서 전사하였다.[34] 또한 같은 해에 당의 中郞將 薛訥이 이끄는 5만의 병단이 해로로 요동에 파견되었다.[35] 실제 5만이 아닐지라도 이 때 상당한 병력을 투입하여 요동지역의 당군을 보강한 것은 사실로 여겨진다. 이렇듯 신성과 요동성에 당군이 버티고 있는 당시 상황으로 보아 대조영집단이 태자하유역으로 가서 그 곳에 자리잡기는 불가능한 것이다.

요동성은 바로 태자하 하류유역에 있다. 그리고 거란군과 당군이 영주에서 요동에 이르는 街道에서 전투를 벌이고 있는데 대조영집단이 바로 그 길을 택하여 동주하였을 것으로 보기는 어렵다. 또한 대조영집단이 태자하유역에 있었다면 당연히 안동도호부의 군대가 동원되었을 것인데도, 대조영 등에 대한 공격이 서쪽에서 온 이해고의 군대에 의해 이루어졌다는 사실을 볼 때도 그러하다. 천문령전투 이전에 대조영과 걸사비우집단은 당과 거란의 전투와중에서 비켜서서, 영주에서 요동으로 이어지는 가도의 북쪽 요서지역 어느 곳에 머물고 있었다고 여겨진다. 따라서 《오대회요》의 기사는 東走과정에서의 구체적인 사실을 시기별로 서술하였다기보다는, 발해의 건국과정에 대한 개괄적 언급을 한 것일 뿐이라고 여겨진다. 굳이 《오대회요》의 기록처럼 대

30) 《五代會要》 권 30, 渤海.
31) 王綿厚·李健才, 《東北古代交通》(1990), 138~152쪽.
32) 《舊唐書》 권 59, 列傳 9, 許欽寂.
《資治通鑑》 권 205, 唐紀 21, 則天武后 萬歲通天 원년 9월.
33) 《陳白玉文集》 권 4, 爲建安王破賊表.
34) 〈高慈墓誌銘〉(《譯註 韓國古代金石文》 I, 韓國古代社會硏究所), 511쪽.
35) 《陳白玉文集》 권 10, 爲建安王與遼東書.

조영집단이 요동에 왔다고 볼 경우에는 안동도호부의 세력이 미치지 못하는 개원·창도 방면 쪽의 요동 북부지역에 머물렀던 것으로 추정해 볼 수는 있을 것이다.[36)]

다음은 발해의 건국 연대에 관한 논란이다. 《舊唐書》에서는 발해가 聖曆(698~700) 연간에 건국하였다고 하였다. 발해가 존립하고 있을 당시에 편찬된 일본의 《類聚國史》에서는 698년에 건국하였다고 하여 구체적인 시기를 언급하고 있다.[37)] 《유취국사》의 이 기사는 발해인으로부터 전해들은 내용을 기술한 것으로 여겨지며, 발해 조정의 공식적 견해로 보아도 좋을 것이다. 그러면 이 때 건국이란 무엇을 의미하는지를 살펴볼 필요가 있다.

이를 698년에 대조영집단이 목단강유역의 東牟山지역에 정착하였다는 것을 말하는 것으로 이해한다면 천문령전투가 있었던 시기가 그보다 앞선 것이었다는 점이 확실하여야 한다. 천문령전투는 거란 장수였던 이해고가 당에 항복한 697년 6월 이후부터 '거란 餘黨'을 토벌하고 장안에 개선한 700년 6월[38)] 사이에 있었다. 이해고는 대조영집단과의 천문령전투에서는 패배하였고 거란 여당 토벌전에서는 승리하여 700년 개선하였던 셈이 된다. 그러면 이 두 전투는 별개의 작전으로, 이해고는 두 차례 출정하였던 것일까. 이는 시간적으로나 거란 항장 출신이었던 이해고의 처지로 볼 때 불가능한 일이다. 그는 거란 여당에 대한 토벌전의 일환으로 대조영집단을 공격하였던 것이다. 비록 천문령전투에서는 패배하였지만 걸사비우집단을 격파하였고 그 밖의 거란 잔당들에 대한 작전에서 성공하였기 때문에 개선하였던 것으로 여겨진다.[39)] 대조영과 걸사비우집단도 이진충의 난 때 당의 지배에서 벗어나 동주하였으므로 당의 입장에서는 그들을 '거란 餘黨'이라고 간주하였을 수 있다. 그리고 이해고의 대조영집단에 대한 추격전은 영주 방면 등 요서지역의 거

---

36) 宋基豪, 《渤海政治史硏究》(一潮閣, 1995), 65쪽.
37) 《類聚國史》 권 193, 殊俗部 渤海 上.
38) 《舊唐書》 권 89, 列傳 39, 狄人傑.
39) 池內宏, 〈渤海の建國者について〉(《東洋學報》 5-1, 1914 ; 《滿鮮史硏究》 中世篇 1, 岡書院, 1993).
松井等, 〈契丹勃興史〉(《滿鮮地理歷史硏究報告》 1, 1915).
盧泰敦, 앞의 글(1981b).

란족들에 대한 토벌전을 행한 후에 있었던 것으로 보는 것이 순리적이라고 여겨진다.

영주 방면은 거란족의 본거지와 접해 있고 장성 이남의 당의 본토와 요동을 잇는 길목이다. 이 지역을 먼저 평정하지 않고 멀리 요동지역에까지 대조영집단을 추격해갔다는 것은 역시 전략상으로 무리인 것이다. 이렇게 볼 때 이해고는 요서지역의 거란 여당들을 토벌·회유한 뒤에 그 여세를 몰아 대조영과 걸사비우집단을 공격하였던 것으로 볼 수 있다. 따라서 천문령전투는 700년 6월에서 그리 멀지 않은 시기에 있었던 것으로 보아야 하겠다.

그러면 천문령전투 이전인 698년에 발해가 건국되었다는 것은 무엇을 의미하는가. 이는 아마도 대조영이 이 때 '震國公' 걸걸중상에 이어 집단의 통수권자가 되었음을 의미하는 것이거나, 아니면 걸사비우의 전사 후 그 집단까지 아울러 東走하였던 무리들 전체의 통수권자로 취임하였음을 의미하는 것이 아닐까 한다. 발해 건국 후 대조영이 震(振)國王을 칭했던 것도[40] 이와 연관되는 것으로 보인다. 따라서 발해국의 실질적 건국은 목단강유역에 자리잡은 뒤인 700년 이후로 보아야 할 것이다.

다음은 발해의 초기 도읍지인 '舊國'의 위치문제이다. 이 구국에 대하여 그동안 돈화현의 평지성인 傲東城으로 비정해 왔으나, 오동성은 성의 짜임새나 그 곳에서 출토된 유물로 볼 때 발해의 도성으로 보기 어려우며 목단강 상류쪽의 永勝유적이 초기 도읍지로 여겨진다는 견해가 제기되었다.[41] 대조영집단이 처음 자리잡았던 '東牟山'은 지금의 敦化市 賢儒鄉 城山子村의 성산자산성으로 보고 있다. 이 산성은 목단강의 지류인 대석하를 끼고 있는 해발 600m의 산 위에 구축되어 있다. 이는 "奧婁河를 방어용으로 하고 성을 쌓아 스스로를 지켰다"는 《신당서》 발해전의 기사와 부합한다. 이 산성의 동편의 평지에 영승유적이 있다. 이 영승유적과 성산자산성 및 발해 초기의 귀족들의 무덤들이 있는 육정산고분군이 하나의 組를 이루고 있다. 성산자산성은

40) 《舊唐書》 권 199 下, 列傳 149 下, 北狄 渤海靺鞨.
41) 방학봉, 〈발해 초기의 수도에 대한 몇가지 문제〉(《발해사연구》 1, 1991).
———, 〈발해수도의 변화 발전과정에 대한 연구〉(《발해사연구》 3, 1992).
리강 저·방학봉 역, 〈발해 수도 오동성에 대한 의문〉(《발해사연구》 2, 1991).
宋基豪, 앞의 책, 80~84쪽.

비상시의 방어처이지만 일단 국가를 건설한 뒤에는 평상시의 거주지는 아니었다. 아직 본격적인 발굴이 행해지지 않았지만 영승유적이 초기 도읍지였을 가능성이 크다고 하겠다.

〈盧泰敦〉

2. 발해의 발전

1) 대외적 팽창

목단강유역에 자리잡은 뒤 대조영은 우선적으로 당의 침공 가능성에 대비하였다. 건국 직후 돌궐과 신라에 사신을 보내어 통교하였던 것도 그러한 목적에서였다.

한편 당은 거란족의 봉기를 진압한 뒤에도 돌궐의 세력이 요서지방을 압박하고 있어 우선 그에 대처해야 했으므로, 동북아지역에 깊숙이 개입할 여력이 없었다. 그러던 중 705년 則天武后가 죽고 中宗이 즉위함을 계기로 하여 사신을 보내어 대조영의 존재를 인정하고 그를 회유하려는 입장을 취하였다. 이는 중국의 전통적인 以夷制夷策이나 遠交近攻策의 입장에서, 발해를 요서지역의 돌궐·거란 등에 대한 공략에 이용할 수도 있을 것이라는 기대에서였다. 대조영도 그의 둘째 아들인 大門藝를 당에 보내어 이에 응하는 자세를 보였다. 대조영으로서는 당과의 충돌을 피하는 것이 필요하였고, 나아가 唐朝의 권위를 발해의 건국 사업에 활용하고자 했기 때문이다.

713년에는 당이 郎將 崔忻을 파견하여 대조영을 "渤海郡王 忽汗州都督"으로 책봉하였다. 이듬해 최흔이 귀국길에 요동반도 남단의 여순 황금산에 남긴 石刻이 오늘날 전해지고 있다. 713년 당의 사신파견의 직접적 계기가 되었던 것은 그 전해에 당군이 요서지역에서 奚族에게 대패한 사건이었다고 여겨진다.[1] 당시 요서지역의 거란족과 해족 등은 돌궐의 세력 아래 복속되

1) 《조선전사》 5-중세편 발해 및 후기신라사-(과학백과사전출판사, 1979), 29쪽.

어 있었는데, 당이 재차 이들에 대한 지배력을 확립하려고 시도하다가 실패하였다. 이에 당은 다시 돌궐 등에 대응하기 위하여 그 동쪽에서 한창 세력을 확대하고 있는 발해에 주목하여, 사신을 파견하여 정식 책봉을 하였던 것이다. 이후 대조영은 '渤海'를 정식 국호로 삼았고, 발해와 당 사이에 교역이 열리고 발해의 사절이 당에 빈번히 왕래하게 되었다. 그러나 발해는 714년 4월 당의 거란에 대한 공격에 가담하지 않는 등 어떠한 국제적 분쟁에도 직접 개입하지 않았다. 그러한 대외적 안정책은 발해의 성장에 유리한 조건이 되어 동북아지역에서 급속한 세력확대를 도모해 나갈 수 있었다.

719년 高王 대조영이 죽은 뒤 그의 아들 大武藝가 왕위에 올라 武王이 되었다. 이 때 연호를 仁安이라 하고 국가적인 체제를 확충해 나갔으며 또한 영토를 크게 확장하였다. 당시 발해의 영토 확장 범위는 727년 일본과 처음 통교하면서 보낸 국서에 잘 나타나 있다.

> …무예가 외람되이 列國을 주관하고 諸蕃을 거느려, 고려의 옛 땅을 회복하고 부여의 遺俗을 잇게 되었습니다. 그러나 멀리 떨어져 있어 길이 막히고 海路가 아득하여 지금껏 소식을 통하지 못하여 길흉을 묻지 못하였습니다. 오늘에야 비로소 옛날의 예에 맞추어 善隣을 도모코자 사신으로 寧遠將軍 郎將 高仁義…등 24인을 狀과 함께 보내게 되었습니다.…(《續日本紀》권 10, 聖武天皇 神龜 5년 정월 갑인).

여기에서 '열국을 주관하고 제번을 거느려, 고구려의 옛 땅을 회복하고 부여의 유속을 잇게 되었다'고 한 것은 발해가 雄國이 되었음을 과시하려는 다소 修辭的인 표현이겠지만, 이 무렵 발해가 중동부 만주지역의 고구려유민과 다수의 말갈 부족들을 복속시키고 있음을 나타내는 것으로 보여진다.

구체적으로 당시 발해의 세력 판도를 살펴보면, 8세기초 발해에 복속된 말갈족에는 隋代의 말갈 7부 가운데 '고구려 멸망 이후 분산 미약해져 발해의 편호가 되었다'는 백돌부·안거골부·호실부 등이 포괄되어 있었을 것이다. 그리고 속말부 출신의 걸사비우집단이 발해 건국에 참여하였고, 백산부의 거주지는 발해 건국지가 되었던 만큼 속말부와 백산부의 잔여세력들도 이미 발해에 귀속되었다고 보여진다. 이외에 흑수부와 불열부 및 고구려멸망 이후

두각을 나타내었던 鐵利部·越喜部 등 동류 송화강 중하류지역과 흑룡강 하류 등지에 있던 말갈족은 당에 조공사를 보내는 등 독자적인 활동을 하면서, 발해의 세력권 밖에 존재하였다. 위의 국서에서 고구려의 옛 땅을 회복하였다고 했는데, 옛 고구려인들의 거주지역 확보와 관련하여 다음 사실이 유의된다. 즉 신라는 성덕왕 17년(718)에 漢山州 관내에 성들을 수축하였으며, 3년 후에 다시 何瑟羅道의 人丁을 동원하여 북쪽 경계에 장성을 쌓았다.[2] 이렇게 평양 방면과 동해안의 함흥 방면의 방어체계를 강화한 일련의 조처는 발해의 남진과 무관하지 않은 듯하다. 그리고 무왕 14년(732) 당과의 전쟁에서 당의 登州를 공격한 발해의 해군은 압록강을 통해 출격한 것으로 보아야 할 것이다. 이런 점으로 미루어 보아 720년대에는 발해의 세력이 압록강 중류유역과 한반도 북단까지 뻗쳤다고 여겨진다. 그렇다면 자연 그 북쪽인 두만강유역과 북류 송화강유역 및 휘발하유역도 발해의 세력권 아래 들어갔다고 보는 것이 자연스럽다.

이렇듯 건국 후 불과 20여 년만에 동북아지역의 새로운 강자로 발해가 두각을 나타내며 팽창해나가자, 인접한 당과 신라는 이에 촉각을 곤두세우게 되었다.

한편 그 동안 돌궐에 굴종해 있던 거란족과 해족이 715년 이탈하여 당에 귀부했으며[3], 716년에는 묵철가한이 전사한 후 돌궐 내부에서는 일시 혼란이 일어났다.[4] 당은 이러한 유리한 계기를 이용하여 요서지역에 대한 지배권을 확립하기 위하여 717년 영주 유성현에 영주도독부를 다시 설치하였다.[5] 나아가 이를 바탕으로 동북아지역으로 그 영향력을 확대하여 발해를 압박하는 정책을 적극적으로 취하였다. 그 구체적인 방안으로 당은 발해의 배후에 있는 흑수말갈을 포섭하여 726년 그 지역에 黑水府를 설치하고 당의 관리를 파견하여 흑수말갈족들을 감독·조종하는 임무를 수행하게 하였다. 종래 흑수말갈은 발해에 소속되어 있지는 않았지만 발해와의 관계를 고려하

---

2) 《三國史記》 권 8, 新羅本紀 8, 성덕왕 17년 및 20년.
3) 《舊唐書》 권 199 下, 列傳 149 下, 北狄 契丹.
4) 《舊唐書》 권 194 上, 列傳 144 上, 突厥 上.
5) 《舊唐書》 권 39, 志 19, 地理 2, 河北道 營州上都督府.

여 발해의 양해를 얻은 뒤에 대외적 교섭을 하였다. 돌궐과 교류하여 흑수말갈에 돌궐의 관리인 吐屯을 두었을 때에도 사전에 발해의 승락을 받았었다.[6] 그런데 이번에는 발해와 사전 상의 없이 독자적으로 당과 교류하며 그 관부를 설치하게 하였던 것이다. 당과 흑수말갈이 연결된다면 그것은 앞뒤에서 발해를 압박하는 형세가 되고, 만약 이를 용인하게 되면 발해의 세력 아래 있는 다른 말갈 부족들도 같은 형태를 취해 당의 영향권 안으로 귀속해 갈 수 있다. 이는 발해의 존립에 치명적 요소가 될 수 있는 것이어서 이에 무왕은 흑수말갈에 대한 공격을 단행키로 하였다.

흑수말갈에 대한 원정은 당과의 전쟁도 불사한다는 것을 전제로 해야 한다. 이는 또한 발해의 국운을 걸어야 하는 중대사안이다. 이에 대해 발해 조정 내에서 반대 의견이 제기되었는데 그 대표가 무왕의 동생인 大門藝였다. 그는 일찍이 당에 파견되어 오랫동안 당에 거주한 바 있어, 당의 국력에 압도되었고 당문화에 깊은 영향을 받았던 인물이다. 그는 발해보다 몇 배로 강하였던 고구려가 당과의 전쟁으로 망했던 사실을 상기시키면서, 당과의 전쟁을 초래할 흑수부에 대한 공격을 반대하였다. 무왕은 반대 의견을 일축하고 대문예를 원정군사령관으로 임명하였다. 대문예가 국경에 이르러 다시 재고할 것을 요청하자, 무왕은 그를 파면하고 사령관을 교체하여 흑수말갈에 대한 공격을 단행하였다. 이 원정에서 흑수말갈을 완전히 복속시키지는 못하였으나 흑수말갈과 당과의 연결을 차단하고, 나아가 여타의 말갈 부족들에 대하여 당의 영향력이 더 이상 깊이 침투하지 못하게 하는 데에는 일정한 성과를 거두었다고 여겨진다.

그런데 흑수부에 대한 공격으로 당과의 관계가 긴장되자, 있을 지도 모르는 당의 공격에 대한 대비가 시급한 과제가 되었다. 아울러 발해의 남쪽 국경지대에 성을 쌓는 등의 움직임을 보여온 신라와 당이 동맹하여 공격해 올 경우를 우려하지 않을 수 없었다. 흑수부에 대한 공격을 감행한 이듬해인 727년에 처음으로 일본에 사신을 보내어 통교하며 우호적인 관계를 맺을 것을 요청하였던 것도 그럴 경우에 대비하여 신라를 견제하기 위한 방략에서였다.[7] 당과

---

6) 《舊唐書》 권 199 下, 列傳 149 下, 渤海靺鞨.

7) 酒寄雅志, 〈八世紀における日本の外交と東アジアの情勢－渤海との關係を中心として－〉(《國史學》 103, 1977).

의 긴장된 관계에 전쟁의 불씨를 당긴 구체적 계기는 대문예 문제였다.

726년 이후 발해의 조정에서 몰리게 된 대문예는 당으로 망명하였다. 당의 조정은 그를 우대하며 발해의 내부분열을 도모하는 수단으로 그를 이용하려 하였다. 이런 당의 동향에 대해 무왕은 대문예의 송환을 요구하며 강력히 반발하였다. 당이 대문예의 송환을 거부하자 무왕은 732년 해군을 보내어 당의 登州를 공격하였다. 이에 양국은 교전을 벌이게 되었다. 이런 일련의 양국관계의 진전 상황을 예의 주시하고 있던 신라는 당과 동맹을 맺어 양국이 발해를 협격하는 방안에 적극적으로 나섰다. 신라로서는 신흥 발해의 위협을 막고 나아가 7세기 후반처럼 또 한 차례의 영토팽창도 기대할 수 있었다. 그리고 676년 이후 대동강 이남의 땅을 신라가 차지한 것을 승인하지 않아 당과 이면적 대립이 지속되어 오고 있는 상황을 해소할 수 있는 기회였으므로 이 동맹에 적극적이었다. 이에 당은 733년 대문예를 앞장 세워 발해원정군을 동북방으로 진공시켰다. 신라는 남으로부터 발해를 공격해갔다. 대문예와 葛福順 등이 이끈 당군의 진격은 지지부진하였고, 오히려 발해군이 산해관 근처의 馬都山지역을 공격해오자 당의 平盧先鋒 烏承玼가 방어에 급급하다가 흑수말갈과 室韋군의 지원을 받아 간신히 이를 격퇴하였다.[8] 신라군은 발해군의 저항과 추위로 다수의 凍死者를 내고 퇴각하였다.

당과 신라의 침공을 격퇴한 후, 발해는 다시 당과의 관계개선에 노력하였다. 만약 당이 더 이상 동북아 방면으로 팽창해오지 않는다면, 당과 지속적으로 대결하는 것이 발해의 안정과 발전을 도모하는 데 이익이 없다는 판단에서였다. 특히 733년 毗伽可汗이 사망하자 내부 분란이 심해져 돌궐의 세력이 크게 약화되었고 이에 따라 당을 측면에서 견제할 수 있는 세력이 없는 상황이었으므로 당과 계속 대결을 벌인다는 것은 발해로서는 큰 부담이었다. 그리고 신라와의 대결에서 일본으로부터 적극적인 지원을 기대할 수 없다는 것도 733년의 戰役에서 경험한 바였다. 당도 발해에 대한 공격이 현실적으로 어렵다는 것을 체험하고, 동북아지역에 급격한 변화를 초래하지 않는 현상유

8) 이 때 발해군은 해로로 마도산지역을 공격하였을 것이라는 주장이 있다(古畑徹, 〈張九齡作'勅渤海郡王大武藝書'と唐渤紛争の終結－第二・三・四首の作成年代を中心として－〉, 《東洋史論集》 3, 1977).

지책으로 정책 방향을 바꾸어 발해와 관계 개선을 꾀하였다. 이에 양국간에는 국교가 재개되었는데 737년 무왕이 죽고 문왕이 즉위한 뒤 발해와 당의 관계는 더욱 긴밀해졌다.

한편 당은 735년에 신라가 대동강 이남지역을 차지한 것을 정식으로 승인하였다. 이후 당은 신라와 발해가 서로 대립하도록 유도하면서, 현상유지에 힘을 기울였다. 신라는 대동강 이남의 평양과 황해도지역의 군현화에 주력하였고 더 이상의 북진은 꾀하지 않았다. 그 결과 7세기 후반 이후 고구려의 멸망과 신라의 한반도 통일 및 발해의 건국 등으로 이어지는 일련의 과정을 거치면서 유동하던 동북아시아의 정세는 보다 안정된 구도를 형성하게 되었다. 이 구도는 10세기초까지 이어졌다.

한편 당과의 관계가 개선되고 신라의 위협이 사라지자 발해는 그 배후에 있는 미복속 말갈 부족들에 대해 압박을 가하였다. 철리부·불열부·월희부·흑수부 등이 그 대상이었다. 이들 부족들은 8세기 초반 당에 빈번하게 조공하면서 독자적 움직임을 보여 왔고, 당과 발해간의 전쟁의 직접적인 계기가 되기도 하였던 집단들이었다. 이들을 제압하는 일은 발해의 안보를 위해 필요한 일이었는데, 이제 당의 세력이 후퇴하자 이를 적극 추진하였다. 이들 부족들에 대한 발해의 공격을 구체적으로 전하는 기록은 없다. 단 이들 부족들의 당에 대한 조공이 불열부와 월희부는 741년, 철리부는 740년을 경계로 하여 두절되었다. 그 뒤 802년에 월희부가, 841년에 불열부와 철리부가 각각 한 차례씩 당에 조공을 한 사실이 전해질 뿐이다. 철리부에 의한 그 전과 같은 지속적인 조공은 발해 멸망 후에 다시 나타나게 된다. 이런 면은 곧 이들 집단이 8세기 중반에 발해의 세력권으로 귀속되었음을 의미한다.[9] 746년 발해인과 철리부인 천백여 명이 일본에 건너간 일이 있었다.[10] 이는 철리부의 대당 조공의 두절과 연관되는 것으로서, 발해가 철리부를 병합함에 따라 생겼던 현상으로 여겨진다.[11] 단 흑수부의 경우 740년 이후 여러 차례 당에 조공한 기사가 보여 이 시기에 발해에 완전 복속되었던 것 같지는 않다.

---

9) 《新唐書》 권 219, 列傳 144, 北狄 黑水靺鞨.
10) 《續日本紀》 권 16, 聖武天皇 天平 18년.
11) 鳥山喜一, 《渤海史上の諸問題》(風間書房, 1968), 237~240쪽.

이로써 8세기 중반에 이르러 발해는 그 영토가 송화강 하류에까지 미치게 되어, 건국 이래로 추구해오던 대외 팽창정책이 일단락을 짓게 되었다. 발해가 한번 더 대외적 팽창을 한 것은 9세기 전반 宣王代였다.

2) 국가체제의 정비

당 및 신라와의 전쟁이 끝나고 대외적인 안정을 회복한 이후 발해는 대내적인 체제정비에 주력하였다. 무왕을 이은 文王의 장기간에 걸친 재위기간(737~793) 중 발해의 제도와 문물이 크게 정비되었다. 문왕은 즉위 직후 儒家思想에 입각하여 황제를 정점으로 한 집권적 국가체제를 이끌어나가는 각종 의례와 법령과 규범을 담아놓은 당의 開元禮를 수입하였으며, 당의 문물 수용에 적극적인 자세를 취하였다. 문왕의 치세 기간 중 발해는 당에 49차례의 사신을 파견하였고, 당도 4차례나 문왕을 책봉하는 등 양국관계가 긴밀하였다. 당의 문물은 발해가 그 국가체제를 정비해 나가는 데 주요 典範이 되었다. 《新唐書》 발해전에 전하는 바와 같은 발해의 중앙 및 지방제도는 국초부터 마련되기 시작하였겠지만, 문왕대에 이르러 그 틀이 대부분 확립되었다.

문왕대에 이루어진 제도정비를 살펴보면, 먼저 지방제도로서 府州縣制와 5京制를 들 수 있다. 부는 주의 상위 기관으로 기능하였는데 이는 獨奏州의 존재를 통해서 알 수 있다. 당시 涑州 등 3개의 독주주는 다른 62개의 일반 주와는 달리 왕에게 바로 상주할 수 있는 예외적인 단위로 설정되어 있었다. 그런데 발해 초기에는 지방관으로서 도독과 刺史가 있었으나, 양자는 상하統屬關係에 있었던 것 같지 않다. 발해 지방관의 구체적 명칭은 739년 일본에 파견한 사신인 胥要德이 若忽州都督이었다는 기록을 통해 확인된다. 도독은 《신당서》 발해전에서 전하는 부-주-현체계에서 부의 장관이다. 그런데 약홀주의 장을 도독이라고 하였음은 곧 이 당시까지 아직 부가 성립되지 않았음을 말해준다. 그럴 경우 도독과 자사는 일본의 《類聚國史》 殊俗部 渤海條에 "館驛이 없으며…大村의 장을 도독, 次村의 장을 자사라 한다"고 한 것처럼, 州 중에 큰 주의 장을 도독이라 하였던 것 같다. 도독과 자사는 상하

통속관계에 있었던 것이 아니라 병렬적인 존재로서 각각 중앙의 조정에 연결되었던 것으로 여겨진다. 이는 발해에서 아직 부－주－현제도가 정립되지 못하였음을 뜻한다.

758년에 일본에 파견한 사신인 楊承慶은 行木底州刺史였고, 759년에 파견된 高南申은 玄菟州刺史였다. 이들이 띠고 있는 관직명에 보이는 주의 명칭은 두 자로 되어 있어 739년의 약홀주도독의 그것과 같다. 그런데 《신당서》 발해전에 의하면 전국의 주의 명칭은 모두 한 자로 되어 있어 이와 차이를 보인다. 이는 단지 명칭상의 차이만이 아니라 아직 부와 주간의 상하 통속관계와 같은 행정적 체계화가 확립되지 못한 상태임을 나타내준다고 생각된다. 《신당서》 발해전이 전하는 것과 같은 형태로 어느 시기에 주의 명칭이 전국에 걸쳐 일괄적으로 한 자로 정리될 때, 부－주－현제의 행정체계도 함께 정비되었던 것이 아닐까 한다. 구체적으로 776년에 일본에 파견한 사신이 南海府의 吐號浦에서 출발하였다는 기록에서[12] 부의 존재가 확인된다. 남해부는 南京이었으니 남경의 존재는 곧 五方 개념에 따른 5경제가 이 시기에 성립되었음을 말해준다. 주 아래의 현의 존재는 구체적인 기록상으로는 849년 永寧縣丞 王文矩를 일본에 사신으로 파견한 데서 확인되나,[13] 그 전에 이미 존재하였을 것으로 여겨진다. 대체로 남경 남해부의 존재가 확인되는 776년 무렵에는 부주현제와 5경제가 성립되었다고 보는 것이 무난할 것으로 여겨진다. 그것이 5경·15부·62주 형태로 된 것은 9세기초 선왕대의 팽창을 거친 뒤였다.

한편 문왕대에는 수 차례의 천도가 행해졌다. 《신당서》 지리지에 의하면 顯州, 즉 中京 顯德府가 당의 天寶 연간(742~756)에 발해의 수도였다고 한다. 《武經總要》에서도 현주가 천보 이전에 발해의 수도였다고 하였고,[14] 和龍縣 서고성자의 발해시기의 성의 유적으로 보아 천도는 사실로 여겨진다. 이곳은 첫 수도인「舊國」즉 영승지역보다 기후가 따뜻하며 기름진 넓은 들을

12) 《續日本紀》 권 34, 光仁天皇 寶龜 8년 정월.
13) 《續日本後紀》 권 18, 仁明天皇 嘉祥 원년 12월 을묘 및 권 19, 仁明天皇 嘉祥 2년 3월 무진.
14) 《武經總要》 前集 권 16 下.

끼고 있고 물산이 풍부하였다. 이 지역의 현주의 포, 盧城의 쌀, 位城의 철 등은 발해의 특산물로 유명하였다.[15] 구체적으로 언제 이곳에 천도하였으며, 얼마간 수도였는지는 논란의 여지를 남기고 있다.[16] 문왕은 천보말에 북쪽의 상경지역으로 다시 천도하였다. 이 때 천도한 배경에 대해서는 구체적으로 언급된 기록이 전해지지 않으나, 천도한 시점이 주목된다.

천보 14년(755) 11월에 당에서 安祿山의 난이 일어났고 이듬해 정월 안녹산이 황제라 칭했으며, 사천지역으로 피난갔던 당의 현종이 퇴위하고 숙종이 7월에 즉위하여 연호를 至德이라 하였다. 안녹산은 반란을 일으키기 이전에 당의 平盧節度使로서 발해 · 흑수 · 거란 · 해 등을 담당하는 四府經略使를 겸하고 있었다. 그의 반란에 따른 당의 격렬한 내란 상황에 대해 발해로서는 주의를 기울이지 않을 수 없었다. 난의 여파는 발해에 직접 영향을 끼치기 때문이다. 756년 가을 당의 平盧留後事 徐歸道가 발해에 사신을 보내어 기병 4만을 동원하여 안녹산을 칠 것을 요청하였다. 발해는 이에 응하지 않고 사신을 돌려보내지 않았다. 서귀도는 그 해 말 안녹산측에 붙었다. 이어 서귀도를 죽이고 權知平盧節度를 자칭한 王玄志도 사신을 보내어 당의 사정을 말하였는데, 발해는 이를 믿지 않고 따로 사신을 보내어 정세를 탐문하게 하였다.[17] 한편 발해는 758년과 759년에 楊承慶과 高南申을 각각 일본에 사신으로 파견하였는데, 그 때 양인의 관직이 행목저주자사와 현도주자사였다. 목저주와 현도주는 각각 혼하와 蘇子河 유역에 있어 요동평야로 나아가는 발해의 서남쪽 관문에 해당한다. 이 지역을 담당하는 관리를 파견한 것은 안녹산의 난에 대한 정보에 밝았던 이들을 보내어 난의 추이를 일본에 전하여 일본측의 반응을 탐색하고, 난의 여파가 밀려올 때를 대비한 대책 마련에 활용하기 위해서였을 것이다. 소식에 접한 일본 조정은 난의 여파가 미칠 만약의 사태에 대한 대책 마련에 부심하였다.[18] 이런 면들은 발해가 안녹산의 난에 따른 안보에 상당히

15) 《新唐書》 권 219, 列傳 144, 北狄 渤海.
16) 이곳으로 천도한 시기가 무왕대일 가능성이 높은 것으로 보는 견해도 있다(宋基豪, 《渤海政治史硏究》, 一潮閣, 1995, 97쪽).
17) 《續日本紀》 권 21, 淳仁天皇 天平寶字 2년 12월 무신.
18) 일본 조정이 758년에 이어 759~761 · 763년에 거듭 발해에 사신을 파견하였던 것도 그러한 움직임의 일환이었다.

민감하게 반응하고 대처하였음을 말해준다. 따라서 천보말에-아마도 756년 전반기에-있었던 상경으로의 천도 역시 이와 연관된 것이라고 보여진다.[19)] 상경지역은 중경보다 북쪽에 있고 주변에 산악이 둘려 처져 있어 서쪽으로부터의 침공에 대한 방어에 유리하며, 넓은 평야를 안고 있어 도읍으로 적합한 지역이다. 그리고 앞서 말한 바처럼 8세기 중반 송화강 하류의 철리부 등의 말갈 부족들을 복속시켰기 때문에 그 배후지의 안전은 확보되어 있었다.

문왕대의 종반인 785년 이후에 상경에서 다시 두만강 하류 유역인 琿春의 八連城인 東京 龍原府로 천도하였다. 이어 793년에 문왕이 죽고 大元義가 즉위하였으나 곧 '國人'들에게 피살되었고, 成王이 왕위에 오른 뒤 다시 상경으로 천도하였다. 상경은 그 뒤 926년 발해가 멸망할 때까지 계속 수도가 되었다. 천도는 한 국가에 있어서 모든 면에 영향을 주는 매우 중요한 사건인데, 이렇듯 잦은 천도를 행하였다는 것은 주목되는 사실이다. 그러나 아직 이 배경에 대하여는 분명히 밝혀져 있지 않다.

아무튼 문왕대에 부주현제와 5경제 등이 정비되었는데, 이처럼 관료조직이 체계화되었다는 것은 곧 중앙집권력과 왕권이 강화되었다는 것을 의미한다. 이런 진전을 뒷받침하였던 당시의 이념적 기반의 하나는 유교였다. 政堂省 아래의 6部의 명칭이 유교적 덕목을 딴 忠·仁·義·智·禮·信이었다는 점은 그러한 면을 웅변해준다. 胄子監이 설치되어 있어 유교 경전에 대한 교육과 인재 양성에 중심적 역할을 하였다. 또한 발해는 국초 이래로 당에 유학생을 보냈는데, 이들이 귀국한 후 유학 보급에 큰 역할을 하였을 것이다.

불교 또한 왕실과 밀착하여 왕권의 강화에 일정한 역할을 하였던 것 같다. 문왕의 시호가 '大興寶曆孝感金輪聖法大王'이었는데 大興과 寶曆은 문왕대의 연호였고, 金輪聖法은 불교적 의미를 띤 것으로서 轉輪聖王의 이념을 상징한다. 이로써 문왕은 정복군주로서 천하에 正法을 시행하는 이상적인 군주임을 自任한 것을 알 수 있다.[20)] 아울러 불교를 독실히 신봉하였음과 함께 당시

---

19) 林相先, 〈渤海의 遷都에 대한 考察〉(《淸溪史學》 5, 韓國精神文化硏究院, 1988).
방학봉, 〈발해는 무엇 때문에 네차례나 수도를 옮겼는가〉(《白山學報》 39, 1992).
宋基豪, 앞의 책, 99쪽.

20) 宋基豪, 위의 책, 123~125쪽.

발해의 불교계 또한 왕의 권위를 높이고 이를 신성화하는 데 충실했을 것을 짐작할 수 있다.

8세기 후반 관료조직이 확충되고 왕권이 강화되자, 이를 바탕으로 문왕은 황제를 뜻하는 皇上이라고 불리기도 하였으며,[21] 771년 일본에 보낸 국서에서 발해는 일본을 舅甥關係라 하였고 스스로 天孫이라 칭하였다.[22] 당시 발해의 중앙관제·지방제도·수도의 도시 구획 등은 일단 외형상 당의 그것을 방불케 하는 매우 세련된 면모를 갖추었다. 신개척지에서 기존의 전통과 제도적 유산의 제약을 상대적으로 덜 받으면서 새로이 국가를 건설해 나갔기 때문에, 당의 문물 제도를 모방하는 작업을 보다 수월하게 수행할 수 있었을 것이다. 그러나 발해의 제도가 외면상 세련되고 정비된 면모를 갖추었다는 것이 반드시 그 제도가 실제 그처럼 일원적으로 운영되었다는 것을 의미하지는 않는다. 특히 발해는 다종족국가로서 종족 및 지역간 발전의 불균등성이 컸던 만큼, 그러한 면이 제도의 운영에 어떻게 반영되었는지에 대한 보다 구체적인 검토가 필요하다. 그것은 발해의 주민구성이 어떠하며 발해국을 이끌어 나갔던 주된 집단이 어떤 족속이었느냐를 파악하는 문제와 연관되는 것이기도 하다.

〈盧泰敦〉

3. 발해국의 주민구성

1) 요·금대의 발해인과 여진인

발해국의 주민구성을 전해주는 발해 존립 당시의 기록은 매우 적다. 그리하여 대조영집단의 出自에 대한 논의는 계속되어 왔다. 이 문제에 접근하

21) 〈貞孝公主墓誌〉(《譯註 韓國古代金石文》 Ⅲ, 韓國古代社會硏究所, 1992), 460쪽.
현명호, 〈발해 '계루군왕'칭호에 대하여〉(《력사과학》 1991 - 1).
宋基豪, 위의 책, 101~105쪽.

22) 《續日本紀》 권 32, 光仁天皇 寶龜 3년 2월 을묘.

기 위해서는, 발해국의 멸망 후 그 주민들이 遼와 金의 통치 아래에서 어떤 양태로 존재하였던가에 대한 기록들을 살펴보는 것이 효과적 방법이 될 수 있다. 이에 관한 기록이 상대적으로 보다 많이 전해지고 있기 때문이다.

요는 발해국을 멸망시킨 후 계속해서 일어나는 발해국 주민들의 저항을 원천적으로 봉쇄하고, 발해의 중심지에 설치하였던 東丹國의 왕으로서 요의 태종의 형인 倍와 태종 간의 정치적 갈등을 해소하기 위하여, 발해의 주민을 대규모로 요동지역에 강제 이주시켰다. 그런데 요동지역으로 옮겨져 요의 지배를 받게 된 옛 발해국의 주민은 '渤海人'과 '女眞人'으로 뚜렷이 구분되었다. 당시 양자는 서로 근접한 곳에 살았고, 생업면에서 요동지역의 여진인도 농업을 행하였고 그 경작 방식이 발해인과 외형상 유사하였는데도, 발해인과 여진인은 요에 의해 뚜렷이 구분되었다. 양자에 대한 요의 지배방식도 차이를 보였다. 요의 영역 내에 강제 이주된 발해인의 대다수는 州縣民으로 편제되었다. 그에 비해 요의 영역 내에 있는 여진인 즉 熟女眞의 경우, 대개 부족 및 부락 단위로 집단적으로 예속되었다. 이들 여진인들은 일정한 조세나 역이 부과되지 않았으며, 전쟁이 있을 때 그 병력이 차출되었고 때때로 특산물을 바쳤으나 일상 생활은 자치에 맡겨졌다. 부족 내에서 재래의 조직과 생활을 유지하면서 그 수장을 통하여 간접적으로 요에 예속되었다. 요의 영역 밖에 있던 生女眞 부족의 경우, 요에 부족 단위로 附庸해 때때로 공납을 바쳤지만 叛服이 無常하였다.[1)]

발해인과 여진인이 요의 지배 아래에서 그 예속 형태에 뚜렷한 차이를 나타냈던 것은 소수 민족인 거란족이 그 영내의 다수의 여러 족속들을 가능한 한 서로 분리시켜 지배하려는 정책적 의도에서 비롯된 면을 전혀 배제할 수는 없지만, 장기간에 걸쳐 그렇게 할 수 있었던 것은 근본적으로 두 집단간에 사회적 상태의 차이가 있었기 때문에 가능했던 것이다. 당시 여진인은 부족 및 부락 단위의 결집을 이루는 공동체적 관계가 강하게 남아 있었던 상태였으므로 이들을 지배하기 위하여 그 족장을 통해 지배하는 간접적 지배방식을 취하였다. 그에 비해 발해인 사회에서는 이미 계급 분화가 진전되어

1) 盧泰敦, 〈渤海國의 住民構成과 渤海人의 族源〉(《韓國 古代의 國家와 社會》, 一潮閣, 1985) 참조.

서 그러한 공동체적 관계가 해체되었기 때문에 그들을 주현민으로 편제하여 요의 지방관을 통해 직접 지배하였던 것이다. 요는 발해인을 통치하는 데 漢法을 적용하였다. 이는 기본적으로 당시 발해인 사회의 성격이 漢人의 그것과 비슷하였기 때문에 그러한 정책을 취하였고, 또 그것이 시행될 수 있었던 것이다. 발해인과 한인을 모두 주현민으로 편제하였고, 양자가 일정지역에서 서로 섞여 살았던 경우가 많았음도 그러한 측면을 말해준다.

金代에 들어서도 발해인과 여진인의 구분은 여전하였다. 금이 흥기할 때 阿骨打는 요동 일대의 발해인을 회유하기 위하여 "여진과 발해가 본래 한 집안이었다"고 선전하였으나, 실제적으로 양자간의 구분과 차별은 뚜렷하였다. 그런 면은 그 뒤까지 지속되었고 실제 생활에서 발해인은 漢人과 비슷하게 처우되었다.[2)]

이처럼 발해국 멸망 후 그 주민들은 발해인과 여진인으로 뚜렷이 구분되어 서로 다른 존재양태를 보였고, 발해인은 요·금대를 통하여 여진인·한인·거란인 등과도 다른 독자적인 하나의 족속 단위를 이루고 있었다.

그러면 같은 발해국의 주민이었던 발해인과 여진인이 언제부터 서로간에 뚜렷한 차이를 보이게 되었을까. 이에 대해서는 일단 그 차이성이 발해국 멸망 이후에 비롯된 것이 아님을 확인할 수 있다. 요에 의해 발해국의 주민이 강제 이주될 때에 주현민으로 편제된 이들과 그렇지 않은 집단이 구분되었다. 이미 발해국 존립 당시부터 양자간에 구분이 있었고 그 차이성에 의거하여 요의 徙民策이 시행되었던 것이다. 《高麗史》에서도 발해지역으로부터 넘어온 이들을 처음부터 발해인과 여타의 女眞系 사람들을 뚜렷이 구분하여 명기하였다. 구체적으로 발해국의 주민이 두 부류의 족속으로 구성되어 있었다는 사실은 발해국 존립 당시부터 확인되는 것이다.

2) '토인'과 말갈

발해 초기 주민구성의 일면을 전해 주는 기록으로는 다음의 기사가 있다.

---

2) 위와 같음.

> 발해는 고려의 故地에 있다.…그 나라는 2천 리에 걸쳐 있다. 館驛이 없고 곳곳에 村里가 있는데 모두 靺鞨부락이다. 그 백성은 말갈이 많고 土人이 적은데, 모두 토인으로 村長을 삼는다. 大村의 장은 都督, 그 다음 촌의 장은 刺史라 하는데, (이들 촌장들을) 그 아래 백성들이 모두 首領이라 부른다. 매우 추워서 토지는 水田에 적합하지 않다. 그 習俗에 자못 글을 알고 있다. 高氏 이래로 조공이 그치지 않는다(《類聚國史》 권 193, 殊俗部, 渤海 上).

이는 발해 초기에 발해를 방문하였던 일본 사신의 견문기에 입각한 것으로 여겨진다.[3] 이 기사에서 먼저 '土人'의 존재가 주목된다. 토인이란 그 지역의 토착 원주민을 의미한다. 발해국을 주도하는 중심 족속을 토인이라 표현한 것으로 보아, 위 기사의 토대가 되었던 견문기를 썼던 일본 사신은 使行을 가기 전에 발해국에 대해 그 나름대로의 이해와 지식을 지니고 있었던 것 같다. 즉 발해국은 '토인'으로 표현된 어느 족속의 나라이며, 그 문물 제도는 어느 정도의 수준일 것이라는 인식을 가지고 있었다. 그런데 실제 도착하여 견문해보니 자신이 전에 지녔던 그것과 다른 면모가 있게 되자 이를 特記하여 '관역이 없고 곳곳에 촌리가 있는데, 모두 말갈부락이며, 그 백성은 말갈이 많고 토인이 적다'고 서술하였을 것이다. 그렇지만 촌의 장은 토인이 되었다는 등의 사실을 통하여, 자신이 종래 지니고 있었던 인식의 한 부분을 확인하였다. 그래서 뒤에 자신이 견문한 바를 기록으로 남길 때에도 발해국을 주도하고 있다고 여겨 왔던 그 족속을 표현해 계속 토인이라고 하였던 것이다. 요컨대 이 기사를 통하여 발해 초기부터 그 주민은 '토인'과 말갈이라는 두 족속으로 구성되었음을 확인할 수 있다.

이같은 주민구성에서의 이중성은 발해 말기까지도 이어졌다. 예컨대 南海府와 鐵利府지역의 경우를 보면, 지방관에 의해 직접 통치되는 이들 외에 부족 단위로 자치를 영위하던 말갈족들이 존재하였다. 당시 발해국의 주민들은 《新唐書》 발해전에 전하는 바에 의하면 외형상 모두 부-주-현제 아래 귀속되어 있었던 것으로 되어 있다. 그러나 실제로는 주요 성과 館驛 및 큰 浦口 등을 중심으로 교통망과 농경이 발달한 지역의 주민은 주현제로 편제되었고, 그 밖의 지역의 주민은 族制的 성격이 강한 부족이나 부락별로 편제되

3) 石井正敏, 〈渤海の日唐間における中繼的役割について〉(《東方學》 51, 1976).

어 수령을 통해 간접적으로 지배되었다. 발해 멸망 후 거란에 의해 요동지역 등으로 강제 이주된 이들은 주로 전자에 속하는 부류들이었는데, 그들이 앞에서 말한 '발해인'이었다. 한편 후자는 발해의 지배력의 약화·소멸과 함께 오히려 대외적으로 활발한 움직임을 벌여나갔는데, 그럴 수 있었던 것은 이들이 발해의 지배조직에 집단별로 예속되어 자치를 영위하고 있었기 때문에 가능하였던 것이다. 곧 주민구성의 이중성이 통치구조의 이중성과 연결되었던 면을 보여준다.[4)]

발해 멸망 후에는 발해인과 여진인으로 뚜렷이 구분되는 면을 보였음은 앞에서 살펴보았다. 발해인에는 高氏·大氏·王氏 등의 右姓들이 포함되어 있었고 여진인은 말갈족의 후예이므로, 곧 토인=발해인, 말갈=여진인이라는 등식을 성립시켜 볼 수 있다. 물론 발해국의 진전과 함께 말갈족의 일부가 사회적·문화적으로 토인에 동화됨에 따라, 결과적으로 발해국의 주민구성에서 '토인'이 점하는 비율이 증대되었을 수는 있겠으나, 양자간의 구분과 상이한 위치는 발해 말기까지도 이어졌다.

그러면 구체적으로 토인이란 어떠한 족속을 지칭한 것일까. 위의 인용문에서, "발해는 고려의 故地에 있다" "高氏 이래로 조공이 그치지 않는다"라고 하였다. 자연 발해국이 일어난 땅의 원주 토착민이란 뜻으로 표현된 토인은 고구려계 사람을 의미한다. 발해가 고구려의 '옛 땅'에 있다는 표현을 단지 양국의 영역이 지역적으로 일치함을 나타낸 것일 뿐이라고 볼 수만은 없다. 발해가 고구려의 계승국이라는 인식을 함축하고 있는 것이다. 727년 발해 사신이 처음 일본에 간 것을 기술하면서, 《續日本紀》에서 '渤海郡은 옛적의 고려국이다'라고 하였음도 동일한 면을 나타낸다.[5)] 그리고 《類聚國史》의 저자인 菅原道眞은 일본에 간 발해 사신을 접대하며 그들과 詩話를 나누며 교류한 바 있다.[6)] 자연 그는 발해국의 성격에 대한 일정한 이해를 가지고 있었을 것이다. 그러한 그가 위의 기사를 다른 자료에서 인용 전재하였다는 것은, 그러한 사실을 인지하고 있었기 때문이라고 보아야 할 것이다. 비단

4) 盧泰敦, 앞의 글 참조.
5) 《續日本紀》 권 10, 聖武天皇 神龜 4년 12월 병신.
6) 鳥山喜一, 《渤海史考》(東京奉公會, 1915), 206~212쪽.

그 뿐만 아니라 발해국 존립 당시, 발해국의 성격을 고구려인에 의한 고구려의 계승국이라고 여기는 것은 당시 일본측의 공통된 인식이었다. 곧 토인은 고구려 계통의 족속을 지칭한 것이었다.

그런데 발해국을 주도하였던 집단에는 분명히 말갈족 계통도 포함되어 있었다. 발해의 건국 주체세력이 되었던 이들 가운데에는 乞四比羽 휘하의 말갈족도 있었다. 이들이 토인의 일부가 되었을 것은 능히 짐작할 수 있다. 이와 아울러 대조영집단의 出自에 대한 논란을 감안한다면, '토인'의 성격에 대하여 간단히 결론짓기에는 여전히 문제가 남아 있다. '土人'의 구성에 대하여 좀더 구체적으로 검토해 볼 필요가 있는 것이다.

발해국의 주민의 대다수를 차지하고 있던 이들은 고구려계 사람과 말갈계 사람이었다. 이들은 다시 계통별로 다음과 같이 분류해볼 수 있다. 먼저 고구려계 사람들(A)은 ① 營州방면에서 동쪽으로 이동해온 집단, ② 고구려국의 서·남부지역에서 동으로 이주해온 집단, ③ 두만강 유역이나 길림지역과 같은 원주지에 계속 머물고 있다가 발해에 편입된 집단, ④ 9세기 전반 발해의 宣王代에 흡수된 요동지역의 고구려계 사람들 등으로 구성되었다. 말갈족(B)은 ① 영주 방면에서 동쪽으로 이동해온 집단, ② 伯咄部·安車骨部·號室部 및 粟末部와 白山部 잔여세력 등 발해 건국 후 상대적으로 이른 시기에 발해의 주민으로 편입된 집단, ③ 黑水部·鐵利部·越喜部·拂涅部 등 늦은 시기에 발해에 병합된 집단 등으로 구분해 볼 수 있다.[7)]

이 중 상대적으로 늦은 시기에 발해에 병합된 (A)의 ④와 (B)의 ③은 토인의 來源을 검토하는 데에서 일단 제외시켜도 문제는 없을 것이다. 토인은 발해 초기부터 말갈과 구분되었기 때문이다.

다음으로 발해국 초기의 주민구성이 '토인'과 '말갈'로 구분되었는데, 토인집단에는 고구려계 사람들과 말갈계 사람들이 포함되어 있었다. 그렇다면 (B)의 ①과 ② 중 어느 집단이 토인과 대비되는 말갈의 중심이 되었을까. 이는 토인과 말갈이 이른 시기부터 구분되어졌고, 발해 건국의 주체세력의 주요 부분을 이룬 것이 (B)의 ①을 포함한 영주방면에서 東走해 온 집단이었

7) 盧泰敦, 앞의 글.

다는 사실 등을 고려할 때, (B)의 ②집단이 위의 《유취국사》의 인용문에서 전하는 '말갈'이 되었다고 보아도 큰 무리는 없을 것이다.

이렇게 보면 (A)의 ①②③과 (B)의 ①이 '토인'을 형성하였다고 볼 수 있다. 물론 부분적인 가감은 있을 수 있겠지만, 전체적으로 보아 발해국의 주민을 형성한 집단들의 계통별 분류의 측면에서 그러한 추론이 가능하다.

그러면 토인의 주축은 (A)인가 아니면 (B)의 ①인가. 일단 수적인 면에서 (A)집단이 (B)의 ①집단보다 훨씬 많았을 것임은 확실하다고 할 수 있다. 그런데 토인 즉 발해인 중에서 발해국 당시 및 멸망 후 활동한 이로서 성명이 알려진 사람들 가운데, 고씨와 대씨가 압도적으로 많다. 요동으로 옮겨진 후 일어난 두 차례의 발해인의 봉기에서 중심인물이 각각 대씨(大延琳)와 고씨(高永昌)였다는 사실도 우연한 일이 아니다. 이 중 고씨는 고구려의 大姓이었으니, 대씨의 출자가 관심의 초점이 된다. 대씨는 발해의 왕족이었고 영주 방면에서 동주해 온 집단, 즉 (A)의 ①과 (B)의 ①의 중심이었다. 만약 대씨가 고구려인이었다면, '토인'은 고구려인이 주류가 되었던 집단임이 명백해진다. 그러면 대씨의 出自에 대해 살펴보자.

3) 발해 왕실의 출자

발해 왕실의 시조인 대조영의 출자에 대해서는 이를 '高麗別種'이라 한 《舊唐書》 발해말갈전의 기록과, '粟末靺鞨族으로서 고구려에 복속했던 자'라 한 《신당서》 발해전의 기사를 각각 대표로 하는 서로 다른 두 종류의 전승이 전해지고 있어 논란이 거듭되어 왔다. 《구당서》 발해말갈전과 《신당서》 발해전 기사는 각각 장·단점을 지니고 있는 만큼, 그 중 어느 한쪽의 전승 내용이 우월하다고 여겨 그것에 의거해 논의를 전개시키는 것은 절반의 설득력을 지닐 뿐이다. 그래서 양 전승의 내용을 종합적으로 이해하려는 시도가 제기되었다.

別種의 '別'을 서로 다르다는 의미로 파악해, 별종은 '종족상으로는 별개이나 다만 정치적으로 예속관계에 있는 집단을 지칭한 것이다'라는 해석은 그러한 시도의 하나이다.[8] 그렇게 해석될 수 있다면 신·구당서의 기록은 같은 의미가 될 수 있다. 그러나 '별종'은 단순히 정치적인 상하 統屬關係에 있는 집단을 지칭하는 것은 아니다. 漢族에 종속되었던 집단은 무수히 많았지만, 漢人別種이란 말은 없다.[9] 별종은 기준이 되는 집단과 어떤 종족상의 친연관계를 지니고 있다고 여겨진 집단을 지칭한 용어인 것이 분명하다.

두 전승을 통합적으로 이해하려는 다른 한 견해는 발해인 濊(貊)族說이다. 즉 이 설은 '고려별종=예(맥)=발해말갈=속말말갈'이라는 이해이다.[10] 이 설의 기저는 사서에서 동일하게 말갈족이라고 기술된 족속은 실제로는 서로 다른 두 부류의 종족으로서, 속말부·백산부와 같은 예맥계 말갈과 흑수부 등과 같은 挹婁-勿吉系 靺鞨로 구성되어 있었다고 보는 데 있다. 그런데 속말부는 《隋書》나 《신당서》·《구당서》에서 말갈족으로 분류되었다. 《수서》 靺鞨傳에서 속말부를 말갈족이라 한 것은 隋에 來朝해온 속말부인의 말에 의한 것이다.[11] 그리고 수·당의 영내로 이주해간 속말부인은 모두 말갈족으로 명기하였다.[12] 흑수부 등 다른 여러 말갈족 집단들의 존재를 알고 있던 당시 중국인이 속말부인을 계속해서 말갈족으로 파악하였다는 사실은 결코 무시할 수 없다. 당시 자타에 의해 모두 그 종족 명칭을 말갈족이라 한 것을 굳이 예(맥)족으로 파악할 근거는 없는 것이다. 부여성 일대에 거주하던 속말부를 唐代에 浮渝靺鞨이라고도 불렀던 것은 그들의 거주지의 명칭에서 연유한 말갈족 내에서의 구분을 표시한 것이며, 그들은 종족상으로는 어디까지나 말갈족이었다. 말갈족이 부여지역에 많이 거주하게 된 것은 5세기말 이후 물길이 부여지역을 일시 석권함으로써 부여의 왕실이 고구려 내지로 이주하는 등의 정세 변화에 따라 이 지역으로 상당수의 말갈족이 이주한 이후부터였다.[13]

---

8) 張博泉, 〈'別種'草議〉(《社會科學戰線》 1983-4).

9) 孫進己 等, 〈渤海的族源〉(《學習與探索》 1982-5).

10) 日野開三郎, 〈靺鞨の七部の前身とその屬種〉(《史淵》 38·39, 1948).
權五重, 〈靺鞨의 種族系統에 관한 試論〉(《震檀學報》 49, 1980).
孫進己 等, 위의 글.
韓圭哲, 《渤海의 對外關係史－南北國의 形成과 展開－》(신서원, 1994), 68~82쪽.

11) 盧泰敦, 앞의 글, 註 110 참조.

12) 속말부의 大首領으로서 隋에 망명한 突地稽의 경우, 그의 아들이 唐代에 고관으로 현달한 이후에도 그 출자를 말갈족이라고 명기하였다(《新唐書》 권 110, 列傳 35, 諸夷蕃將, 李謹行).

13) 盧泰敦, 앞의 글.

그리고 《수서》에서 말하는 불열부 이동의 말갈과 그 서쪽의 말갈족간의 차이는 철기문화의 보급도나 농경화의 정도에 따른 말갈족 내에서의 문화적 낙차에 기인하는 것이라고 보아야 한다.

《三國史記》 신라본기와 백제본기 초기 부분에 한반도 내에서 활약하는 말갈의 존재가 전해진다. 그러나 당시 동해안 일대의 주민을 《三國志》 동이전에서 濊라 하였고 〈廣開土王陵碑〉에서도 穢라 한 것으로 보아, 이는 역시 丁若鏞 이래로 주장되어 온 僞靺鞨說을[14] 취하는 것이 옳으리라 생각된다.

이렇게 볼 때 발해 왕실의 출자에 관한 두 전승을 통합적으로 이해하려는 시도는 성립하기 어렵고, 두 견해는 계속 평행선을 그을 수밖에 없는 듯이 보이기도 한다. 그러나 다시 한번 別種의 의미를 살펴볼 필요가 있다.

별종의 용례로서 후예를 뜻하는 경우가 있다. 그 다음으로 별종은 기준이 되는 本族에 비해 支派·別派, 또는 嫡系에 대한 傍系의 집단이라는 뜻이 있으므로 본족과 별종은 함께 존재할 수 있다.

공시적으로 존재하는 두 집단이 중국인에 의해 별종관계로 파악된다는 것은 양자가 계통면에서 同種임을 뜻하며, 아울러 현상적으로는 양자간에 동질성과 함께 약간의 상이성도 띠고 있었던 상태를 말해준다. 이런 별종이 생성되게 되는 동인으로는 種族分岐를 생각할 수 있다. 실제 족제적 성격이 강한 초기 고대사회에서는 인구의 증가나 통수권 계승문제 및 정책결정에 따른 異見 등등의 문제로 인하여 생긴 내부의 갈등을 해결하기 위한 하나의 방편으로, 때로는 전쟁 등에 따른 여파로 집단의 분기가 이루어졌고 그에 따라 이주한 예는 흔히 볼 수 있다.

그런데 일정한 영역 내의 주민들에 대한 강력한 통제력을 지닌 지배체제를 구축한 영역국가에서는, 그러한 종족의 집단적인 분기는 극히 어려운 일이다. 오히려 족제적 질서 자체가 해체되어 감에 따라, 영역국가에서는 종족

길림성 楡樹縣 老河深유적은 3개 층으로 구성되어 있는데, 그 중 상층에 있는 무덤에서 북주 무제 건덕 3년(574)에 처음 주조된 '오행대포'가 출토되었다. 상층유적은 말갈족의 것으로 파악되고 있다. 이는 勿吉 발흥 이후 속말수 유역의 부여지역으로 상당수 말갈족이 이주하게 되었을 것이라는 필자의 추정을 뒷받침해준다(吉林省 文物考古硏究所 編, 《楡樹老河深》, 1987, 119~121쪽).

14) 丁若鏞, 〈疆域考〉 권 2(《與猶堂全書》 6집).

의 분기가 아니라 영역 내의 같은 계통의 종족들간에 융합이 진행되었다. 나아가 특정 족속에 의해 주도된 영역국가가 수 백년에 걸쳐 우월한 세력과 문화를 유지해 나갔을 때, 주변의 이질적인 기원을 지닌 족속들조차도 점차 그에 동화되어 가는 것은 자연스러운 일이다.

고구려의 경우 5세기초 이후 이백 수십년 동안 남부와 북부의 일부지역을 제외하고는 국경선에 큰 변동이 없었고, 전국이 크고 작은 성을 단위로 한 행정구역으로 편제되어 있었다. 사회분화가 깊이 진전되었고 빈부의 차등에 의거해 조세가 부과되었으며 율령이 시행되어 왔다. 그런 가운데서 초기 고구려국에서 原고구려족, 즉 5部民이 지녔던 집단적인 우월적 지위도 소멸되었으며, 그 영역 내에 포괄되어 있던 여러 족속들간에 상호 융합이 진전되었다. 그 결과 보다 큰 단위로서의 고구려인이 형성되어 갔다. 원고구려족을 중심으로 한 상호 융합 과정에서 그 영내에 포괄되어 있던 족속들 중에 상대적으로 융합이 덜 진전된 집단이 있을 수 있다. 이 때 융합·동화의 기준은 국내성·평양·요동평야 등 고구려의 중심지역의 주민의 그것이다. 이들 지역을 중심으로 동심원을 그려나갈 때, 상대적으로 바깥쪽 즉 변경지역 주민의 문화와 사회의 성격은 중심부에 비해 다소간의 차이를 지니는 것은 당연한 현상이다. 668년 이후 당이 고구려유민들을 가능한 한 분리시켜 파악해 지배하려고 하였을 때, 그러한 부류는 별종으로 구분되었을 수 있다.

특히 말갈족과 근접해 살고 있던 변경지역의 경우, 그 지역의 고구려계 사람들의 습속과 생활양태는 중심부의 고구려인의 그것과 상당한 차이를 지녔을 수 있다. 또 한편으로는 그러한 변경지역에 거주하며 오랜 동안 고구려의 지배 아래 있었던 말갈족 중 일부는 고구려인의 영향을 받아 사회적 문화적으로 상당히 고구려화되었을 것이다. 그런 지역에 살았던 양 계통의 주민간의 차이는 가령 중심부의 고구려인과 흑수말갈과의 사이에서 보이는 것처럼, 그렇게 현저한 것이 아닐 수 있다. 만약 이러한 지역 출신일 경우, 당시 중국인과 같은 제3자가 그 출자를 운위할 때 그 족속 계통에 대한 두 갈래의 전승이 나올 소지가 충분하다.

이렇게 융합이라는 측면에서 살펴볼 때 대조영집단의 출자에 대한 《신당서》와 《구당서》의 전승 사이의 차이는 極對極의 현격한 것이 아니다. 즉 그 전승은 속말수 유역에 거주하던 고구려계 변경민(《구당서》)과 고구려화한 말갈계 주민(《신당서》)으로 각각 말하고 있다. 두 경우 중 어느 쪽이 더 타당한지 단정할 자료는 없다. 그런데 668년 이후 속말말갈 내의 여러 집단들의 정치적 움직임이 상이하였는데, 그 중 걸사비우집단은 당에 강제 이주되었다. 이는 이 집단이 그 동안 고구려와 밀착된 관계를 지녔기 때문이며, 그만큼 속말말갈 내의 여타 집단들에 비해 고구려화된 면을 지녔을 것으로 보여진다. 걸사비우에 대해서는 모든 기록에서 한결같이 말갈족이라 전한다. 그에 비해 '高麗舊將'이라는 전승도 전해지는 대조영의 경우는 '고려별종'이라 한 것이 다수이다. 이는 양자간에 차이가 있었음을 의미한다. 걸사비우가 고구려화된 말갈족이라면 대조영은 그보다 더 중심부의 고구려인에 가까운, 그리고 더 고구려 조정에 밀착된 면모를 보여준다. 이는 곧 그가 변경의 고구려인이었을 가능성이 더 큰 것을 의미한다.

그러나 이 점만으로 단정하기는 충분하지 못하다. 발해 왕실 스스로의 의식을 살펴볼 필요가 있다.

4) 발해인의 귀속의식

727년 일본에 처음으로 사신을 파견하면서 보낸 국서에서 무왕은 발해가 "고구려의 옛 땅을 회복하였고 부여의 遺俗을 지니고 있다"고 하였다. 이듬해 일본측에서 발해에 보낸 국서에서는 발해가 "옛 땅을 회복하고 (일본과의) 지난날의 우호적 관계를 이으려고 하는 것을 알게 되어 기쁘다"고 하였다.[15] 759년에는 일본에 弔問使를 보내면서 문왕이 스스로 '高麗國王 大欽茂'라고 하였고[16] 같은 해에 일본에서 발해에 보낸 국서에서 발해왕을 '高麗國王'이라 하였다.[17] 渤海使를 高麗使로, 발해국을 고려국으로 표시한 예는《續日本紀》에서 여러 군데 보인다. 비단 사서뿐 아니라 平城宮 출토의 木簡에서 발해사를 고려사로 기술한 것이 보이며, 763년에 쓰여진 東大寺의 고문서에서

15)《續日本紀》 권 10, 聖武天皇 神龜 5년 4월 임오.
16)《續日本紀》 권 22, 淳仁天皇 天平寶字 3년 정월 경오.
17)《續日本紀》 권 22, 淳仁天皇 天平寶字 3년 2월 무술.

도 발해인을 고려인으로 기술하였다.[18] 이처럼 일본과의 교섭에서 발해왕실은 발해가 고구려 계승국이라는 입장을 취하였고, 일본측에서도 발해를 고구려의 계승국이라고 일반적으로 널리 인식하고 있었다. 당시 일본인들이 발해가 고구려의 계승국이라는 인식을 지속적으로 지녀왔던 것은 발해 조정의 표방뿐 아니라 발해를 방문한 일본 사신의 견문과 일본에 간 발해 사신과의 접촉 등을 통해 얻은 지식을 바탕으로 한 것이었다.

발해인의 역사계승의식을 검토할 때 발해가 일본과의 관계에서는 고구려 계승국임을 표방하였으나 당과의 교섭에서는 그런 면을 일체 보이지 않았다는 것이 문제점으로 제기될 수 있다. 그런데 이 점에 대해서는 당과 발해간의 교섭에서 고구려 계승이란 이미지가 지니는 의미에 대하여 생각할 필요가 있다. 당에게 고구려라는 나라는 두려움을 주는 勁敵이었다. 그러한 인상을 발해가 새삼 불러일으켜 적대감을 야기할 필요가 없었던 것이다. 그리고 발해와 당 사이의 교섭이 열린 8세기 전반에는, 당이 정책적으로 고구려의 왕손을 고려조선군왕으로 봉하여 당의 수도에 幽居시켜 두고 있었다. 그러한 상황에서 발해가 고구려의 계승국임을 표방한다는 것은 발해의 외교적 위치만 약화시킬 뿐이었다. 발해 조정이 이 점을 의식하고 있었다는 것은 일본에 보낸 발해 사신에는 고씨가 많았던데 비하여, 8세기에 당에 파견한 사신에는 고씨가 없고 대씨가 압도적으로 많았다는 점을 통해서도 확인할 수 있다.

한편 발해 전 시기를 통하여 발해인이 스스로 말갈족의 후예라고 한 예를 찾아볼 수 없다. 오히려 그에 대한 부정적 의식을 명백히 보여주는 사례가 있다. 792년 발해가 당에 사절단을 보냈는데 이 사절단의 대표인 楊吉福이 띠고 있었던 발해의 관직명이 '押靺鞨使'였다.[19] 이 관직명은 곧 말갈을 관할하는 직책이라는 뜻을 지닌 것이다. 이 때의 말갈이 구체적으로 어떤 집단을 가리키는 것인지는 알 수 없지만, 적어도 이 관직명을 통하여 당시 발해 조정이 말갈족에 대하여 어떤 동족의식을 지니고 있지 않았다는 것을 알 수 있다. 만약 발해 왕실과 그 중심 족속이 말갈족이었다면 발해 건국 후 백년

18) 石井正敏, 〈日渤交涉における渤海高句麗繼承意識について〉(《中央大學大學院硏究年報》 4, 1975) 참조.

19) 《唐會要》 권 86, 渤海.

도 되지 않은 시기에 그러한 관직명을 사용하였다고 상상하기는 어렵기 때문이다.

그 다음 발해국 주민이 남긴 무덤양식을 살펴보면, 토광묘와 석실봉토묘 및 벽돌무덤으로 나누어진다. 이 중 토광묘는 말갈계의 무덤양식이다. 발해의 중심지였던 목단강과 해란강 유역 등에는 다수의 석실봉토묘가 있다. 敦化의 六頂山고분군에는 문왕의 딸인 貞惠公主墓를 포함하여 발해 초기의 왕실과 귀족층 무덤이 몰려있는데 모두 석실봉토묘이다. 발해 초기 지배층의 무덤양식이 고구려계의 석실봉토묘라는 것은 이들의 족속 계통을 말해주는 한 단면이다. 벽돌무덤은 발해 중·후기에 나타나는데 대표적인 발해의 벽돌무덤인 정효공주묘에 그려진 벽화도 唐風이 짙게 배여 있다. 이는 발해의 지배층이 당의 문화를 적극 수용한 데 따른 변화이다.[20]

발해인의 고구려 계승의식은 발해유민들 사이에서도 보인다. 서경 압록부에 근거를 둔 발해유민의 나라인 定安國의 왕이 여진 사신 편에 부쳐 송에 보낸 국서에서 자국의 내력을 '高麗舊壤 渤海遺黎'라고 하여[21], 고구려-발해로 이어지는 계승의식을 표방하였다. 이 밖에 요대에 요동지역에 거주하던 발해인 중 유력 가문인 遼陽 張氏와 熊岳 王氏 등도 고구려 계승의식을 가지고 있었다.[22]

이러한 발해인의 고구려 계승의식은 발해사회의 주민구성이 土人과 말갈로 이루어진 이중성으로 초기부터 나타났고, 발해 멸망 후에는 그 주민이 발해인과 여진인으로 뚜렷이 구분되는 존재양태를 지녔던 사실과 연결되는 것이다. 이는 앞에서 제기한 문제에 대하여 보다 확실한 이해를 가지게 해준다. 즉 대조영집단이 말갈족이냐 아니면 속말수 유역의 변경의 고구려인이었느냐에 대해 발해 왕실 스스로의 표방으로 보아 후자쪽임을 알 수 있다. 또한 역사적으로 볼 때 실제로 더 큰 의미를 지니는 것은 '高麗別種'인 발해 왕실이 건국 후 고구려인과 결합하여 그들이 중심이 된 사회를 건설해 나갔느냐 아니면 말갈족과 결합해 나갔느냐는 문제이다. 그 점에서는 전자 쪽임

20) 정영진, 〈발해무덤연구〉(《발해사연구》 1, 연변대학 출판사, 1990) 참조.
21) 《宋史》 권 491, 列傳 250, 外國 7, 定安國.
22) 盧泰敦, 앞의 글.

이 명백하다. 설사 대조영의 먼 조상이 말갈계였을 경우를 상정한다고 하더라도 대조영 자신이 고구려의 무장이었으며, 건국 초기부터 보이는 발해 왕실의 귀속의식과 주민구성 및 그와 연결된 지배구조를 살펴볼 때, 대조영은 고구려인으로 보는 것이 타당하다. 그 점은 金의 왕실인 完顔家의 경우가 좋은 참고가 된다.

금의 왕실인 완안가의 시조 전승에 의하면 그 선조는 고려인이었다고 한다.[23] 북중국을 정복하고 제국을 건설한 후에도 그러한 시조 전승은 금 왕실에 의해 인정되었다.[24] 그 男系上의 시조가 고려인이었다고 하지만, 금국 성립 당시 완안가는 엄연히 여진인이었고 그들이 취한 방향과 그 세력기반도 여진인이었다. 오늘날 누구도 금 태조 阿骨打를 고려인이라고 하는 이는 없다.

이상의 검토를 통하여 앞에서 제기한 '토인'의 성격에 대한 문제는 보다 뚜렷한 결론을 내릴 수 있다. 즉 토인은 고구려계 인과 영주에서 동쪽으로 이동해온 말갈계 집단으로 구성되어 있었는데, 그 가운데 중심이 된 집단은 전자이며 후자가 그에 융합되어 들어가는 형태로 토인, 즉 발해인이 형성되었던 것이다. 후자가 이미 고구려 존립 당시부터 상당히 고구려화되었고 또 영주에서의 유거생활과 東走 과정을 통하여 고구려인과 밀접한 관계를 가졌기 때문에 양자는 보다 용이하게 융합될 수 있었고, 발해 건국 초기부터 말갈과 구분되는 '토인'이라 지칭되는 하나의 족속을 형성하게 되었던 것이다. 발해국의 진전에 따라 일부의 말갈족이 토인에 동화되어 융합되어 갔을 것이다. 이렇게 볼 때 발해국은 고구려 계승국의 성격을 띠었다고 할 수 있다. 물론 발해국의 성격이 고구려와 같을 수는 없다. 시대와 무대가 다른 만큼 양자간에 상당한 차이가 있었다는 것은 당연하다고 하겠다. 계승이란 이어서 변화 발전해 나가는 것을 의미한다.

발해국이 고구려 계승국의 성격을 지녔던 사실은 당시 발해에 대한 그 인접국 사람들의 인식을 통해서도 확인된다.

---

23) 金庠基, 〈金의 始祖〉(《東方史論叢》, 서울大 出版部, 1974) 참조.
24) 《金史》 권 66, 列傳 4, 完顔勗 및 권 107, 列傳 45, 張行信.

5) 발해국의 성격에 대한 인접국인의 인식

발해국의 성격에 대하여 당나라에 끌려가 있던 고구려유민들이 어떻게 생각하고 있었느냐는 문제와 관련하여 779년 낙양에서 죽은 高震의 墓誌銘이 주목된다. 고진은 寶藏王의 손자였다. 그의 아버지인 連은 安東都護를 역임했으며 그도 안동도호를 지냈다. 그런 만큼 그의 집안은 발해국의 사정에 대하여 정통했다고 할 수 있다. 그러한 고진의 묘지명에 그의 출자를 '발해인'이라 하였다.[25] 비록 고진의 묘지명은 그의 사후에 쓰여진 것이지만, 그의 출자를 발해인이라 기술한 것은 평소 그와 그의 집안이 지니고 있던 스스로의 출자와 발해국의 성격에 대한 인식과 무관한 것일 수 없다.

다음으로 발해국 존립 당시 신라인이 지니고 있던 발해국에 대한 인식을 살펴보자. 839년 당에 가서 佛法을 구하려고 巡禮를 하였던 일본 승려 圓仁의 일기에 의하면, 당의 登州지역 赤山浦에 거주하던 신라인들이 사원에 모여 추석 명절을 즐기고 있었는데 원인이 추석의 내력을 묻자, 신라인 승려가 옛적에 신라가 발해를 격파한 날을 기념한 것이라 하며 그 때 신라에 격파된 '발해'의 잔여 무리가 북으로 가 故土에 의거해 건국한 것이 오늘날 발해라 불리는 나라라고 하였다.[26] 여기에서 '발해'는 고구려를 가리키는 것이 분명하다. 신라인 승려가 말한 추석의 기원에 대한 설명이 올바른지의 여부는 그만두고라도, 그가 고구려와 발해를 함께 발해라고 한 것이 주목된다. 이는 곧 당에 거주하고 있던 신라인들이 발해를 고구려의 계승국으로 이해하고 있었음을 나타내준다. 당시 당의 등주에는 신라와 발해의 무역관이 있었고, 양국인이 이 지역에 왕래하면서 무역을 활발히 하였다.[27] 그런 만큼 이 지역에 거주하고 있던 신라인은 발해인과 경쟁의식을 지니고 있었고, 발해국의 성격에 대한 보다 명료한 인식을 지니고 있었다고 보아야 할 것이다.

---

25) 〈唐開府儀同三司工部尙書特進右金吾衛大將軍安東都護郯國公上柱國公墓誌銘幷序〉(《譯註 韓國古代金石文》 I, 韓國古代社會硏究所), 541~542쪽.

26) 圓仁, 《入唐求法巡禮行記》 권 2, 開成 4년 8월 15일.

27) 圓仁, 《入唐求法巡禮行記》 권 2, 開成 5년 3월 2일.

신라 최치원의 글에서는 신라와 경쟁적인 관계에 있던 발해에 대하여 "지난날의 고구려가 오늘날의 발해이다"[28) "고구려의 잔여 무리들이 모여 북으로 白山 기슭을 의지하여 나라를 세워 발해라 하였다"[29)]라고 하여, 발해와 고구려를 계승국관계로 파악하였다. 그의 글 중 〈謝不許北國居上表〉에서는 발해의 원류를 속말말갈이라 하였다. 최치원은 일찍 당에 유학가 장기간 머물렀던 만큼, 《신당서》 발해전의 이 관계 기사의 저본이 되었던 바와 같은 류의 전승을 알고 있었을 수 있고, 이 글은 그것에 의거한 것으로 여겨진다.

한편 《삼국사기》의 발해 관계 기사는 매우 적다. 발해라고 구체적으로 표기한 기사는 733년에 있었던 발해 공격에 관한 것 외에는 崔致遠傳의 기사뿐이다. 후자는 최치원문집의 것을 전재한 것이다. 전자는 성덕왕 32년(733)과 33년조의 기사에서 발해를 '발해말갈'·'말갈'이라 하였다. 그런데 733년의 기사는 《資治通鑑》의 기사를 전재한 것이다. 734년의 기사도 당시 당에서 宿衛하고 있던 金忠信이 당의 황제에게 올린 글을 전재한 것이다. 이런 기록들을 통해서는 당시 신라인의 발해국의 성격에 대한 인식의 구체적 면을 알아보기 어렵다. 《三國遺事》의 경우 紀異篇 靺鞨 渤海條에서 발해에 관한 《通典》의 기사를 전재한 후, 細註로 《삼국사기》의 기사를 略記하고 그리고 《新羅古記》의 기사를 소개한 뒤 자신의 按說을 서술하였다. 이 중 안설에서 "발해는 靺鞨種이다"라고 말하였으나, 이는 一然의 소견이므로 발해국의 성격이라는 객관적 사실이나 그에 대한 신라 당대인의 인식에 관한 문제와는 다른 차원에서 논의되어야 할 것이다. 이 세주에서 주목되는 바는 《신라고기》의 기사이다. 이 《신라고기》의 작성 시기는 잘 알 수 없으나 신라 당대의 것일 가능성도 크다. 만약 그렇다면 여기에서 "高麗舊將 조영은 대씨로서 殘兵을 모아 태백산 남쪽에서 나라를 세워 국호를 발해라 하였다"라고 한 것은 신라인의 발해에 대한 인식의 한 면을 전해주는 것이다. 이렇게 볼 때 신라인들의 발해에 대한 인식은 김충신이나 최치원의 일부 글과 같이 당에 있을 때 썼거나, 당나라측의 정보에 의거한 것에서는 말갈계로 파악한 면을 보이며, 그 외의 경우에는 고구려 계승국으로 여겼음을 알 수 있다.

---

28) 〈新羅王與唐江西高大夫湘狀〉·〈與禮部裵尙書瓚狀〉(《崔文昌侯全集》).
29) 〈上太師侍中狀〉(《崔文昌侯全集》).

중국의 사서에는 대조영의 출자를 고구려계로 기술한 것과 속말말갈계로 기술한 것 두 종류가 다 있다.

다음으로 이 문제와 관련하여 주목되는 것은 거란인들이 발해인의 성격을 어떻게 이해하였는가 하는 점이다. 그 점에서는 발해를 멸망시킨 후 그 땅에 설립한 東丹國의 左次相으로서 발해인을 직접 통치하는 임무를 맡고 있던 耶律羽之의 견해가 주목된다. 그는 발해인의 저항이 계속되자 그에 대한 근본적인 대책으로 발해인을 요양으로 강제 이주시키자고 주장하는 상소문을 927년 요의 조정에 올렸다.

> 梁水의 땅은 발해인의 고향으로써 토지가 비옥하고 산림·철·물고기·소금 등이 풍성합니다. 발해인의 힘이 미약한 기회를 이용하여 그들을 이곳으로 옮기는 것은 길이 남을 계책이 될 것입니다. 그들은 고향으로 돌아가는 것이 되고 또 삼림·철·소금·물고기의 풍요를 획득할 수 있으니 반드시 이곳에서 안착할 것입니다. 그런 연후에 그들 중 무리를 뽑아 우리의 좌익으로 삼고, 돌궐·党項·室韋의 무리로 우익을 삼으면 가히 앉아서 南邦을 제압하여 천하를 아우를 수 있을 것입니다(《遼史》 권 75, 列傳 5, 耶律羽之).

상소에서 梁水 즉 太子河유역을 발해인의 고향이라 하였다. 이 표현에 대하여 발해인의 원류를 말갈족이라고 보는 시각에서, 대조영의 먼 조상이 이 지역에서 살았던 것을 나타내는 것이라고 해석한 견해가 있었다.[30] 그런데 태자하 하류에 고구려의 요동성이 있었고 그 부근에 태자하를 끼고 백암성이 있었다. 신성·개모성·안시성 등도 요동성 등과 평야로 이어지는 지역에 있었다. 그런 만큼 이 지역 일대는 고구려의 핵심지역의 하나였다. 발해 성립 이전 시기에 이 지역이 그들의 고향이라 운위될 만큼 말갈족이 집단적으로 살았던 적이 있었다는 기록은 전혀 없다. 그리고 위의 글에서 양수지역에 풍부한 물산의 하나로 소금을 들었다. 내륙지역인 태자하유역만을 대상으로 하여 언급한 것으로 볼 때는 이해되지 않는다. 이는 발해인을 이주시킬 대상지역이 요동지역 전체임을 전제로 한 말이며, 요의 동경성이 있던 태자하유역을 그 대표로 언급하였던 것이다. 실제 요에 의해 발해인은 요동의 각지로 옮겨졌다.

---

30) 金毓黻, 《渤海國志長編》 권 19, 叢考.

발해 이전 시기에 요동 일대에 널리 살았던 족속은 고구려인 외에는 없다. 이렇게 볼 때 이 지역을 발해인의 고향이라 한 것은 발해인이 원래 고구려인이었다고 여긴 거란인의 인식을 나타내는 것이라고 해석해야 한다.[31]

이 밖에 프랑스 국립도서관에 소장되어 있는 돈황문서 〈북방 몇몇 나라의 王統에 관한 叙記〉(Pelliot Tibetain 1283)에서 발해에 대하여 "…티베트인이 He라 부르고 중국인이 He - tse(奚)라 하며 Drug인이 Dad - pyi라고 부르는 종족이 있는데…그(奚) 동방을 보면 Drug인이 Mug - lig로, 중국인이 Ke'u - li라 부르는 나라가 있다"라고 하였다. 여기에서 Drug는 터키계 종족을 지칭하며 Mug - lig는 발해를 의미한다. Mug - lig는 원래 돌궐에서 고구려를 지칭하는 'Mökli(貊句麗)'에서 비롯한 말인데, 8세기 이후 발해를 지칭하는 용어로 계속 사용되고 있었음을 보여준다. 고구려 멸망 후 상당수의 고구려유민들이 돌궐로 이주하였으며 발해는 건국 직후부터 돌궐과 교섭을 가졌기 때문에, 고구려와 발해에 대한 상당한 지식을 가지고 있었을 내륙아시아 터키계 주민들이 발해를 지칭하여 계속 Mug - lig라고 한 것은 발해국의 성격을 이들이 어떻게 이해하였는지를 나타내준다. 아울러 당시 중국인들이 발해를 Ke'u - li 즉 고려라고 하였다는 것도 당나라인들의 발해국의 성격에 대한 인식을 나타내주는 자료가 된다.[32]

이렇듯 발해국 존립 당시 발해국의 성격에 대한 인접국인의 인식에서 발해 왕실에 대한 두 가지 전승이 알려져 있던 당과 신라에서는 두 면이 보이지만, 당에 끌려갔던 고구려유민과 당에 거류하고 있던 신라인 및 일본인·거란인·내륙아시아인 등은 발해를 고구려의 계승국으로 파악하였음을 볼 수 있다. 이는 발해가 고구려인들에 의해 주도된 국가임을 말해주는 것이다. 이 점과 함께 발해 멸망 후 상당수의 발해유민이 고려로 넘어왔고, 우리 선

31) 여기에 표현된 '고향'을 '故土'와 같은 뜻이라 하여, 10세기초 거란이 빼앗기 전에는 요동지역이 발해의 영토였다는 사실을 환기한 것이라고 보는 견해도 있다(宋基豪, 《渤海政治史研究》, 一潮閣, 1995, 32쪽). 그런데 당시 徙民의 주된 대상은 동부 만주지역 방면의 발해인이었다. 그들을 요동으로 옮기게 되면 '彼得故鄕'이라 하였을 때, '고향'은 동부 만주지역에 자리잡기 이전의 지역을 의미한다고 보는 것이 자연스럽다. '고향'을 '고토'로 보더라도 그 의미는 동일하다.

32) 盧泰敦, 〈高句麗·渤海人과 內陸아시아인과의 交涉에 대한 一考察〉(《大東文化研究》 23, 成均館大, 1989).

인들이 발해를 한국사의 일부로 인식해왔다는 사실은 곧 발해사가 한국사의 한 부분이 되는 구체적 근저가 확보되는 셈이다. 발해국의 주민구성의 이중성은 발해사의 귀속면뿐 아니라, 발해사회와 문화 및 그 정치구조와 운영을 이해하는 데 고려하여야 할 주요 요소이다. 물론 이 점이 곧 발해사의 여러 측면의 성격을 전적으로 결정짓는 요소는 아니며, 발해사가 고구려사의 연장이라는 것을 의미하는 것도 아니다. 발해사는 고구려사의 그것과는 다른 객관적인 상황과 조건 및 과정을 거치면서 진전되었다. 그에 따라 자연 발해사의 독자적인 면모가 형성되었음은 당연한 것이며, 구체적인 연구를 통하여 그런 면에 대한 파악이 요구된다고 하겠다.

〈盧泰敦〉

Ⅱ. 발해의 변천

1. 발해의 융성
2. 발해의 쇠퇴와 멸망
3. 발해유민의 부흥운동

II. 발해의 변천

1. 발해의 융성

1) 내분의 발생

발해는 제2대 武王(大武藝)과 3대 文王(大欽茂)을 거치면서 발전기를 맞이하였으나, 793년에 문왕이 사망하면서 내분이 발생하여 818년에 10대 宣王(大仁秀)이 즉위할 때까지 25년 동안 정치적 불안상태가 지속되었다. 이러한 사실은 우선 4대 大元義로부터 9대 簡王(大明忠)에 이르는 6명의 왕이 재위하였던 기간이 아주 짧았던 데에서 단적으로 드러난다. 좀더 구체적인 면은 다음의 사실들을 통해 확인할 수 있다.

문왕이 사망한 뒤에 그의 직계 자손이 아니고 族弟였던 4대 대원의가 즉위하였으나(793),[1] 그마저 몇 개월만에 귀족들에게 피살되었다. 그 다음에는 문왕의 손자인 大華璵에게 이어졌다. 이러한 일련의 사건들은 대원의의 즉위가 정상적인 것이 아니었고, 모종의 정권쟁탈을 통해 이루어졌음을 암시한다.[2] 이러한 정권쟁탈의 가능성은 795년에 康王(大嵩璘)이 일본에 보낸 國書에서도 드러난다. 문왕이 사망한 사실을 2년이 지나서야 알리면서도 이 때까지 미처 謚號를 정하지 못하고 단지 '祖大行大王'이라 부르고 있어서 이 동안에 내부 사정이 복잡하였음을 간접적으로 반영하고 있는 것이다.[3]

대원의를 이어서 794년 5대 成王(대화여)이 즉위한 뒤에 東京에서 上京으

1) 이 때에 왕위를 이을 大宏臨이 일찍 사망하였지만, 왕위를 계승할 만한 인물로서 대굉림의 아들인 大華璵나 문왕의 다른 아들인 大嵩璘·大英俊·大貞翰 등이 있었다.
2) 方學鳳, 〈발해 대원의가 피살된 사회적 배경과 그 성격에 대한 연구〉(《발해사연구》, 정음사, 1989), 121~122쪽.
3) 《日本逸史》 권 5, 桓武天皇 延曆 15년 4월 무자.

로 천도하고 그의 年號처럼 中興을 이루려 하였지만 곧 사망하여 뜻을 이루지 못하였다. 문왕의 작은 아들인 6대 강왕(794~809)이 즉위해서는 비교적 오랜 기간인 15년간 통치하였다. 그러나 그가 즉위하기까지에는 우여곡절이 있었던 것 같다. 즉위초 일본에 보낸 국서에서 "구차히 延命하다가" 왕위에 오르게 되었고, 그 뒤로는 신하들이 "의로움에 감복하여 뜻을 바꾸고 감정을 억제하니," 마침내 "조정의 기강이 옛날과 같이 되었고, 영토도 처음과 같이 되었다"고 하였다.[4] 이로 보아서 그는 내분의 틈바구니에서 겨우 왕위에 올랐으며, 그 뒤로는 조정의 기강을 바로잡는 데 힘을 기울였던 것으로 보인다. 그의 시호가 강왕이었던 것도 이러한 업적을 고려한 것이었다. 이 때에 사회가 안정되자 당나라에 대해서도 적극적인 태도를 취하여 문왕 다음으로 많은 冊封을 받을 수 있었다.[5] 그러나 여러 차례의 요청 끝에 일본으로부터 아무 때나 사신을 파견해도 좋다는 허락을 받아놓고서도 그 후로 10년 가까이 사신을 파견하지 못하였던 사실에서 당시의 안정이 그리 오래 가지는 못하였던 것을 짐작할 수 있다.

7대 定王(大元瑜;809~812)도 통치기간이 짧아서 별다른 치적을 남기지 못하였고, 이어서 8대 僖王(大言義;812~818)이 즉위하였지만 그의 즉위도 순탄하지는 못하였다. 일본에 사신으로 갔던 王孝廉이 815년 정월에 일본 조정의 추궁에 대해서 "세월이 흐르고 임금도 바뀌어 전번의 일을 알 수가 없다"[6] 고 대답하였는데, 비록 정왕대의 일이기는 하지만 불과 3년 전에 일어난 일을 두고 이렇게 대답한 것은 앞 시대와의 단절성을 느끼게 한다. 따라서 희왕이 즉위하는 데에도 모종의 커다란 변동이 있었음을 짐작할 수 있다. 그가 사망하고 818년 9대 簡王(大明忠)이 즉위해서도 연호를 太始라 하여 새로운 출발을 시도하였지만, 그도 곧 사망하여 뜻을 이루지 못하였다.

이렇게 6代의 왕을 거치면서 내분이 빈번하게 발생하여 지리멸렬함을 면하지 못하였다. 그런데 이 기간에 특기할 만한 것은 강왕 대숭린대에 고구려

4) 위와 같음.
5) 《舊唐書》 권 199 下, 列傳 149 下, 北狄 渤海靺鞨.
《唐會要》 권 96, 渤海.
《冊府元龜》 권 965, 外臣部, 封冊 3.
6) 《日本後紀》 권 24, 嵯峨天皇 弘仁 6년 정월 갑오.

계승의식이 집중적으로 나타난다는 사실이다. 798년에 일본에서 발해에 보낸 국서에서 "과거에 고구려가 계속해서 일본을 방문하였고, 大氏 왕실이 나라를 다시 열어서 역시 끊임없이 일본을 방문하였다"[7]고 하였는데, 특히 "대씨가 나라를 다시 열었다"는 말은 일본이 발해를 고구려 부흥국가로 인식하였음을 보여준다. 그리고 菅野道眞 등이 797년에 《續日本紀》를 완성하고 바친 上表文에서도 발해라는 바다의 북쪽에 貊種, 즉 고구려 계통의 사람들이 있음을 밝히고 있는데,[8] 그 시기로 보아서 이 사람들은 발해인을 지칭하는 것임에 틀림없다. 아울러 798년에 발해 사신인 大昌泰 일행이 가져간 국서에서도 "교화를 따르는 부지런한 마음은 高氏에게서 그 발자취를 찾을 수 있다"[9]고 하여 발해 스스로도 고구려 계승의식을 밝히고 있어서 주목된다. 이러한 고구려 계승의식은 이미 건국기에서부터 멸망기까지 일관되게 확인되고 있어서, 발해사가 한국사에 포함될 수 있는 중요한 근거를 마련해주고 있다.

2) 해동성국의 구현

10대 宣王(大仁秀 ; 818~830)은 9대 간왕의 從父이면서 大祚榮의 동생 大野勃의 4世孫이었다. 이전까지는 대조영의 직계손으로 왕위가 이어지다가 이때부터 그의 동생인 대야발의 후손으로 바뀐 것이다. 이 사실은 단순히 王系의 교체만을 의미하는 것은 아니다. 왕계가 바뀌면서 동시에 사회 분위기도 일신되는 것은 다른 나라의 역사에서도 흔히 볼 수 있기 때문이다.

이 시대의 연호가 建興이었음은 그가 앞에서 이루지 못한 중흥을 재차 시도하였음을 암시한다. 그리고 시호가 선왕인 것은 그가 평소에 善政을 베풀었기 때문일 것이다. 따라서 그의 시대에 이르러 비로소 내분이 수습된 것으로 보인다.

이 당시에는 정복활동도 활발히 벌어졌다. 이러한 사실은 다음 두 가지 기록에서 확인된다.

---

7) 《日本逸史》 권 7, 桓武天皇 延曆 17년 5월 무술.
8) 《日本後紀》 권 5, 桓武天皇 延曆 16년 2월 기사.
9) 《日本逸史》 권 7, 桓武天皇 延曆 17년 12월 임인.

① 大仁秀가 바다 북쪽의 여러 부락을 토벌하여 큰 영토를 여는 데에 공이 있었다(《新唐書》 권 219, 列傳 144, 北狄 渤海).

② 興遼縣은 본래 漢나라 平郭縣이 있던 곳으로서, 발해 때에 長寧縣으로 고쳤다. 唐나라 元和 연간(806~820)에 발해 왕 대인수가 남쪽으로 신라를 평정하고 북쪽으로 여러 부락을 공략하여 郡과 邑을 설치함에 따라 지금의 이름이 생기게 되었다(《遼史》 권 38, 志 8, 地理 2, 東京道).

두 기록에서 바다 북쪽을 공략하였던 사실이 기록되어 있는데, 여기서의 바다는 당시에 湄沱湖라 불리던 호수로서 오늘날의 興凱湖를 가리킨다. 따라서 미타호 일대에 거주하던 越喜靺鞨을 비롯한 여러 말갈부락이 정복 대상이 되었음을 알 수 있다. 이 때에 월희말갈 지역을 정복하여 懷遠府와 安遠府를 설치하였다.[10] 그러나 그보다 북쪽의 黑龍江(아무르강)가에 살던 黑水靺鞨은 마지막까지 완전히 복속시키지 못하였다.

②의 자료에서는 정복활동이 남쪽 방면인 요동지방과 한반도 서북부쪽으로도 이루어졌음을 보여 준다. 遼나라의 東京 遼陽府(지금의 遼陽)에 속하였던 興遼縣은 원래 발해 선왕이 공략하여 長寧縣을 두었던 곳이라고 한다. 공략 시기는 그의 즉위 연대와 함께 고려하면 선왕의 즉위 초년인 818년에서 820년 사이가 된다. 사실 발해는 8세기 중반 문왕 때에 이미 요동방면으로 진출하여 木底州와 玄菟州 등을 차지한 적이 있는데, 이 때에 와서 재차 요동으로 진출하여 요양일대까지 차지하였던 것으로 보인다.[11]

그뿐만 아니라 그는 신라방면으로도 진출하였다. 위의 자료에서 신라를 평정하였다는 것은 발해가 大同江 이북 지역으로 뻗어 내려간 것을 가리키는 듯하다.[12] 신라는 이에 대응하여 憲德王 18년(826) 7월에 대동강에 300리

---

10) 같은 지역에 있던 拂涅·鐵利·虞婁 등의 부락도 이 때에 완전히 장악되었다는 주장도 있다. 그렇다면 挹婁(虞婁)의 옛 땅에 둔 定理府와 安邊府도 이 무렵에 설치되었을 가능성이 크다(陳顯昌, 〈論渤海國的疆域〉, 《學習與探索》 1985-2, 131쪽 및 朱國忱·魏國忠, 《渤海史稿》, 黑龍江文物出版社, 1984, 71~74쪽).

11) 金毓黻 이래 발해가 요동을 소유하지 않았다고 주장해왔으나 사료를 면밀하게 검토해 보면 타당성이 없다. 이에 대해서는 魏國忠, 〈渤海王國據有遼東考〉(《龍江史苑》 1985-1) 참조.

12) 宋基豪, 〈東아시아 國際關係 속의 渤海와 新羅〉(《韓國史 市民講座》 5, 一潮閣, 1989), 54쪽.

나 되는 장성을 쌓았다.[13]

이상과 같이 발해의 대외 정복활동은 선왕 때에 거의 마무리되었다. 그 결과 사방의 경계가 이 무렵에 완성되었고, 《新唐書》 발해전에 보이는 5京·15府·62州의 행정구역도 완비되었다. ②의 자료에서 "郡과 邑을 설치하였다"고 한 것은 군이나 읍이라는 구체적인 행정구역을 가리키기보다는 이러한 행정구역의 설치 사실을 막연히 표현한 것으로 보인다. 따라서 이 때에 이르러 대동강과 泥河(지금의 龍興江)를 경계로 신라와 국경선을 맞대게 되었다. 이런 의미에서 선왕의 시대는 역시 중흥기였다.

내부적인 안정에 따라 대외관계도 아주 적극적이었다. 그가 재위한 12년 동안 일본에 5번이나 사신을 파견하여 그 어느 때보다도 빈번하였고, 그 성격도 더욱더 상업성을 띠게 되었다. 이 무렵에 일본이 소극적인 태도를 취하였던 것과는 대조가 된다. 825년 12월에 도착한 발해 사신에 대해서 藤原緖嗣가 表를 올려 이들이 "사실은 상인 집단일 뿐이지 이웃 나라 손님이 아니다"라고 하면서 "이들을 맞아들여 나라에 손해를 끼칠 수 없다"고 한 말은 유명한 것이다.[14] 이렇게 자주 일본에서 교역하고자 하였던 것은 사회 발전에 따라 발해 지배층의 욕구가 그만큼 커졌음을 반영하는 것이다.

선왕의 중흥 노력에 힘입어 그 다음에 즉위한 11대 왕 大彝震(831~857)으로부터 12대 왕 大虔晃(857~871), 13대 왕 大玄錫(871~894?)에 이르기까지 크게 융성하여 마침내 중국으로부터 「海東盛國」이란 영예의 칭호를 얻게 되었다. 선왕 때에 대외정복이 완결됨에 따라 그 이후의 왕들은 주로 文治에 뚜렷한 족적을 남겼다. 이것은 8세기에 무왕의 대외정복에 이어서 문왕이 문치에 힘썼던 것과 궤를 같이 한다.

그러나 아쉽게도 융성의 모습을 구체적으로 보여주는 사료들이 거의 남아 있지 않다. 9세기가 전성기에 해당되지만 오히려 이 시기에 관한 사료는 8세기 때보다도 더 적은 형편이다. 이것은 당나라가 혼란에 빠져 기록을 제대로 남기지 못하였고,[15] 일본과 오고간 國書도 극히 실무적이고 의례적인 내용만

13) 《三國史記》 권 10, 新羅本紀 10, 헌덕왕 18년 7월.
14) 《日本逸史》 권 34, 淳和天皇 天長 3년 3월 무진.
15) 《冊府元龜》의 경우를 예로 들면, 발해 기록이 846년을 마지막으로 중단되었다

담고 있는 데 기인한다. 이러한 근본적인 한계가 있지만, 다음의 몇 가지 점에서 당시에 융성했던 모습을 추적해 볼 수 있다.

첫째는 대이진 초기나 혹은 그 직전에 官制가 크게 확충되었다는 사실이다. 당나라 사신 王宗禹가 832년 12월에 발해로부터 귀국한 뒤에 左右神策軍과 左右三軍, 120司를 설치하였던 사실을 조정에 보고하였다.[16] 좌우신책군은 당나라 代宗 때에 두었던 禁軍을 이른다.[17] 따라서 발해에서 이를 본받아서 좌우신책군을 두었을 가능성이 있다. 이 해는 咸和 2년(832)으로서 대이진 초기에 해당한다. 그 규모가 너무 크고 《신당서》 발해전의 기록과도 일치하지 않기 때문에 이를 그대로 믿지 않는 경우도 있지만, 일반적으로는 이를 받아들이고 있다.

1960년 4월에 上京城에서 발견된 銅印에 새겨진 '天門軍'이[18] 이러한 제도 개혁과 관련이 있을 가능성이 있다. 그리고 함화 4년에 조성된 碑像에 보이는 許王府라는 관부와 그에 속한 參軍·騎都尉라는 관직도[19] 역시 이와 관련하여 고찰해 볼 수 있을 것이다. 이러한 자료들은 《신당서》 발해전에 보이지 않는다. 이로 보건대 대이진 초기나 혹은 그 이전에 관제가 크게 확충되었을 여지가 충분히 있다.

둘째는 발해인들의 賓貢科 급제 사실이다.[20] 발해는 초기부터 당나라에 학생을 자주 파견하여 중국의 문물을 배워오게 함으로써 해동성국의 기틀을 마련하였다.[21] 당나라가 9세기 전반에 외국 학생들을 위하여 빈공과를 설치하자, 발해 학생들은 840년대 후반부터 이 과거시험에 급제하기 시작하였

가 907년에 다시 등장하고 있어서, 武宗이 사망한 뒤로부터 멸망까지 60년 이상이 공백으로 남아 있다.

16) 《舊唐書》 권 17 下, 本紀 17 下, 文宗 太和 6년 12월.

17) 《文獻通考》 권 151, 兵考 3.

18) 韓國古代社會硏究所 編, 《譯註 韓國古代金石文》 Ⅲ(駕洛國史蹟開發硏究院, 1992), 486~487쪽.

19) 韓國古代社會硏究所 編, 위의 책, 467~470쪽.
宋基豪·全虎兌, 〈咸和四年銘 발해 碑像 검토〉(《西巖趙恒來敎授華甲紀念 韓國史學論叢》, 亞細亞文化社, 1992).

20) 宋基豪, 〈唐 賓貢科에 급제한 渤海人〉(《李基白先生古稀紀念 韓國史學論叢》 上, 一潮閣, 1994).

21) 《新唐書》 권 219, 列傳 144, 北狄 渤海.

다.[22] 이 때는 발해로 치면 대이진 중반경에 해당된다. 이로부터 여러 명의 급제자를 배출하였으니, 그 가운데에는 이름과 급제 연도가 알려진 인물이 세 사람 있다. 872년에 급제한 烏昭度,[23] 892년에 급제한 高元固,[24] 906년에 급제한 烏光贊[25]이 이들로서, 오소도와 오광찬은 부자지간이다. 전체 급제자는 10명에 가까울 것으로 여겨지는데,[26] 80명에 달하였던 신라에 비한다면 아주 뒤지는 것이지만, 빈공과에 참여한 여러 나라 가운데에서는 두번째로 많다. 따라서 이러한 급제 사실을 통해서도 대이진 이후 문화 수준이 향상되었음을 짐작할 수 있다.

셋째는 일본에 파견되던 사신단에 일정한 격식이 마련되어 간 사실이다. 이에 대해서도 다음의 네 가지로 정리할 수 있다. 먼저 사신의 조건에 관한 문제이다. 발해 초기에 武官이 파견되다가 8세기 중반에 文官으로 바뀌었고, 9세기에 들어오면서 문관 가운데에서도 문학적 소양이 있는 文人들이 다수 파견되었다. 이러한 문인들에는 副使 楊泰師(758년 파견), 大使 王孝廉과 부사 高景秀 및 錄事 釋仁貞(이상 814), 부사 周元伯(858), 대사 楊成規와 부사 李興晟(871), 대사 裵頲(882), 대사 배정과 이름이 알려지지 않은 부사(894), 대사 裵璆(907·919·929)가 있다. 이 가운데에서 양태사와 왕효렴 일행을 제외하면 모두 9세기 중반 이후가 된다. 이러한 사실은 발해사회의 질적 변화를 반영하는 것이다. 무관에서 문관으로 변모한 것은 사신 파견의 목적이 정치적인 데에서 경제적인 것으로 바뀌었기 때문이지만, 문인을 파견한 것은 경제적인 목적과는 별로 상관이 없다. 이것은 9세기에 들어와 귀족들의 문학적 소양이 전반적으로 높아졌음을 의미하며, 결과적으로 발해사회의 문화적 기반이 더욱 확충되었음을 반영한다. 당나라 溫庭筠으로부터 발해가 "문물제도에서 한 집안을 이루었다"[27]고 평가를 받은 것이나, 당 조정으로부터 "의로움을 아는

---

22) 《孤雲集》 권 1, 與禮部裵尙書瓚狀.

23) 《孤雲集》 권 1, 新羅王與唐江西高大夫湘狀 및 與禮部裵尙書瓚狀.
《高麗史》 권 92, 列傳 5, 崔彦撝.

24) 《全唐詩》 11函 1冊, 徐夤.

25) 《高麗史》 권 92, 列傳 5, 崔彦撝.

26) 崔　瀣, 《拙藁千百》 권 2, 送奉使李中父還朝序.

27) 《全唐詩》 9函 5冊, 送渤海王子歸本國.

것이 華夏와 동일하다"[28]고 칭찬을 받은 것은 '해동의 융성한 나라'라는 영예의 칭호를 얻은 것과 더불어 이러한 문화적 성숙이 바탕에 깔려 있었기 때문일 것이다.

그리고 大使의 소속 관청과 관직에서도 변화가 보인다. 8세기에는 武職으로서 10衛에 속하는 郎將, 左熊衛 都將(낭장)이 있고, 지방관으로서 若忽州都督, 行木底州刺史, 玄菟州자사가 있으며, 중앙관으로서 政堂省左允, 司賓寺少令이 있어서 사신의 소속 관청과 관직이 일정하지 않았다. 그러나 선왕 때부터는 소속 관청이 중앙의 政堂省과 文籍院으로 좁혀지고 있고, 관직도 정당성좌윤과 문적원少監으로 한정되는 경향을 보이고 있다. 이러한 추세는 선왕대에 들어서 발해 내부에서 각 관청과 관직의 역할과 기능이 고정되어 갔음을 반영하는 것이다. 따라서 《신당서》 발해전에 기재된 관직체계와 같은 틀이 완성된 것은 적어도 선왕대에 와서야 가능하였다고 생각된다.

또한 발해에서 일본에 파견된 사신의 숫자도 살펴볼 필요가 있다. 역시 8세기에는 최저 23명에서 최고 325명까지 들쭉날쭉하여 고르지 않다. 그러나 선왕 때부터는 100명 정도로 고른 분포를 보이기 시작하였고, 11대 大彛震이나 13대 大玄錫 시기부터는 105명으로 고정되었다. 그런데 일본에서는 사신의 파견 연한에 대해서 관심을 기울였으나, 사신단의 규모에 대해서는 별로 규제를 하지 않았다. 따라서 이렇게 사신 숫자가 고정되어 간 것은 발해 자체의 규정이 마련되었기 때문으로 여겨진다.

마지막으로 中臺省牒의 휴대문제이다. 발해에서 중대성첩을 처음으로 보낸 것은 759년이다. 그러나 이 때 王書는 가져가지 않고 口頭로만 보고하였으며, 문서로는 첩만 가져갔다. 따라서 왕서와 첩을 함께 지참하기 시작한 것은 9세기에 들어서이다. 이러한 방식이 언제부터 시작되었는지 정확히 알기는 어렵지만, 전해지는 자료만을 토대로 한다면 대이진 시기인 840년대부터가 된다.

이상으로 일본에 파견되는 사신단에 대한 틀이 일정하게 마련되어 갔던 점을 살펴보았다. 이것은 선왕 때부터 나타나기 시작하였고, 대이진이나 대

28) 《全唐文》 권 647, 元稹, 靑州道渤海愼能至王姪大公則等授金吾將軍放還蕃制.

현석 시기에 완성되었다. 이러한 사실은 비단 이 자체로만 그치는 것이 아니라 발해 관제, 나아가 발해사회 전체의 고정 격식이 이 시기에 와서 완비되었음을 보여주는 것이다.

마지막으로 爭長事件과 관련된 문제이다. 이에 대해서는 다음과 같은 崔致遠의 글이 있다.

> 신 某는 아뢰니다. 신이 저희 나라의 宿衛院 狀報를 보니, 지난 乾寧 4년(897) 7월에 賀正使로 왔던 발해 왕자 大封裔가 狀을 올려 발해가 신라보다 윗자리에 앉기를 요청하였으며, 이를 처리한 勅旨를 보건대, '國名의 先後는 본래 强弱으로 따지는 것이 아니니 朝制의 순서를 지금 어찌 盛衰를 근거로 바꿀 수 있겠는가. 마땅히 과거의 관례에 따를 것이니 이에 두루 알리노라'고 하였습니다(《孤雲集》 권 1, 謝不許北國居上表).

이 내용을 자세히 음미해 보면, 당나라는 발해의 국력이 신라보다 앞섰음을 인정하고 있었다.[29] 이를 가리켜 安鼎福도 "발해가 스스로 강대국을 자처하였다"[30]고 지적하였다. 이 때 신라는 孝恭王 원년으로서 後三國으로 분열되던 시기였고, 반면에 발해는 14대 大瑋瑎가 왕으로 있으면서 9세기에 이룩하였던 융성이 지속되고 있었다. 이에 따라 발해 왕자 대봉예는 자신있게 당나라에 서열의 변경을 요구할 수 있었다.

이상으로 8세기말부터 9세기말까지의 발해사회를 살펴보았다. 결론적으로 문왕이 사망한 793년부터 선왕이 즉위한 818년까지 25년간은 정권쟁탈을 둘러싼 內紛의 시기였다. 그리고 선왕이 즉위하여 내분을 수습하고 중흥을 이룩함으로써, 그 이후 13대 왕 대현석에 이르기까지는 크게 발전하여 전성을 구가하던 隆盛의 시기였다. 이 때에 당나라로부터 해동성국으로 불리게 되었다. 이러한 융성은 14대 왕 대위해 시기까지도 지속되었다. 그러다가 마지막 왕인 大諲譔이 즉위할 무렵부터 내외의 혼란에 빠져 멸망의 시기에 접어들었던 것으로 보인다.

---

29) 浜田耕策, 〈唐朝における渤海と新羅の爭長事件〉(《古代東アジア史論集》 下, 吉川弘文館, 1978), 349쪽.
30) 安鼎福, 《東史綱目》 권 5 下, 정사년 7월.

3) 발해국의 위상

발해는 기본적으로 당나라 중심의 국제질서에 편입되었던 왕조였다. 그러나 일부에서 주장되듯이 발해가 독립국이 아니고 단순히 당나라의 일개 지방정권에 불과하였다는 것은 사실과 다르다. 발해인들이 당나라 賓貢科에 급제하였던 사실은 이들이 당나라에서 외국인으로 취급되었음이 분명하기 때문이다. 비록 발해는 대외적으로 당나라의 藩國에 속하였고 내부적으로도 여러 면에서 왕국의 체제를 갖추고 있었지만, 일부에서 皇帝國의 면모를 유지하였던 사실이 드러나고 있다.

이러한 양상은 이미 발해 초기부터 나타났다. 武王 때에 仁安이란 연호를 사용한 이래로 거의 전 기간에 걸쳐 독자적으로 연호를 사용하였는데,[31] 원칙적으로 황제만이 연호를 사용할 수 있었다는 점을 고려해 볼 때에 이러한 사실은 대외적으로 자주성과 독립성을 표방하고 내부적으로 왕권의 절대성을 추구하였던 점과 연관되어 있다.

문왕 시기에 만들어진 貞惠公主묘지(780)와 貞孝公主묘지에는 두 공주의 아버지인 문왕을 大王, 聖人 등으로 부르면서 '皇上'이란 표현까지 쓰고 있다.[32] 황상이란 말은 신하가 황제를 부를 때에 사용했던 것이므로, 발해에서 황제 칭호가 일부 사용되었음을 증명해 준다. 거의 같은 시기에 일본에 보낸 국서에서 스스로 天孫임을 자처하고 일본에 대해서 舅甥關係를 요구하였던 점도 역시 주목된다.[33]

무왕과 문왕 때의 이러한 自尊意識은 9세기에 들어서도 역시 이어지고 있다. 일본 大原美術館에 소장되어 있는 발해 碑像은 咸和 4년(834)에 조성된 것인데, 그 명문에 許王府가 보인다. 趙文休가 허왕부에서 參軍·騎都尉를 역임한 것이다. 다른 기록에는 보이지 않지만 이 관청과 관직은 발해에 설치

31) 《新唐書》 권 219, 列傳 144, 北狄 渤海.
32) 宋基豪, 〈발해 文王代의 개혁과 사회변동〉(《韓國古代史研究》 6, 1993), 59~61쪽.
33) 《續日本紀》 권 32, 光仁天皇 寶龜 3년 2월 기묘.
宋基豪, 위의 글, 57~59쪽.

되었던 것으로 여겨진다. 그런데 허왕부는 許王으로 봉해진 인물이 존재해야만 하고, 그렇다면 이를 임명하였던 인물은 허왕보다 한 차원 높은 황제의 지위에 있었던 것으로 볼 수 있다.

한편 발해는 당나라 황제의 지배체제인 3省 6部의 제도를 거의 그대로 모방하였다. 그리고 3성 가운데에 宣詔省이 있고, 中臺省 아래에는 詔誥舍人이란 관직이 있는데, 이것도 주목할 필요가 있다. 詔라는 것은 원래 황제의 명령을 가리키고, 敎는 왕의 명령을 가리킨다. 그렇다면 발해 왕의 명령을 황제의 명령과 같은 조로 부르기도 하였음을 짐작할 수 있다. 같은 시기에 신라에 宣敎省이 설치되어 있던 점과 대비되는 것이다.

이렇게 발해는 내부적으로 황제국의 면모를 어느 정도 갖추고 있었다. 황제를 칭하기 위해서는 그의 교화가 직접적으로 미치는 藩國의 상정이 필요하다. 이에 따라 발해는 주변의 靺鞨族을 번국으로 상정하였다. 무왕이 727년에 일본에 보낸 국서에서 자신이 주변의 "列國을 주관하고 여러 번국을 아울렀다"[34]고 함으로써 이 때에 번국을 상정하고 있었음을 확인할 수 있다. 그리고 貞元 14년(798)에 당나라에 사신으로 갔던 茹富仇의 관직이 虞侯婁蕃長都督이었던 사실[35]은 발해가 동북쪽에 있던 虞婁部를 번국으로 여기고 있었음을 직접적으로 보여 준다. 역시 정원 8년에 사신으로 갔던 楊吉福이 押靺鞨使였던 사실[36]도 말갈족에 대한 발해의 우월한 지위를 나타내고 있다. 사실 지방관과 백성 사이에서 발해의 지방사회를 이끌어가고 있던 반독립적인 지배자들을 首領이라 부른 것도 이들을 藩長으로 여기고 있었음을 암시해준다.

이상의 사실로 보건대 발해는 대외적으로 당나라의 번국에 속하였으면서도, 내부적으로는 황제국의 질서도 일부 갖추고 있었던 二重的 체제를 유지하고 있었다. 이러한 이중체제는 高麗에 이르러 더욱 다듬어진 형태로 나타날 수 있었다.

〈宋基豪〉

---

34) 《續日本紀》 권 10, 聖武天皇 神龜 5년 정월 갑인.
35) 《冊府元龜》 권 976, 外臣部, 褒異 3, 德宗 貞元 14년 11월 무신.
36) 《唐會要》 권 96, 渤海.

2. 발해의 쇠퇴와 멸망

1) 멸망의 배경

발해의 마지막 왕인 大諲譔이 통치하던 시기(906?~926)에는 동아시아 각국의 정세가 매우 복잡하게 전개되고 있었다. 한반도에서는 신라가 後三國으로 분열되어 신라·태봉·후백제가 세력 경쟁을 벌이고 있었다.

당나라도 9세기 후반에 들어서면서 걷잡을 수 없이 무너지고 있었다. 중앙은 이미 지방세력을 제어할 수 없을 정도로 와해되어 갔고 지방에서는 藩鎭勢力들이 발호하여 각 지역을 점거하고 있었다. 河南지역의 宣武節度使 朱全忠(朱溫; 852~912), 山西지구의 河東節度使 李克用(856~908)이 이들을 대표하는 세력이었다. 907년 주전충이 당 哀帝를 폐위시키고 後梁(907~923)을 세워 국도를 開封에 둠에 따라 당나라가 멸망하고 5代 10國의 역사가 시작되었다. 그리고 이극용의 아들 李存勖(885~926)이 후량을 공격하여 승리를 거두고 나서 魏州에서 923년에 後唐(923~936)을 세웠다.

이렇게 10세기 초반은 한반도와 중원지방이 여러 세력의 할거와 이들의 세력 경쟁으로 인하여 혼란에 빠져 있었다. 이러한 환경은 契丹이 발흥할 수 있는 유리한 여건을 조성하여 주었다. 현재의 西拉木倫河(潢河)와 老哈河(土河) 일대에 거주하던 거란 부족들이 10세기초에 耶律阿保機(872~926)의 영도 아래 장족의 발전을 하면서 동아시아의 강자로 등장하기 시작한 것이다.

따라서 발해의 존망은 서쪽에서부터 진출해오던 거란 세력을 어떻게 효과적으로 방비하느냐에 달려 있었다. 발해 말기에 거란과의 관계가 본격적으로 전개된 것은 10세기초부터이다. 제일 먼저 보이는 사료는 거란의 왕실 인물인 耶律轄底가 발해로 도망한 사건이다.[1] 그는 함께 국정을 담당하던 耶律釋魯가 죽임을 당하자 자신도 해를 입을까 두려워하여 두 아들을 이끌고 발해로 도망하였고, 얼마 뒤에 다시 발해의 말을 훔쳐 거란으로 되돌아갔다. 이 때는 야율

1) 《遼史》 권 112, 列傳 42, 逆臣 上, 耶律轄底 및 권 64, 表 2, 皇子表.

아보기가 집권하기 이전인 901년에서 906년 사이가 된다. 이 사건은 양국관계를 직접적으로 보여주는 것은 아니지만, 야율할저가 신변에 위협을 느껴 발해로 도망한 것으로 보아 그다지 좋은 상태가 아니었던 것으로 보인다.

906년에 可汗 痕德菫이 사망하자 이듬해 정월에 야율아보기가 그의 지위를 계승하였고, 마침내 거란부락을 통일하여 916년에 황제의 지위에 올랐다. 이를 전후하여 국가체제를 정비하면서 한편으로는 주변 세력들에 대한 대규모 정복활동을 단행하였다. 북방민족이 흥기하면 으레 그러하듯이 거란도 궁극적으로 중원지방으로 진출하고자 하였다. 그는 901년에 중원을 공략한 데 이어서 황제의 지위에 오른 뒤인 916년 8월에서 11월 사이, 그리고 921년 10월과 11월에 중원의 여러 성을 공략하고 많은 漢人들을 사로잡아 거란 영토로 옮겼다.

그러나 중원은 쉽게 점령될 곳이 아니었다. 총력을 다하여 중원을 공격하여야만 하였고, 이를 위해서는 먼저 배후세력을 제거하여야만 하였다. 그 중에서 가장 큰 세력이 발해였다.[2] 따라서 발해를 먼저 공략하고자 하였으나, 발해로 향하게 되면 또 서쪽 세력이 염려가 되었다.[3] 따라서 중원을 치기 위해서 동쪽의 발해를 먼저 제거해야 되었고, 또 이를 위해서는 서쪽 세력을 먼저 제거해야만 하였다. 이리하여 그의 경략은 서방 정벌, 동방 정벌, 중원 정벌의 순서로 진행되었다. 그가 서방 정벌과 동방 정벌을 자신이 완수해야 할 "두 가지 일"로 표현한 것은 이를 두고 한 말이다.[4]

그런데 거란 태조가 발해 정벌에 나서면서 다음과 같은 명분을 내세운 점에 주목할 필요가 있다.

> 을해일에 詔를 내려 '이른바 두 가지 일 가운데에서 하나를 이미 끝냈다. 그런데 발해는 대대로 원수지간인데도 아직 설욕을 하지 못하였으니 어찌 편안히 있을 수가 있겠는가'하고, 군대를 일으켜 친히 발해 大諲譔 정벌에 나섰다(《遼史》 권 2, 本紀 2, 太祖 天贊 4년 12월).

---

2) 《新五代史》 권 72, 契丹傳.
《資治通鑑》 권 273, 後唐紀 2, 同光 2년 7월.
3) 《遼史》 권 75, 列傳 5, 耶律鐸臻.
4) 《遼史》 권 2, 本紀 2, 太祖 下, 天贊 3년 6월 을유 · 天贊 4년 12월 을해.

발해가 거란과 대대로 원수였다는 말은 일본 기록에도 보인다.[5] 그러나 건국 초기부터 양국 사이의 관계를 개관해 보면 이 말은 과장된 것에 불과하다. 두 나라 사이에는 친선과 적대의 관계가 중첩되어 나타나고 있을 뿐이기 때문이다. 이 사실은 《新唐書》 발해전에서 잘 드러난다. 발해 영역이 서쪽으로 거란과 접하면서 주요 대외교통로의 하나로서 契丹道가 설치되어 있었고, 반면에 거란과 통하는 길목인 扶餘府에는 항상 날랜 병사를 주둔시켜 이들을 대비하였다.

그리고 발해가 "본래 거란과 脣齒의 관계에 있었다"[6]고 한 기록이나, "거란이 일찍이 발해와 화합하였으나 홀연히 의심이 생겨 약속을 어기고 발해를 멸망시켰다"[7]고 한 기록도 양국이 대대로 원수지간이었다는 말과 배치된다. 따라서 거란 태조의 말은 10세기에 들어와 양자가 대결 국면에 접어들었던 사실을 과장하여 발해를 치기 위한 명분으로 삼았던 것임에 틀림없다.

발해는 서쪽으로부터 위협을 가해오던 거란 세력을 방비하는 데에 부심하지 않을 수 없었다. 이에 따라 발해는 주변국가와 제휴하여 공동으로 거란의 진출에 대응하거나, 아니면 직접 거란에 사신을 보내서 화친을 모색하여야 하였다. 발해와 제휴할 수 있는 세력으로는 한반도의 후삼국, 중원의 후량과 후당, 바다 건너의 일본 등이 있었다.

그러나 일본은 바다를 사이에 두고 있었기 때문에 적절한 대상이 되지 못하였다. 그리고 중원의 세력들도 역시 연계 대상이 되지 못하였다. 특히 중국의 역대 朝貢 기록을 보면, 912년 11월에 거란이 조공한 것을 끝으로 923년 11월까지 공백기로 남아 있다.[8] 이것은 이 시기에 후당과 후량 사이에 내전이 계속되면서 외국과의 사신 교환이 단절된 것을 보여 준다.

따라서 발해는 후삼국에서 제휴세력을 찾을 수밖에 없었다.[9] 이들 가운

---

5) 《續本朝通鑑》 권 6, 醍醐天皇 延長 8년 4월.

6) 葉隆禮, 《契丹國志》 권 1, 天贊 6년.

7) 《高麗史》 권 2, 世家 2, 태조 25년 10월.

8) 《冊府元龜》 권 972, 外臣部, 朝貢 5.

9) 韓圭哲, 《渤海의 對外關係史－南北國의 形成과 展開－》(신서원, 1994), 129～152쪽 참조.

데에서 후백제와는 교섭한 기록이 전혀 없고, 다만 신라와 일시적으로 접근한 기록이 보인다. 발해와 신라는 9세기 후반 이후에 상호 경쟁적인 존재로 되었다. 9세기에 들어서 발해가 융성을 구가한 데 반해서 신라는 점차 쇠퇴기로 접어들었고, 이에 따라 당나라로부터 과거의 우위를 지키려는 신라와 현재의 우위를 인정받으려는 발해 사이에 여러 차례 경쟁사건이 벌어졌다. 당나라 조정에서 벌어졌던 양국 사신 사이의 爭長事件(897)이나 학생들 사이에서 벌어졌던 두 차례의 賓貢科 수석 다툼(872·906)은 대표적인 사례이다.

양국 사이의 관계는 911년 경에 이르러 일시적으로 호전되었다. 이에 대해서는 다음 사료가 참고된다.

> 태조가 발해를 공격하여 扶餘城을 함락시키고 나라 이름을 東丹國으로 바꾸었다.…이보다 앞서 발해 국왕 大諲譔은 본래 奚·契丹과 함께 脣齒를 이루어 서로 의지하고 있었다. 그런데 거란 태조가 처음에 일어나 8部를 병탄하고, 이어서 군사를 내어 奚國도 병탄하였다. 이리하여 대인선이 두려워하여 몰래 신라 등의 나라들과 結援하였다. 거란 태조가 이를 알고 회의를 열었으나 결론을 내지 못하였다(葉隆禮, 《契丹國志》 권 1).

911년에 거란이 奚와 霫을 정복함으로써 발해를 압박하게 되었고, 그 직후에 발해는 신라 등의 주변국과 비밀리에 연계를 맺었다고 한다. 그러나 이때에 한반도에서는 후백제와 후고구려(태봉)가 신라를 압박하던 형국이었으므로, 이 결원은 실질적인 도움이 되지는 못하였을 것이다.

양국관계는 이 다음에 다시 바뀌었다. 신라는 915년 10월과 925년 11월 거란에 사신을 파견함으로써 발해와의 결원을 파기하고 거란과 관계를 맺었었다. 그리고 마침내 925년 12월에 거란이 발해 원정에 나서자 일부 군대를 파견하여 거란군을 돕기에 이르렀다.10) 그러나 역시 신라의 능력으로 보아서 이 때 파견된 신라군은 거란을 도와준다는 명분을 살리는 데 그쳤을 것으로 보인다.

다음으로 발해와 태봉 및 고려와의 관계이다. 태봉도 신라와 마찬가지로

---

10) 《遼史》 권 2, 本紀 2, 太祖 天顯 원년 2월 및 권 70, 表 8, 屬國表.

915년 10월, 918년 2월과 3월에 거란에 사신을 파견하여 새로운 세력으로 부상하던 거란과 관계를 맺었다. 王建이 918년 6월에 왕위에 오른 뒤에도 이러한 정책은 얼마 동안 지속되었다. 따라서 발해와 고려 사이에는 별다른 교섭이 없었을 것이다.

고려가 거란에 대한 태도를 바꾸게 된 것은 발해 멸망 이후이다. 936년 후삼국 통일을 완결한 뒤에 왕건은 서역 승려 襪囉를 後晋에 보내서 함께 거란을 쳐서 사로잡혀 있던 발해 왕을 구출하자고 제안하였고,[11] 942년에는 거란 사신을 유배시킨 萬夫橋사건을 일으켰다. 이로부터 980년대까지 양국 사이에는 소원한 관계가 지속되었다. 반면에 고려는 925년 9월부터 발해인들을 받아들였고, 934년 7월에는 발해 세자 大光顯을 왕족으로 우대하는 조치를 내렸다. 이에 따라 고려는 발해와 '婚姻한 나라' 또는 '親戚의 나라'[12]라는 동질의식을 더욱 뚜렷이 나타내게 되었다.

이상에서 살펴보았듯이 발해는 신라와 비밀 결원을 맺은 것 외에는 뚜렷한 결과를 얻지 못하였다. 한편으로 발해는 918년 2월에 스스로 거란에 사신을 보내어 화친을 구하기도 하였다.[13] 그러나 거란에 사신을 파견한 것이 단 한 차례로 끝나고 말았으니, 일시적인 조처에 불과하였던 것으로 보인다. 거란이 요동을 압박해 옴에 따라 양국 관계가 악화되지 않을 수 없었을 것이다. 따라서 마지막에 가서는 독자적인 힘으로 거란에 대항해야 하는 처지에 놓이게 되었다.

---

11) 李龍範, 〈胡僧 襪囉의 高麗往復〉(《歷史學報》 75·76, 1977 ;《韓滿交流史研究》, 同和出版公社, 1989).

12) 《資治通鑑》 권 285, 後晉紀 6, 開運 2년 10월.
이 문구에 대해서 사실 자체를 부인하거나, 반대로 발해와 고려 왕실 사이에 혼인 관계가 있었던 것으로 해석하는 경우도 있지만, 이보다 몇 년 전에 大光顯을 宗籍에 붙인 사실과 연계시켜 해석하는 편이 가장 순리적인 것으로 생각된다.
石井正敏, 〈朝鮮における渤海觀の變遷－新羅～李朝－〉(《朝鮮史硏究會論文集》 15, 1978), 53~54쪽.
林相先, 〈高麗와 渤海의 關係－高麗 太祖의 渤海認識을 중심으로－〉(《素軒南都泳博士古稀紀念 歷史學論叢》, 民族文化社, 1993), 128~129쪽.

13) 《遼史》 권 1, 本紀 1, 太祖 神冊 3년 2월 계해.

2) 요동의 상실과 멸망

거란 태조는 924년 6월부터 이듬해 9월까지 약 1년 3개월에 걸쳐 서방 정벌을 완수한 뒤 곧바로 발해 정벌에 나섰다. 그러나 발해는 단 한 번의 공격에 멸망된 것은 아니었다. 거란은 발해를 멸망시키기 위해서 여러 차례 공격을 시도하였다. 遼의 東京 遼陽府를 두고 태조가 20여 년간 힘써 싸워서 얻은 곳이라고 한 것은[14] 이를 두고 한 말이다.

거란은 발해 중심부에 대한 공격에 앞서서 먼저 遼東으로 진출하였다. 8세기 중엽에 일어난 安祿山의 난을 계기로 요동지역에 대한 당나라의 영향력이 급속히 붕괴되어 갔고, 이를 틈타 발해가 이곳으로 세력을 뻗쳤다. 발해는 3대 문왕 시기에 蘇子河와 渾河 유역으로 진출하여 木底州와 玄菟州를 두었고, 9세기 전반인 10대 선왕 때에 와서 요동으로 재차 진출하여 그 영역이 적어도 요양에까지 미칠 수 있었다. 이에 따라 요동지방의 대부분이 발해의 판도 안에 들어오게 되었다. 사료에서 요동을 '渤海之遼東'으로 표현하였고,[15] 요의 동경이 원래 발해 땅이었다고 하였으며,[16] 그 밖에 〈賈師訓墓誌〉에서도 요동이 발해의 소유였음을 밝히고 있다.[17] 따라서 거란이 이곳으로 진출하기 이전에는 발해 소유였음이 분명하다.

거란이 요동으로 진출하기 시작한 것은 10세기에 들어와 거란 태조가 정권을 잡은 뒤였다. 먼저 北女眞을 복속시키기 위해서 903년과 906년 두 차례에 걸쳐 遼河 상류를 정벌하였다. 그리고 908년에 鎭東의 바닷가에 長城을 쌓아 요동 남쪽으로 진출하기 시작하였고, 909년에는 태조가 직접 요동에 행차하였다. 911년에 奚와 霫을 멸하면서 마침내 그 영역이 동쪽으로 바닷가에

14) 《遼史》 권 28, 本紀 28, 天祚皇帝 天慶 6년 정월 병인.
15) 《舊五代史》 권 137, 外國列傳 1, 契丹.
《資治通鑑》 권 273, 後唐紀 2, 同光 2년 7월.
16) 《遼史》 권 28, 本紀 28, 天祚皇帝 天慶 6년 정월 병인 · 권 36, 志 6, 兵衛 下, 五京鄕丁 및 권 38, 志 8, 地理 2, 東京道.
葉隆禮, 《契丹國志》 권 10, 天慶 6년 봄.
17) 羅福頤, 《滿洲金石志》 권 2(《石刻史料新編》 1집 23책, 臺北 ; 新文豊出版公司, 1982).

이르렀고, 이에 따라 요동으로 통하는 교통로가 완전히 확보되었다.

918년 12월에 태조가 요양의 옛 성에 행차하면서부터 요양지방을 적극적으로 경영하기 시작하였다. 이보다 앞서 거란은 발해가 소유하고 있던 요양을 격파하고 그 주민을 上京道로 옮겼기 때문에 이곳이 빈 채로 남아 있었던 것으로 보인다. 이듬해 2월에는 이 성을 수리하고 漢人과 渤海人 포로를 옮겼고, 이곳을 東平郡으로 삼아 防禦使를 두었다. 이리하여 이곳이 요동지배의 요충지로 되었다. 이러한 조치들에 대해서 발해가 반발하여 924년 5월에는 遼州(현재의 遼寧省 新民縣)를 공격하여 刺史 張秀實을 죽이고 그 곳에 거주하던 사람들을 탈취해온 사건이 벌어지기도 하였다.

그렇지만 요동지방은 여전히 거란의 수중으로 완전히 들어가지는 않았다. 거란이 924년 7월에 발해가 소유하였던 요동을 공격하였다가 그 해 9월에 아무 소득없이 철군한 사실이 이를 말해준다.[18] 이 때 발해는 스스로 거란의 공격에 대응하는 한편으로 女眞·回鶻·黃頭室韋를 부추겨 협공하도록 하였다.[19] 거란 태조는 이 무렵에 서방 정벌에 나가 있었으므로 그가 직접 공략에 나선 것은 아니었으니, 서방 원정을 숨기기 위한 양동작전의 일환이었던 것 같다.

이렇게 꾸준히 요동을 경략하다가 925년 9월에 서방 정벌을 성공적으로 수행하고 돌아온 뒤에 곧바로 발해 공격에 나섰다. 서방 정벌이 발해를 공격하기 위한 정지작업으로 행해진 것이었던 만큼, 12월 16일에 조서를 내려 발해 공격을 표명하고 직접 발해 중심부의 공략에 나섰다. 이 공격에는 회골·신라·吐蕃·党項·室韋·沙陀·烏古 등도 상징적으로 참여하였다. 아울러 배후세력의 가능성이 있는 후당에 梅老鞋里를 사신으로 파견하는 조치를 취하는 것도 잊지 않았다.[20]

거란의 공격과정에 대해서는 《遼史》 本紀에 잘 나타나 있는데, 이를 간단

---

18) 《資治通鑑》 권 273, 後唐紀 2, 同光 2년 7월·9월.
《舊五代史》 권 32 참조.
19) 《五代會要》 권 29, 契丹.
《冊府元龜》 권 995, 外臣部, 交侵.
20) 《資治通鑑》 권 274, 後唐紀 3, 天成 원년 정월.
《五代會要》 권 29, 契丹.

히 정리하면 다음과 같다.[21] 거란은 윤12월 4일에 木葉山에 제사를 지낸 뒤, 14일에 烏山에서 靑牛와 白馬로 천지에 제사를 지내고 閱兵을 행하였다. 21일에는 撒葛山에 나아가 鬼箭을 쏘아 발해 공격의 출발을 알렸다. 그 해 마지막 날인 29일 商嶺에 이르러 밤에 발해 扶餘府를 포위하였으니, 9일 동안에 무려 천여 리를 행군하였다. 이 때의 행군 경로는 발해의 契丹道와 일치할 것이다. 따라서 거란 수도가 있던 현재의 巴林左旗(林東)에서 출발하여 西遼河를 따라 내려가면서 開魯, 通遼를 거친 뒤에 다시 東遼河를 거슬러 올라가 懷德을 거쳐 부여부가 있던 農安에 도달하였을 것이다.

이듬해인 926년 정월 3일에 마침내 부여부를 함락시켰는데 포위한 지 만3일 만이었다. 부여부는 거란으로 가는 경유지이면서, 한편으로 항상 군대를 주둔시켜 거란을 방비하던 곳이다. 부여부 아래에는 强師縣이 있는데,[22] 그 명칭으로 보아서도 발해가 이곳을 군사적 요충지로 생각하였음에 틀림없다. 이러한 점들을 염두에 둔다면 부여부는 너무 쉽게 무너진 것이다. 이로 보아서도 발해 멸망에는 내부적인 요인도 개재되어 있었음을 생각해 보지 않을 수 없다.

거란은 부여부를 함락시킨 뒤 발해 老相이 이끄는 3만 군대와 조우하여 이를 격파시켰다. 그리고 破竹之勢를 이용하여 곧바로 발해 수도의 공략에 나서서, 부여부를 함락시킨 지 만6일 뒤인 정월 9일에 발해의 수도를 포위하였다. 이 과정을 보면 노상이 이끄는 3만 군대가 주력 군대였던 것으로 여겨지는데, 이들이 부여부 부근에서 격파됨으로써 발해 수도인 忽汗城은 더 이상 버틸 수 없었던 것 같다. 이리하여 어쩔 수 없이 12일에 발해 왕이 항복을 청하였고, 14일에 정식으로 항복 절차를 밟음으로써 마침내 멸망하였다.

멸망에 즈음한 당시의 발해사회 모습에 대해서는 전혀 알려져 있지 않다. 그러나 다음 몇 가지 사실을 통하여 발해 말기에 기강이 이완되어 갔던 모습을 미루어 볼 수 있다.

---

21) 발해 공격과정에 대해서는 趙評春, 〈遼太祖攻滅渤海時程考〉(《學習與探索》 1986-6) 참조. 그러나 거란 태조가 3軍으로 나누어 발해를 공격하였을 것이라는 주장은 잘못된 것이며, 일부 日干支의 날짜 표기도 잘못되었다.

22) 《遼史》 권 37, 志 7, 地理 1, 上京道 및 권 38, 志 8, 地理 2, 東京道.

첫째, 발해의 지배를 받던 寶露國이나 黑水·達姑 등의 족속이 점차 발해에서 이탈해 가는 현상이 보인다는 점이다. 이 때에 이들 족속들은 독자적으로 신라를 공격하거나 혹은 고려에 내투하거나 중원 왕조에 조공하였다.[23] 이러한 현상은 886년에 보로국과 흑수국이 신라와 和通하고자 한 데서부터 나타나지만,[24] 918년에서 925년 사이에 집중적으로 나타나고 있다.

둘째, 발해 사신의 망명 사건이다. 일본에 사신으로 갔던 일행 가운데에서 망명한 사건이 두 차례 있는데, 하나는 810년에 首領 高多佛이 이탈한 사건이고,[25] 다른 하나는 920년에 4명이 망명한 사건이다.[26] 그런데 공교롭게도 앞의 사건은 발해에 내분이 빈번하던 시기이고, 뒤의 사건은 멸망으로부터 멀지 않은 시기에 해당된다. 이러한 사실을 염두에 둔다면, 이들의 망명 사건은 발해사회 내부의 기강 해이와 연결시켜 생각해 볼 수 있을 것이다.

셋째, 발해 말기의 사회에 다소 허무주의적인 기풍이 감돌고 있었던 점이다. 이것은 당나라 徐夤이 지은 〈斬蛇劍賦〉, 〈御溝水賦〉, 〈人生幾何賦〉를 발해 사람들이 집집마다 金으로 써서 병풍을 만들어 놓은 사실에서 추정할 수 있다.[27] 이들의 주제는 당나라 말기의 사회 모습을 비판한 것들로서,[28] 당시에 발해사회의 분위기도 이와 별반 다르지 않았음을 반영한다.

이러한 사실을 염두에 두면서 발해의 멸망 원인을 살펴보자. 발해가 거란의 공격에 쉽게 무너져버린 원인에 대해서 그 동안 여러 가지로 논의되어 왔다.[29] 그 원인을 직접적으로 증언해 주는 자료는 없지만, 크게 보면 외적

---

23) 이에 대해서는 《高麗史》 권 1·권 82, 《高麗史節要》 권 1, 《五代會要》 권 30, 《冊府元龜》 권 972 및 권 999 등에 보인다.

24) 《三國史記》 권 11, 新羅本起 11, 헌강왕 12년 봄.

25) 《日本紀略》 前篇 권 14, 嵯峨天皇 弘仁 원년 5월 병인.

26) 《扶桑略記》 권 24, 醍醐天皇 延喜 20년 6월 26일.

27) 《全唐詩》 11函 1冊, 徐夤.

28) 金武植, 〈渤海 文學 硏究〉(韓國精神文化硏究院 碩士學位論文, 1992), 11~12쪽.

29) 三上次男, 〈渤海國の滅亡事情に關する一考察－渤海國と高麗との政治的關係を通じて見たる－〉(《和田博士還曆記念東洋史論叢》, 1951 ; 《高句麗と渤海》, 東京 ; 吉川弘文館, 1990).
방학봉, 〈발해의 멸망원인에 대하여〉(《발해사연구》 1, 연변대학출판사, 1990).
金恩國, 〈渤海滅亡에 관한 재검토－거란 침공과 그 대응을 중심으로－〉(《白山學報》 40, 1992), 88~93쪽.

요인과 내적 요인의 두 가지 방면에서 얘기할 수 있다. 외적 요인으로는 멸망의 직접적인 계기가 되었던 거란의 침공을 들 수 있는데, 이에 대해서는 이미 앞에서 다루었다. 다음으로 내적 요인으로는 정치적 內紛을 손꼽을 수 있다. 발해에 내분이 일어났던 사정에 대해서는 다음과 같은 耶律羽之의 말에서 짐작할 수 있다.

> 야율우지가 表를 올려 말하기를 '…先帝(太祖)께서 발해가 離心해진 것을 틈타서 군사를 움직이니 싸우지 않고 이겼다…'고 하였다(《遼史》 권 75, 列傳 5, 耶律羽之).

여기서 이심하였다는 것은 발해에 내분이 일어났음을 암시한다. 부여부가 쉽게 함락된 것도 이러한 내부 사정 때문이었을 것이다. 그러기에 황태자인 耶律倍가 파죽지세를 이용하여 발해 수도를 공략하면 반드시 이길 것이라고 하였고, 실제로 이 말이 맞아떨어졌다.[30]

또 다른 증거로 흔히 발해인의 고려 망명 사건을 들기도 한다. 발해가 멸망한 것이 926년(고려 태조 9) 정월인데, 그 이전인 925년 9월 6일과 10일, 12월 29일의 세 차례나 망명 사건이 있었다.[31] 그리고 이들의 직책을 보면 禮部卿, 工部卿, 司政과 같은 장관이나 차관을 비롯한 문무 고관들이 포함되어 있고, 성씨를 보더라도 왕실 인물이 주축을 이루었으며, 이들이 이끌고 온 백성들도 500명, 100戶, 1천 호 등으로 대규모였다. 이러한 사실은 내분의 규모가 그만큼 컸음을 의미한다.[32]

이상에서 살펴본 바와 같이 발해는 거란의 침공이라는 외적 상황과 정치적 내분이라는 내적 상황에 제대로 대처하지 못하고 결국 926년 정월에 230년에 가까운 역사를 마감하게 되었던 것이다.

〈宋基豪〉

---

30) 《遼史》 권 72, 列傳 2, 宗室 義宗倍.

31) 《高麗史》 권 1, 世家 1, 태조 8년 9월 병신・경자・12월 무자.

32) 이 사실에 대해서 의문을 제기하는 경우도 있다. 아무리 내분이 크게 일어났다고 해도 멸망되기 전에 장관을 비롯한 발해의 중추 세력들이 대규모로 망명했겠느냐 하는 점 때문이다(박시형 저・송기호 해제, 《발해사》, 이론과실천, 1989, 113쪽).

3. 발해유민의 부흥운동

1) 발해유민의 의미

(1) 발해유민과 발해유예

遺民의 사전적 의미는 "없어진 나라의 남아 있는 주민"이라는 뜻이다. 따라서 발해유민이란 발해국이 멸망한 후 남아 있었던 그 주민이다. 그런데 이들 발해유민은 그들의 처신과 행방에 따라서 다섯 부류로 나누어 볼 수 있다. 첫째, 거란 침략자를 피해 거란의 통치력이 약한 다른 지역으로 이동하였거나 인접국에 投化[1]하였던 무리들이다. 이들은 大光顯 등과 같이 대부분 고려로 이동하였는데 대다수가 '발해'사람이었으나, 발해가 멸망한 뒤 어느 시점부터는 '발해'가 아닌 '契丹'이나 '女眞'사람으로《高麗史》등에 등장하기도 한다. 둘째, 발해가 멸망한 후에 거란에 협조하였던 지배층 유민들이다. 이들은 거란의 힘에 굴복하여 거란의 협조자가 되었으며, 고려·거란과의 외교에서 중요한 역할을 담당하기도 하였고, 두 나라 사이의 전쟁에서는 거란군의 장군으로서 피지배 발해유민들을 통솔하기도 하였다. 셋째, 거란에 지배를 당할 수밖에 없었던 피지배층 유민들이다. 발해시대에 이들은 발해 왕실에 납세의 의무를 지고 있던 피지배층들이었다. 그들은 생활의 근거지를 박차고 과감히 고향을 떠나지도 못하던 무리들로서 이들은 분명 두번째 유민들과는 구별된다. 이들은 기록에서 주로 '거란'이나 '熟女眞' 등으로 등장한다. 넷째, 거란과의 관계에서는 반독립적 상태를 유지하면서 그들의 생존과 관련된 실리를 추구하며 대처했던 유민들이다. 주로 고려와 관계가 깊었던 '生女眞' 부락들이 여기에 속한다. 여진은 흑수말갈과 발해유민의 통칭으로 볼 수 있기 때문이다.[2] 다섯째,

---

1)《高麗史》등에는 발해인들이 '來投' 즉 와서 투화하였다고 전한다. 이 용어는 현대적 의미로 '投降' 내지 '歸化'이며, 정치적 '亡命'의 뜻으로도 이해할 수 있을 것이다.

2) 金渭顯, 〈完顔部의 女眞統合策〉(《青坡盧道陽博士古稀紀念論文集》, 1979, 4쪽 ;《遼金史研究》, 裕豊出版社, 1985).

발해국의 옛 강토 안에서 발해 부흥을 위하여 거란과 맞서거나 대항해 싸웠던 유민들이 있었다. 이들은 後渤海와 定安國을 건설하기도 하였고, 발해 멸망 후 100년이 지나서도 興遼國과 大渤海國을 세우기도 하였다.

발해유민에는 발해시대의 지배층이나 피지배층 모두가 그 범주에 포함되지만, 발해국 멸망 후 발해유민의 의미라는 것은 그렇게 간단하지가 않다. 왜냐하면 위에서 분류된 두번째 이후의 유민들 중에는 이민족인 거란의 지배 밑에 들어가 시간의 흐름과 함께 발해사람임을 포기하고 '거란'사람이 된 자도 있었기 때문이다. 그러나 그들이 비록 거란이나 여진사람이 되었음에도 불구하고 그들은 여전히 발해의 문화를 계승하고 있었다. 따라서 발해유민의 실상 파악문제는 그렇게 쉽지가 않다. 발해가 멸망한 직후 발해인으로서 국가 의식이 비교적 강했다고 할 수 있는 사람들과, 발해에 대한 의식이 사라졌거나 약화되었던 후대의 발해계 '거란'사람 등은 일단 구별해야 할 것이다. 즉 전자는 좁은 의미의 발해유민이고 후자는 渤海遺裔 또는 발해계 거란인이나 발해계 여진인이라고 할 수 있다. 그렇다 하더라도 발해유민이나 발해유예는 모두 넓은 의미의 발해유민이라 불러도 좋을 것이다.

(2) 발해국 지배층의 성씨 분포와 그 유민

발해유민을 《고려사》나 중국이나 일본측의 기록에서 가려내는 작업은 '발해유예'를 그 범주에 포함시킬 때에 쉽지 않은 일이다. 좁은 의미의 발해유민은 '발해 아무개'와 같이 국적이 확실히 밝혀진 사람들을 뽑으면 된다.[3] 그러나 '거란(요) 아무개'도 때에 따라서는 발해유민으로 보아야 한다. 이름이 밝혀진 사람들 중에 거란 국적을 가졌다 할지라도 발해유민으로 볼 수 있는

韓圭哲, 〈高麗 來投·來住 女眞人－渤海遺民과 관련하여－〉(《釜山史學》 25·26, 1994).

3) 李鍾明, 〈高麗에 來投한 渤海人考〉(《白山學報》 4, 1968).
權兌遠, 〈高麗初期 社會에 미친 歸化人의 影響에 관한 考察〉(《忠南大 人文科學論文集》 19, 1981).
金昌謙, 〈後三國 統一期 太祖 王建의 浿西豪族과 渤海遺民에 대한 政策硏究〉(《成大史林》 4, 1987).
朴玉杰, 〈高麗時代의 渤海人과 그 後裔〉(《溪村閔丙河敎授停年紀念 史學論叢》, 1988).

사람들은, 우선 같은 이름을 가진 사람이 일정한 시간이 흐른 후 '거란'으로 표기되는 경우와, 그 다음으로 거란사람들 중에서 발해 지배층에 많이 나타났던 사람들의 성씨, 이를테면 '高아무개', '大아무개'와 같은 사람들, 끝으로 앞뒤의 상황으로 미루어 보아 발해유민으로 판단할 수 있는 경우가 있지 않을까 한다. 그러나 위의 세 가지 경우 중 첫번째의 예는 찾아볼 수 없고, 두번째와 세번째의 경우를 통해서 거란 국적을 가진 발해유민을 구별해 낼 수 있다.

우선 여러 사료들 가운데서 발해인으로 이름이 밝혀진 성씨를 종합해 보기로 한다. 물론 성씨가 밝혀진 고아무개나 대아무개만이 발해유민이 아닐 것임은 분명하다. 오히려 성씨가 밝혀져 있지 않은 이를테면, 고아무개나 대아무개의 이름 뒤에 따라붙는 몇 십·몇 백·몇 천의 사람들도 이름이 밝혀져 있는 사람들과 똑같이 발해인이었기 때문이다. 金毓黻의 《渤海國志長編》에 의거하여 발해인의 성씨를 종합하면 다음의 〈표 1〉과 같다.4)

〈표 1〉 발해 지배층 성씨 분포표

姓	宗臣	諸臣	士庶	遺裔	計	姓	宗臣	諸臣	士庶	遺裔	計
大	49			41	90	郭				2	2
高		32	1	23	56	茹		1	1		2
王		8		14	22	馬		2			2
李		13		5	18	已		2			2
張		2		11	13	薩			1	1	2
烏		6		5	11	正			2		2
楊		8		1	9	安		2			2
慕		3			3	劉			1	1	2
史		2		1	3	裴		2			2
賀		3			3						
多		2			2	기 타 1명씩		32	3	30	65
崔		2			2						
釋		1	1		2	計	49	123	10	135	317

4) 金毓黻의 《渤海國志長編》 宗臣·諸臣·士庶·遺裔列傳에 의거하여 작성하였으며 위의 釋은 승려로서 俗姓은 알 수 없다.

표에 나타난 사람들의 성씨 분포를 보면 大氏가 90명, 高氏가 56명, 王氏가 22명, 李氏가 18명, 張氏가 13명의 순이다. 이것은 발해와 고구려 왕족이었던 대씨와 고씨가 발해 왕실에서 가장 큰 비중을 차지하고 있었다는 역사적 사실과 부합하는 것이다. 그리고 고씨 다음으로 나타난 王·李·張·烏·楊氏들도 발해사회에서 상당한 위치에 있었는데 이들도 모두 발해의 지배층이었다.

앞의 〈표 1〉의 내용을 뒷받침하는 사료는 중국측의 기록에서도 볼 수 있다.

> 옛날 그(발해) 왕은 姓이 大氏였고, 右(貴)姓으로는 高·張·楊·竇·烏·李氏의 몇 종류에 불과했으며, 部曲·奴婢·無姓者는 모두 그들 주인의 姓을 따랐다(洪皓, 《松漠紀聞》 권 上, 渤海).

이것은 대부분 앞의 성씨분포표와 일치하는데, 단지 竇氏가 분포표에서 1명도 없다는 것이 예외라 하겠다. 또한 위의 여섯 개의 右姓(貴族姓) 외에 발해의 庶姓으로 49개의 성씨가 있었는데 이들은 다음과 같다.

> 賀·王·任·馬·馮·呂·裴·崔·已·慕·郭·木·史·辛·解·趙·劉·朱·衛·吳·洪·林·申·夏·梁·羅·文·安·朴·胥·茹·卯·門·隱·周·列·公·多·聿·受·智·壹·忽·古·阿·達·冒·諾·渤海(金毓黻, 《渤海國志長編》 권 16, 族俗考 3).

이들 성씨는 앞의 성씨분포표에서 대부분 2명 내지 1명씩 있었던 사람들로서, 김육불은 이들을 모두 庶姓이라 하였으나 오히려 우성으로 보아야 할 것이다. 왜냐하면 7세기말에서 10세기 초엽에 성씨를 가졌던 사람들은 발해에서 비교적 높은 지위에 있었던 사람들로 볼 수 있기 때문이다.

2) 전기 부흥운동—후발해와 정안국—

발해가 멸망한 후 그 유민들 가운데서 발해왕조를 다시 세우려는 부흥운동이 일어났다. 발해유민들의 자발적 운동 결과는 아니었지만, 발해가 멸망한 후 발해인들이 다수 참여한 최초의 왕조는 발해의 옛 수도 忽汗城(上京 龍泉府)에 세운 東丹國이었다.[5] 그러나 동란국은 거란 정복자들이 세운 괴뢰정권이었으므로 이를 발해 부흥운동의 일환으로 다루는 것은 문제가 있다. 동란국의 왕은 거란 耶律阿保機의 큰 아들 耶律倍였고 기타의 고위직에 발해인들이 상당수 등용되었던 것은 발해인을 회유하기 위한 배려에 불과하였기 때문이다.

거란에 의한 동란국 건설의 근본 목적은 발해지역의 거란화였다. 그러나 이러한 그들의 목적은 발해유민의 저항 등으로 그다지 성과를 거두지 못하였다. 이러한 사실은 다음 몇 가지 점을 통해서 알 수 있다. 첫째는 927년 동란국 수도를 홀한성에서 거란 수도와 가까운 遼陽으로 옮겼다는 사실이다. 둘째는 동란국의 右次相 耶律羽之가 수도를 옮기는 이유로 "홀한성의 위치가 거란의 상경 용천부와 너무 멀어, 만약 발해유민이 이러한 구석진 곳에서 서식하면 반드시 뒷날 좋지 못한 일이 일어날 것"이라고 말하였던 점이다.[6] 셋째는 926년 8월 거란이 항복시켰던 발해의 長嶺府 등을 다시 정벌하였던 점[7] 등이다. 그리고 거란은 압록강 중류와 두만강 하류 일대 특히 한반도 서북부의 옛 발해 영토에 대해서는 거의 손을 못 쓰고 있었으며, '여진'으로 남아 있던 발해유민들에게 많은 저항을 받고 있었다. 어쨌든 대다수 발해유민들이 거란에게 제압되었을 것으로 보이는 시기는 後渤海 兀惹정권이 거란의 공격을 받고 싸우다가 평화관계를 유지하게 되는 1004년(거란 聖宗 統和 22) 전후가 아니었을까 한다.

발해가 멸망한 후 거란에 의해 세워졌던 동란국이 927년 서쪽의 요양으로 옮겨가고, 그 곳 홀한성에 발해 대씨 왕실의 진정한 부흥 왕조가 세워졌는데, 이것을 926년 이전의 발해와 구별하여 「후발해」라고 한다.[8] 후발해의 건

5) 東丹國은 일반적으로 「동단국」이라고 불리고 있으나, 그 명칭은 원래 동쪽의 거란(글안)이라는 뜻이므로 「동란국」 또는 「동안국」이라고 하여야 할 것 같다.

6) 동란국 수도의 천도 이유에 대해서는 동란왕 야율배의 아우였고 거란 태종이었던 耶律德光이 그의 형 동란국왕 야율배를 제치고 아버지 야율아보기의 급작스러운 병사를 이유로 거란국왕이 되었던 형제간의 알력 때문이었다고 보는 견해가 있다(李龍範, 〈高麗와 渤海〉, 《한국사》 4, 국사편찬위원회, 1974, 70~72쪽).

7) 《遼史》 권 2, 本紀 2, 太祖 下, 天顯 원년 3월 및 8월.

8) 和田淸, 〈定安國に就いて〉(《東洋學報》 6, 1916 ; 《東亞史硏究(滿洲篇)》, 東洋文庫, 1955)에서 後渤海를 언급한 이래 日野開三郞, 〈後渤海の建國〉(《帝國學士院紀事》 2-3, 1943)에 의해 그 이름이 굳어졌다(韓圭哲, 〈渤海復興國 '後渤海'硏究-연구동향과 형성과정을 중심으로-〉, 《國史館論叢》 62, 國史編纂委員會, 1995 참조).

국 연대는 高正詞가 발해 사신으로 후당에 갔던 929년경으로 보고 있으며,[9] 멸망 시기는 후발해의 올야정권이 거란으로부터 공격을 받고 붕괴되었을 것으로 짐작되는 1003년 무렵으로 보고 있다.[10] 사실 발해유민과 거란과의 관계에서 '발해'라는 이름이 최후로 나오는 것이[11] 바로 이 때였다.

후발해의 수도는 옛 발해 수도가 있던 홀한성으로 짐작되며,[12] 그 시조는 발해국의 대씨였을 것으로 보고 있다. 그러나 후발해의 대씨정권은 곧 그들의 실질적 권력을 올야 출신의 烏氏에게 빼앗겼다. 「대씨발해」가 「오씨발해」로 바뀐 것이다.[13] 후발해의 발전은 군사·외교적 면에서 두드러졌다. 975년에는 거란에게 반기를 들고 도망해온 발해유민 출신의 장수 燕頗와 함께 발해의 옛 부여부를 탈환하기 위한 군사작전을 펴기도 하였다. 그리고 발해의 옛 長嶺府지역이었던 輝發河(回跋河) 유역에서의 싸움에서도 원군 7천 명을 보내기도 하였으며,[14] 979년경에는 定安國의 일부 세력을 규합하기도 하였다. 한편 외교적 면에서는 후당에 高正詞, 成文角 등을 7차례나 보내기도 하였다.[15] 그러나 후발해와 중국과의 관계는 954년 7월 발해 호족(酋豪) 崔烏斯 등 30인이 後周에 귀화했던 기록이[16] 마지막이었던 것으로 보아, 이 때부터

---

9) 발해에서 사신 高正詞를 파견하여 입조하고 특산물을 바쳤다(《冊府元龜》 권 972, 外臣部, 朝貢 5, 後唐 天成 4년 5월 및 《五代會要》 권 30, 渤海, 後唐 天成 원년).

10) 《遼史》 권 14, 本紀 14, 聖宗 統和 21년 4월 무진.

11) 後渤海의 멸망 시기는 日野開三郎의 견해를 따랐다. 그러나 和田淸의 생각을 받아들인 李龍範은 후발해의 존속기간을 10여 년으로 보았다. 즉 후발해의 대씨 왕실이 10여 년만에 烈氏 定安國에게 왕실을 찬탈당하였던 것으로 파악하였다(和田淸, 앞의 글 및 李龍範, 앞의 글, 76~78쪽).

12) 日野開三郎은 忽汗城이 975년경에는 兀惹城으로 고쳐 불려졌다고 하였다. 한편 李龍範은 和田淸의 생각을 받아들여 後渤海의 중심지도 忽汗城이 아닌 鴨綠江 일대로 보았다(日野開三郎, 〈兀惹部の發展(3)〉, 《史淵》 32, 1944, 42~53쪽 및 李龍範, 위의 글, 73~76쪽).

13) 兀惹를 "올야 자체는 여진족의 집단이나, 그 지배층은 여진화된 발해민 오씨일 것"이라고 한 견해가 있다(李龍範, 위의 글, 85쪽). 그러나 필자는 오씨가 발해시대 「고씨」 등과 함께 귀족성의 하나였다는 사실과, 대조영이 송화강 출신으로 후대에 그를 「속말말갈」로 표현하고 있었다는 사실을 감안하여, 발해시대의 올야 부락 역시 발해국의 한 부락이었을 것으로 생각한다.

14) 《遼史》 권 8, 本紀 8, 景宗 上, 保寧 7년 9월.

15) 日野開三郎, 앞의 글(1943), 474~477쪽.

16) 崔烏斯는 崔烏斯多·烏斯多·烏思羅와 같은 인물로 보고 있다. 그의 귀화 기록

후발해는 주로 내정과 거란과의 관계에 관심을 쏟았던 것으로 짐작된다.

상경 용천부를 중심으로 하여 후발해가 발해의 부흥왕조로서 계승되고 있을 때에, 한편으로 발해의 서경 압록부였던 압록강 일대를 중심으로 한 발해 유민들의 부흥운동이 烈氏 定安國에 의해 이루어지고 있었다.[17] 정안국의 건국 연도에 대해서는 935~936년설과 937년설, 970년설 등이 있다.[18] 아무튼 정안국에 관해서는 《宋史》 열전에도 나와 있는데, 이에 의하면 정안국은 970년에 국왕 烈萬華가 송나라에 사신을 파견하였다고도 한다.[19]

그렇다면 고려 경종 4년(979)에 고려에 내투해 오는 수만 명의 발해사람들은[20] 대체로 정안국 사람들이었을 가능성이 높으며,[21] 당시 고려의 北進策은 정안국과 마찰하였을 가능성도[22] 없지 않았으리라 생각한다.

3) 후기 부흥운동－흥요국과 대발해국－

(1) 대연림의 흥요국

후발해의 烏氏政權이 거란의 공격으로 무너진 뒤 발해유민들의 부흥운동은 별다른 성과를 얻지 못하고 구심점을 잃어가고 있었다. 발해의 귀족 유민들이 주도했던 발해의 부흥운동이 이제는 그 힘을 상실했던 것으로 여겨진

은 《宋史》 권 491, 列傳 250, 外國 7, 渤海國 및 《五代會要》 권 30, 渤海, 後周 顯德 원년 참조.

17) 池內宏, 〈遼の聖宗の女直征伐〉(《史學雜誌》 26-6, 1915).
———, 〈余の遼聖宗征女眞考と和田博士の定安國考について〉(《東洋學報》 6-1, 1916).
三上次男, 〈高麗の定安國〉(《東方學報》 11-1, 1940).
日野開三郎, 〈定安國考(一・二・三)〉(《東洋史學》 1・2・3, 1950・1951).
和田淸, 앞의 글.

18) 935~936년설은 三上次男, 위의 글, 338~339쪽, 937년설은 日野開三郎, 위의 글 (二), 45~54쪽, 그리고 970년설은 和田淸, 위의 글 참조.

19) 《宋史》 권 491, 列傳 250, 定安國.
이 때를 定安國의 건국 연대로 보는 견해도 있다(和田淸, 위의 글).

20) 《高麗史》 권 2, 世家 2, 경종 4년.

21) 三上次男, 앞의 글, 340쪽.

22) 三上次男, 위의 글.
姜大良, 〈高麗初期의 對契丹 關係(上)〉(《史海》 1, 1948), 33쪽.

다. 단지 生女眞으로 기록되는 발해의 피지배 유민들의 반거란적 저항운동과 친고려적 대외 활약이 있을 뿐이었다. 그런데 이들 (생)여진부락들의 대외 활동은 주로 생계유지를 위한 것이어서, 고려에 대해서는 친선과 약탈이라는 양면적 모습으로 나타났다. 결국 이들은 고려 조정으로부터 "사람 얼굴에 짐승 마음"을 가진 사람들로 비추어지기까지 하였다.[23]

발해의 또 다른 부흥운동은 고려와 거란이 3차에 걸친 치열한 전쟁을 치른 뒤 고려가 거란의 연호를 쓰고 있던 시기에 일어났다. 1029년(거란 聖宗 太平 9) 大延琳이 일으킨 이른바 興遼國이 그것이다. 대연림은 발해의 왕손으로서 거란에서 東京 遼陽府의 大將軍(東京舍利軍 詳穩)으로 활약하던 친거란파의 발해유민이었다. 그런데 대연림은 당시 동경 요양부의 戶部使 韓紹勳과 戶部副使 王嘉 등의 失政으로 인해 야기된 민심 동요를 틈타 거사하였다. 대연림은 東京留守 駙馬 蕭孝先과 남양공주를 가두고 한소훈·왕가 등을 살해한 뒤 이곳에서 즉위하여 나라 이름을 홍요국이라 하고 연호를 天慶이라 하였다(1029).[24]

그런데 대연림의 거사는 처음부터 어려움을 겪지 않으면 안되었다. 1029년 당시 발해의 옛 지역은 이미 거의 거란의 지배밑에 들어가 있었고, 피지배층의 발해 후손들 역시 발해에 대한 왕조 의식이나 종족 의식이 쇠퇴하거나 소멸된 상태에 있었기 때문이다. 대연림과 같이 계획을 세웠던 왕도평이 대연림으로부터 도주하였는가 하면, 保州(현 義州)의 발해 출신 太保 夏行美도 거란에 대연림이 공격할 것이라는 사실을 밀고하여 억울하게 발해 출신

---

23) 발해유민이라는 시각은 아니지만, 당시 여진의 활약에 대해서는 다음과 같은 연구가 있다.
金庠基, 〈여진 관계의 시말과 윤관(尹瓘)의 북정〉(《국사상의 제문제》 4, 국사편찬위원회, 1959 ; 《東方史論叢》, 서울大 出版部, 1974).
金渭顯, 앞의 글, 131~156쪽.
李東馥, 〈遼末 女眞社會의 社會構成—三十部女眞의 問題—(Ⅲ)〉(《人文科學論集》 3, 淸州大, 1984 ; 《東北亞細亞史硏究—金代女眞社會의 構成—》, 一潮閣, 1986).

24) 《遼史》 권 17, 本紀 17, 聖宗 8, 太平 9년.
《高麗史》 권 5, 世家 5, 현종 20년 9월 무오.
《高麗史節要》 권 3, 현종 20년 9월.
그런데 《고려사》와 《고려사절요》에는 興遼國의 연호는 「天興」이었다고 전한다.

의 병사 8백여 명을 죽게 하였다.[25] 오직 대연림 등에게 힘이 될 수 있었던 세력은 남북의 여진부락과 수 차례의 전쟁을 치렀던 고려뿐이었다.

대연림의 발해국 부흥운동에서 주목되는 점은 흥요국과 고려와의 관계이다. 즉 대연림이 끈질기게 고려에 도움을 요청했다는 사실이 매우 흥미롭다. 이는 발해와 고려의 관계뿐만 아니라 나아가 발해와 신라의 관계까지를 생각하게 하는 중요한 사건이었다고 믿어진다. 그러므로 고려에서 흥요국을 어떻게 생각하고 있었는지를 살펴볼 필요가 있다. 다음은 흥요국에 관한 고려측의 기록이다.

① 契丹 東京將軍 大延琳이 大府丞 高吉德을 파견하여 건국한 것을 알리고 아울러 구원을 청하였다. 대연림은 발해 시조 大祚榮의 7대손인데, 이 때 그는 거란을 배반하고 일어나서 국호를 興遼라 하고, 연호를 天興이라 하였다(《高麗史》 권 5, 世家 5, 현종 20년 9월 무오).

② (顯宗) 20년에 興遼가 난을 일으키니 거란이 사신을 보내어 원조를 구하므로 郭元이 몰래 (왕에게) 아뢰기를, '압록강 동쪽 기슭지역을 거란이 保障하고 있으나 이제 기회를 타서 빼앗을 수 있습니다'라고 하였다. 崔士威·徐訥·金猛 등이 모두 글을 올려 불가하다고 하였다. 그러나 곽원이 고집하여 군사를 보내어 쳤으나 이기지 못하였으므로 부끄럽고 분하게 여겨 등창이 나서 죽었다(《高麗史》 권 94, 列傳 7, 郭元).

③ 거란의 동경장군 大延琳이 난을 일으켜 興遼國이라 자칭함에 刑部尙書 郭元이 기회를 틈타서 압록강 동쪽 기슭지역을 취하기를 청하였다. 崔士威가 徐訥 등과 더불어 글을 올려 불가하다고 하였으나, 곽원이 고집하여 공격하였으나 이기지 못하였다. 싸우다가 사신을 보내어 구원을 청하였다. 왕이 여러 輔臣과 의논하는데 최사위가 平章事 蔡忠順과 더불어 말하기를 '兵은 위험한 일이라 가히 삼가하지 않을 수 없는 것이니 저들끼리 서로 치는 것이 어찌 우리에게 이익되지 않을 줄 알리오. 다만 城池를 修築하고 烽燧를 삼가하게 하여 그 변을 관망해야 합니다'라고 하니 왕이 이것을 따랐다(《高麗史》 권 94, 列傳 7, 崔士威).

④ 이 때 興遼國 大師 大延定은 東北女眞을 이끌고 契丹과 더불어 서로 싸우면서 사신을 파견하여 구원을 애걸하였다. 왕은 이것을 허락하지 않았는데 이로부터 길이 막혀 거란과 교통할 수 없게 되었다(《高麗史》 권 5, 世家 5, 현종 20년 12월).

---

25) 《遼史》 권 17, 本紀 17, 聖宗 8, 太平 9년 기축.

⑤ 興遼國이 또 水部員外郎 高吉德을 파견하여 글을 올려 구원병을 보내달라고 애걸하였다(《高麗史》 권 5, 世家 5, 현종 21년 정월 병인).

⑥ 契丹의 水軍指麾使虎騎尉 大道·李卿 등 6명이 내투하였다. 이로부터 契丹·渤海사람들의 來附하는 자가 매우 많았다(《高麗史》 권 5, 世家 5, 현종 21년 5월 을축).

⑦ 興遼國 行營都部署 劉忠正은 寧州刺史 大慶翰을 파견하여 글을 올려 구원해 주도록 애걸하였다(《高麗史》 권 5, 世家 5, 현종 21년 7월 을축).

⑧ 興遼國 郢州刺史 李匡祿이 와서 위급함을 말하며 구원을 청하였다. 마침 나라가 망하였다는 말이 들리자, 그는 드디어 돌아가지 않고 그대로 머물러 있었다. 갑술에 金哿如를 거란으로 파견하여 동경을 수복한 것을 축하하였다. 을해에 거란 왕은 千牛將軍 羅漢奴를 파견하여 말하기를 '근래에 사신을 파견하여 왕래하지 못한 것은 길이 막혔던 까닭인데, 지금 발해가 偸主하였다가 이미 항복하였으니 마땅히 陪臣을 파견하여 빨리 와서 赴國하면 반드시 나라에 우려할 것이 없을 것이다'라고 하였다. 10월 신사 초하루에 韓祚를 西京留守事로 삼았다. 이 달에 거란의 奚哥와 발해민 500여 명이 내투하므로 강남의 州郡에 보내어 살게 하였다(《高麗史》 권 5, 世家 5, 현종 21년 9월 병진).

⑨ 이 때에 契丹渤海民 40여 명이 내투하였다(《高麗史》 권 5, 世家 5, 현종 22년 3월 갑인).

위의 기록을 통하여 알 수 있는 것은 대연림이 무려 5차례나 고려에 사신을 파견하여 도움을 요청하였다는 사실이다. 즉 1차에는 대부승 고길덕을(1029), 2차에는 대사 대연정을(1029), 3차에도 다시 수부원외랑 고길덕을(1030), 4차에는 영주자사 대경한을(1030), 그리고 마지막으로는 영주자사 이광록을 파견하여 고려의 도움을 요청하였다. 그러나 고려의 지원 불가 결정은 번복되지 않았다는 것이다.

한편 고려 조정에서는 이러한 대연림의 원조 요청에 대하여 찬반 양론의 격론이 있었는데, 형부상서 곽원이 이 기회를 틈타 압록강 동쪽 연안의 거란병을 몰아내어 고려의 숙원을 이루자고 주장하였다. 그러나 문하시중 최사위와 서눌·김맹 등이 이것을 반대하였다고 한다. 결국 대연림의 발해 부흥운동은 고려의 아무런 지원도 받지 못하였던 것이다. 1030년 대연림은 그의 부하였던 楊祥世가 거란과 내통하여 성문을 열어주었으므로 거란에 사로잡혀 거사한 지 1년 만에 결국 실패하고 말았다.[26] 이에 따라 거란은 발해국 부흥운동의 싹을 없애고 그들을 이간시키기 위하여 발해유민들을 강제로 거란의 上京 臨潢府지역으로 이주시키기도 하였다.[27]

그러나 홍요국의 부흥운동이 실패하자 많은 발해유민들이 고려에 망명하였는데, 위의 사료들을 비롯해서 이후 덕종 2년(1033)까지 고려로 내투·내부하는 발해·거란사람들은 이들이 아니었던가 한다.[28] 이와 같은 발해유민의 고려로의 망명은 단순한 정치적 망명의 성격을 넘어, 대연림이 그들의 도움 요청 대상으로 고려를 끈질기게 기대하고 있었던 점과도 관련이 있었다고 생각한다. 즉 고려 태조가 발해를「親戚之國」으로 인식하였던 것과 맥락을 같이 하는 것으로 볼 수 있다.

고려는 994~1016년에 이어 1022년부터 1116년까지는 줄곧 거란의 연호를 사용하는 등 거란과 정치적 유대관계를 맺고 있었다. 물론 이와 같은 관계는 고려의 親宋的 이중외교와 마찰을 빚어 거란과 3차에 걸친 전쟁을 치르기도 하였다. 그러나 결국 고려는 거란과 단교하지 못하고 오히려 고려왕은 거란의 책봉을 받고 謝恩使를 파견하는 관계로 변하였다. 책봉을 통한 외교적 승인은 대개 唐·宋 등 중국 왕실과의 관계에서 행해지던 절차였다. 그러나 고려는 거란과의 3차 전쟁 이후 그들의 요구를 들어주어 관계 개선을 수락하고, 이후 역대 왕들이 거란으로부터 책봉을 통한 외교적 승인까지 받아왔다.[29]

따라서 거란에 반대하여 발해 부흥운동을 일으켰던 발해유민의 고려 내투는 결코 고려와 거란 관계를 좋게 만들 수 없었다. 특히 대연림 등이 고려와 내통했던 사실은 거란이 이를 알았든 몰랐든 간에 양국 관계가 악화될 수 있는 사건이었다. 이러한 거란과의 관계에도 불구하고 고려 조정에서는 비록 그 명분이 현실적이었으나 곽원 등에 의하여 대연림을 돕자는 주장이 거세

---

26) 《遼史》 권 17, 本紀 17, 聖宗 太平 10년 8월 병오.

27) 《遼史》 권 17, 本紀 17, 聖宗 太平 10년 11월.

28) 李鍾明, 앞의 글, 213쪽 및 李龍範, 앞의 글, 89~90쪽. 특히 이 때「渤海」人으로 표기되는 사람들 이외「契丹」人으로 표기되는 사람들도 대부분 발해 후손이었을 것이라고 하는 견해는 韓圭哲,《渤海의 對外關係史－南北國의 形成과 展開－》, 신서원, 1994) 270~292쪽 참조.

29) 《高麗史》 권 6, 世家 6, 靖宗 9년 11월 신사·권 7, 世家 7, 문종 원년 9월 임오·권 10, 世家 10, 선종 2년 11월 계축·권 10, 世家 10, 헌종 즉위년 및 권 12, 世家 12, 예종 3년 2월 병오.

게 제기되었다. 그리고 흥요국 실패 이후 많은 유민들이 고려를 그들의 망명처로 삼았다. 그들이 송나라를 망명처로 삼지 않은 이유는 단순히 지리적인 불편함 때문만은 아니었을 것이다. 고려에 대연정·고길덕 등을 보내어 발해부흥운동을 도와 달라고 했던 명분과 같은 이유에서 고려를 그들의 망명처로 삼았다고 생각한다.

그러나 흥요국의 발해국 부흥운동에서 주목되는 것은 발해가 멸망한 지 100년이 지난 후 발해유민들의 생각과 고려 사람들의 생각에는 많은 변화가 있었다는 점이다. 첫째는 그 국호에서 알 수 있듯이 발해유민들은 발해국에 대한 국가의식이 상실되고 있었다는 것이고, 둘째는 고려가 명분상으로나 실질적 면에서 발해계 거란인들을 발해유민이 아닌 거란인들로 대하고 있었다는 점이다.

먼저 발해유민들이 그들의 조상이었던 발해의 국호를 직접 쓰지 못하고 거란의 遼를 쓰고 있었던 사실은 발해유민들이 상당한 정도로 契丹化되어 있었다는 사실을 반증하는 것이다. 그러므로 대연림의 흥요국은 처음부터 실패할 가능성이 큰 발해국 부흥운동이었던 것이다.

그러나 대연림이 고려에 수차에 걸쳐 원군을 청했던 사실은 아직까지 그들에게 남북국시대의 역사의식이 일정하게 남아 있었음을 보여주는 것이다. 이전의 발해시대에 발해가 신라에 도움을 청하였다가 승낙을 받았던 것과 같은 맥락에서 생각할 수 있는 것이다.[30] 즉 대연림이 단순히 고려가 거란과 인접하였고, 수년간 전쟁을 치렀기에 이 때를 이용하여 거란을 함께 공격하자는 현실적 이유만으로 고려에 도움을 청하지는 않았을 것이라는 생각이다.

다음으로는 흥요국의 도움 요청을 받았던 고려 조정의 태도가 문제이다. 고려는 건국 초기 발해를 '친척의 나라'로 인식하고 있었다. 그러나 발해가 멸망한 지 100여 년이 지나서 고려는 단순히 잃어버린 땅을 찾겠다는 명분만으로 흥요국의 발해 부흥운동을 인식하고 있었다. 고려 조정에서는 발해멸망시 신라인들이 발해를 돕겠다고 약속하였던 그런 역사적 명분을 찾아 볼 수 없었다는 것이다.

---

30) 韓圭哲, 〈발해와 신라의 교섭관계〉, 앞의 책, 참조.

(2) 고영창의 대발해국

홍요국 붕괴 후 많은 발해유민들이 요양지방을 떠나 다른 지방으로 강제 이주되었지만, 이 지역의 발해유민들은 그래도 상당수가 남아 있었다. 이 지역을 중심으로 1116년(거란 天祚帝 天慶 6) 정월에 발해유민 高永昌이 다시 「大渤海國」을 세워 발해국의 부흥을 꾀하였다.

발해가 멸망한 지 190년이 지나서 거사를 한 고영창도 처음에는 여느 발해의 지배층 유민들과 같이 거란에 협조하던 발해 후손이었다. 그러나 그도 거란이 여진 完顔 阿骨打의 공격을 받고 붕괴되어갈 무렵, 아골타 무리를 물리치기 위하여 당시 거란 황제였던 天祚帝가 그에게 渤海武勇馬軍 2천을 모집하여 遼陽府 부근의 白草谷을 지키게 하였던 기회를 이용하여 발해 부흥국을 세웠다. 고영창은 당시 東京留守 蕭保先에 대해 반감을 가진 발해유민들을 선동하여 1116년 정월에 그의 거사에 호응한 발해병 8천 명으로 동경 요양부를 점령하고 스스로가 대발해국 황제에 즉위하여 隆基라는 연호도 사용하였다.[31)]

대발해국은 그들이 발해 부흥 왕조를 세운 지 10여 일 만에 요동의 50여 주를 석권하는 위세를 떨쳤으며, 貴德州(鐵嶺市 東南)의 거란 장수 耶律余睹조차 廣州에서 이 거사에 순종하는 형세였다. 고영창은 한때 거란과 瀋州(瀋陽)에서 공방전이 벌어지고 있는 사이 신흥 금나라와 협상도 갖는 등 유리한 입장에 있었다. 그러나 고영창은 황제를 고집하는 등 경직된 협상을 벌이다 이것이 결렬되자 오히려 금나라 군대에 의해 참살되면서,[32)] 대발해국을 통한 부흥운동 또한 실패하고 말았다.

---

31) 《高麗史》 권 14, 世家 14, 예종 11년 3월 임인.
《高麗史節要》 권 8, 예종 11년 3월.
《遼史》 권 28, 本紀 28, 天祚帝 天慶 6년.
葉隆禮, 《契丹國志》 권 10, 天祚帝 天慶 6년.
「大渤海國」의 國號에 대해 《고려사》와 《고려사절요》는 모두 大元이라 전하고 있고, 그 연호를 《거란국지》는 應順이라고 전하고 있다. 그러나 대발해국에 관한 자료는 일반적으로 《요사》의 기록을 취하고 있고, 그 내용도 다른 기록들에 비해서 《요사》가 풍부하여 필자도 이에 따른다.

32) 《金史》 권 71, 列傳 9, 斡魯.

대발해국은 고영창이 내세운 국호에서도 알 수 있듯이, 발해 계승의식이 명확히 나타난 이른바 명실상부한 발해 부흥국이었다는 점에서 의미가 크다. 1030년 대연림이 부흥시키려던 흥요국은 그 국호에서 보여주는 것과 같이 발해 계승의식이 많이 쇠퇴한 면이 있었다. 그러나 대발해국은 발해가 망한 지 200년이 가까웠음에도 불구하고, 떳떳하게 발해국이라 호칭하였던 것은 거란 내부의 발해유민들의 역사의식을 분명히 보여준 것이라고 생각한다.

대연림이 세웠던 발해 부흥국 흥요국과 고려 사이에 수 차례 교섭이 있었던 것처럼, 고려와 대발해국간에도 교섭이 있었다. 고려 사신들이 고영창의 대발해국에서 겪었던 사건들은 다음 기록에 잘 나타나 있다.

> ① 秘書校書郞 鄭良稷을 보내어 安北都護府의 아전이라 칭하고, 공문을 가지고 요나라 동경에 가서 節日使 尹彦純·進奉使 徐昉·賀正使 李德允 등이 오래 머무는 사실을 염탐하여 알아오게 하였다. 2월에 일본국에서 柑子를 바쳤다. 遼나라 동경 사람 高諧가 來附하였다(《高麗史節要》 권 8, 예종 11년 정월·2월).
>
> ② 鄭良稷이 요나라 동경으로부터 돌아왔다. 그 때에 동경의 渤海人이 난을 일으켜 留守 蕭保先을 죽이고 供奉官 高永昌을 세워 황제라 僭稱하고 나라 이름을 大元이라 하고 연호를 세워 隆基라 하였다. 그런데 良稷이 거기에 이르러 官銜을 詐稱하고 표문을 올려 臣이라 칭하고 국가가 東京留守에게 주는 토산물을 고영창에게 贈與하고 후한 대접을 받고 돌아왔으나, 이것을 숨기고 알리지 않았다가 일이 발각되어, 有司가 그를 옥에 가두어 벌 줄 것을 청하니 그대로 하였다(《高麗史》 권 14, 世家 14, 예종 11년 3월 임인).
>
> ③ 尹彦純·徐昉·李德允 등이 요나라 동경에서 돌아왔다. 윤언순 등이 동경에 구류되어 있는 동안 고영창이 勅命하여 表文을 올려 그 건국을 稱賀하라 하니, 모든 것을 그의 말대로 하였는데 돌아와서는 숨기고 자수하지 않으니, 유사가 청하여 그 죄를 다스렸다(《高麗史節要》 권 8, 예종 11년 3월).

발해국 부흥운동 중에는 고영창의 대발해국보다 1년 전인 1115년에 일어났던 古欲의 부흥운동이 있었다.[33] 고욕은 자칭 「大王」이라고만 했다고 전하고, 이들이 어떠한 국호나 연호를 썼는지는 모른다. 단지 고욕의 부흥 정권은 거란의 심장부인 시라무렌강 상류의 饒州에서 발해유민의 제철 기술자 1천 호를 포함한 호구 4천의 長樂縣과, 태종 때에 발해의 여러 고을 잡호로

---

33) 《遼史》 권 28, 本紀 28, 天祚帝 天慶 2월·4월·5월.

세운 安民縣의 발해유민을 배경으로 세워졌다는 정도가 알려져 있을 뿐이다. 고욕 역시 그가 대왕을 칭한 지 5개월만에 거란의 계략에 말려들어 사로잡힘으로써 부흥운동은 무산되고 말았다.

발해국의 부흥운동은 모두가 실패로 돌아갔다. 발해의 옛 지역이 거란의 지배 아래 들어가면서 그들 자신이 발해국을 광복하겠다는 의식도 상당히 약화되어, 홍요국과 같이 단지 현실적 이해관계에서 발해의 부흥을 외쳐댈 뿐이었다. 그러나 이보다 85년이 지난 고영창의 부흥운동은 그 국호에서도 볼 수 있듯이 홍요국보다 매우 적극적이었다.

요컨대 발해국 부흥운동이 발해 멸망 후 100년이 넘도록 계속되고 있었다는 사실은 정복된 발해지역이 갖는 발해사적 의미를 확인해 주는 것이고, 발해 멸망 후 190년이 지난 시기까지 「발해」사람들이 거란으로부터 고려에 내투하도록 하지 않았는가 한다. 그리고 이러한 사실은 발해와 신라가 갖고 있던 남북국의 역사·문화적 계승의식이 발해 멸망 후 200년 가까운 시기까지 이어지고 있었다는 사실을 반증해 준다. 그들이 단순히 고려가 인접한 곳이었기 때문에 발해 멸망 후 줄곧 고려를 그들의 망명처로 삼지는 않았음이 명백하다.

〈韓圭哲〉

Ⅲ. 발해의 대외관계

1. 신라와의 관계
2. 당과의 관계
3. 일본과의 관계

Ⅲ. 발해의 대외관계

1. 신라와의 관계

발해와 신라의 관계에 관한 기록은 거의 없다. 그러나 기록이 없다고 해서 남북의 교섭이 전혀 없었다고 단정할 수는 없다. 특히 피지배 주민들의 경우에는 더욱 그러하다고 하겠다. 남북왕조가 교섭했다고 하는 기록이 《三國史記》에 분명히 남아 있고, 발해에서 신라로 통하는 「新羅道」[1]로서 신라 泉井郡(咸南 德源)으로부터 발해의 柵城府(吉林省 琿春)까지 39개의 驛이[2] 있었기 때문이다. 기록상에 전하는 몇 차례의 남북교섭은 신라 왕실의 정변 이후였던가, 아니면 발해가 외세로부터 위협을 받아 왕실이 위기에 처해 있을 때였다. 《삼국사기》에 나타나는 남북교섭에 관한 두 차례의 기록은 金富軾 등도 중요한 사건이라고 인정하였기에 남겼던 것으로 생각된다. 따라서 남북국의 교섭은 기록상에 나타나는 접촉의 횟수만으로 평가할 수는 없다. 남북국의 문제는 서로 교섭을 하였는 지의 여부보다는, 양국이 어떠한 이유로 교섭을 시도하였고 그 의미는 무엇인가 하는 것에 주안점을 두어야 할 것이다.

남북국의 관계는 교섭보다 대립의 시기가 더 많았던 것으로 나타난다. 이러한 기록들을 사실대로 믿어야 할지 아니면 기록의 미비로 인한 결과로 보아야 할지 의문이다. 그러나 양국의 관계는 교섭 못지 않게 대립도 중요한 의미를 지니고 있다. 전쟁도 역시 '적극 교섭'의 일환으로 볼 수 있기 때문이다. 한반도에서 삼국이 한강유역 쟁탈이라는 현실적 이해관계를 가지고 서로 대립하였던 사실을 분쟁의 측면에서만 볼 것이 아니라, 한민족의 독자적

1) 《新唐書》 권 219, 列傳 144, 北狄 渤海.
2) 《三國史記》 권 37, 志 6, 地理 4, 高句麗.

인 역사 발전의 토대를 마련하려는 노력으로 파악해야 할 것이다. 즉 삼국의 항쟁을 민족통일 과정의 일환으로 받아들인다면 남북국의 대립관계 역시 한국의 역사상에서 남북국시대를 설정하는 중요한 단서가 될 것이다.

229년간 지속되었던 남북국의 관계는 교섭과 대립이라는 측면에서 대개 다섯 시기로 나누어 볼 수 있다. ① 발해가 건국하는 과정에서 있었던 20여 년간의 남북교섭기(698~713), ② 발해의 정복사업 추진기로서 발해의 제2대 武王과 제3대 文王의 집권 중기까지 60여 년간의 남북대립기(713~785), ③ 신라 元聖王과 憲德王의 정변이 중요한 계기가 되어 형성된 30여 년간의 남북교섭기(785~818), ④ 발해국의 고구려 땅 회복정책과 신라와 당의 밀착으로 전개되기 시작한 남북대립기(818~905), ⑤ 발해 멸망기의 남북교섭기(905~926)가 그것이다.[3)]

1) 발해 건국기의 남북교섭

신라와 발해의 첫 접촉은 발해가 왕실을 개창한 지 2년째가 되던 高王(大祚榮) 3년(700)이었을 것으로 짐작된다. 이러한 사실은 신라 崔致遠이 唐 昭宗에게 보낸 글에서 확인된다. 즉 그는 소종에게 보낸 〈발해가 신라보다 위에 앉는 것을 허락하지 않았음을 감사하는 글(謝不許北國居上表)〉에서 발해에 관하여 "그들이 처음 거처할 고을을 세우고 와서 인접하기를 청하였기에 그 추장 대조영에게 비로소 신라의 제5품 大阿飡의 벼슬을 주었다"고 하였다. 이로써 발해가 건국한 후 신라에 사신을 파견하였음을 알 수 있다.

7세기말 건국기를 전후하여 발해는 당으로부터 심한 위협을 받고 있었다. 이러한 위기를 벗어나기 위하여 발해는 돌궐과 신라에 사신을 파견하는 등 당을 견제하기 위한 외교정책을 구사하였다. (동)돌궐은 630년 당의 압박을 이기지 못하여 흩어졌으나, 682년부터 다시 일어나 당의 위협적 존재가 되었다. 이러한 사실은 696년 당의 王孝傑 등이 돌궐을 치다가 대패하였다든지, 698년 狄仁傑이 돌궐을 쳤던 사실에서도 알 수 있다. 이럴 즈음에 당의 회유

3) 韓圭哲, 《渤海의 對外關係史－南北國의 形成과 展開－》(신서원, 1994), 95~103쪽.

와 군사적 공격에도 불구하고 옛 땅에 와서 나라를 세운 발해는 돌궐에 먼저 사신을 보내어 당에 대한 공동 전선을 모색하였다. 이어 발해는 신라에도 사신을 파견하였다. 이것은 과거 신라와 당의 연합군이 고구려를 공격하였던 것과 같은 또 다른 공격을 막기 위한 조처였다고 판단된다. 결국 발해 사신은 대조영이 신라로부터 제5품 대아찬의 벼슬을 받는 외교적 수모를 당하면서도 외교적 실리를 찾고자 하였다.

발해 건국기의 대외교섭은 성공적이었다고 할 수 있다. 실제로 신라는 발해왕 대조영에게 신라의 제5관등인 대아찬을 주는 형식을 취함으로써 그들의 명분을 유지하였고, 발해는 그들이 우려하였던 신라와 당의 접근이 현실화되지 않음으로써 새 왕조 건설의 안전을 보장받았기 때문이다. 남북국의 첫 교섭은 양국이 서로 당과의 관계에서 의존이 아닌 자주적 활동을 펼쳤다는 점에서 성공적이었다고 할 수 있다.

2) 발해 왕권확립기의 남북대립

발해와 신라의 교섭 분위기는 발해 고왕의 집권 중반기까지 그대로 유지되었다. 그러나 대조영 집권 말기부터 발해와 신라는 대립관계로 전환되기 시작하였다. 신라가 聖德王 12년(713)에 발해와의 접경지인 開城에 성을 쌓았기 때문이다. 이러한 대립적 분위기는 발해의 왕권이 확립되는 제2대 무왕(大武藝) 때에 이르러서 더욱 굳어졌다. 무왕의 대내외정책은 옛 고구려 영토의 회복을 의식한 때문이었는지 매우 강경하였다. 주변 여러 종족들을 병합하여 상당한 성과를 올렸고, 신라가 차지하고 있던 고구려 영토에 대한 회복 의지도 강력하였던 것으로 보인다. 이러한 점은 신라가 성덕왕 20년에 강릉지방의 장정 2천 명을 징발하여 북쪽 경계에 긴 성을 쌓기도 하는 등 발해와의 군사적 대결을 의식한 축성사업을 벌이고 있었던 사실에서 드러나고 있다.

발해와 신라가 직접적으로 충돌하는 계기는 무왕 仁安 14년(732)에 있었던 당나라 공격에 신라가 개입한 사건에서 비롯한다.[4] 발해와 당은 발해 건국과정에서부터 대립적이었다. 즉 당은 李楷固를 시켜 요하를 건너 동쪽으로 이동하고 있던 대조영을 공격하였다가 天門嶺에서 패배한 적도 있었다. 이러한 양국관계는 발해의 고구려 영토 회복정책과 신라와 발해의 대립관계가 심화되면서 더욱 노골화되었다.

발해가 당의 登州를 공격하게 된 배경 중의 하나는 당이 발해를 견제하기 위하여 黑水靺鞨과의 관계를 긴밀히 하였던 데에 있다. 즉 오랫동안 돌궐의 간섭을 받아오던 흑수말갈이 돌궐의 세력 약화를 틈타 당에 접근하여, 당의 흑수주 설치를 허락하고 長史라는 감독 관리까지 맞아들였다. 이러한 양측의 접근을 막기 위하여 발해 무왕은 흑수말갈의 정복을 추진하였다. 그러나 이 계획은 그의 동생 大門藝의 반대에 부딪혀 실행되지 못하였다. 당에서 宿衛하였던 적이 있는 대문예는 발해의 흑수말갈 공격이 자칫 당의 공격을 불러들여 발해가 멸망할 수 있다는 이유를 들어 흑수말갈의 정복을 반대하였다. 그의 이러한 반대는 형 무왕의 노여움을 사게 되어 그가 결국 당나라로 망명하고, 발해가 당을 공격하는 사태로까지 발전하게 되었던 것이다.

발해는 무왕 인안 14년 9월 張文休 등을 해상으로 보내어 당의 등주(山東省 모평현)와 萊州(산동성 청주)를 공격하였으며, 육로로는 요서지방의 馬都山까지 진출하기에 이르렀다. 등주를 공격한 장문휴는 등주자사 韋俊을 죽이고 그 곳에 주둔하고 있던 당나라 군대를 격파하기도 하였다. 이에 대해 당은 장군 蓋福順과 발해에서 망명한 대문예로 하여금 발해를 공격하도록 하는 한편, 당에 와 있던 신라인 金思蘭을 귀국시켜 신라로 하여금 발해의 남쪽을 치도록 요청하였다.

신라는 당의 요구에 응하여 군대를 발해(말갈)의 남쪽 국경지역에 파견하였으나, 때마침 내린 폭설로 산길이 막혀 죽은 병사들이 과반수나 되어 다시 돌아왔다.[5] 사실 일기상의 이유만으로 죽은 자가 그렇게 많았는지는 의문이다.

한편 이 사건이 일어났을 당시 당나라에 있던 신라 지식인들의 태도에서도 남북국의 대립상을 엿볼 수 있다. 당시 성덕왕의 사촌 동생으로 성덕왕 25년(726)에 신년하례 사신으로 당에 갔다가 숙위로 머물러 있던 金忠信의

4) 韓圭哲, 위의 책, 179~190쪽.

5) 《三國史記》 권 8, 新羅本紀 8, 성덕왕 32년.

발언이 그 좋은 예이다. 그는 무왕 인안 14년 발해와 당이 전쟁을 시작하자 발해 토벌을 위해 신라가 끝까지 군사적 대응을 해야 한다고 부추기면서, 그러한 명령을 자신을 통하여 신라왕에게 전달해 줄 것을 당 玄宗에게 간청하였다. 여기에서 그는 발해에 관하여 "兵馬를 내어 말갈(발해)을 쳐 없애자"라고 하였으며, "흉악한 도적(발해)", "준동하는 저 오랑캐(발해)"라는 극언도 서슴지 않았다.

아무튼 발해가 당의 등주를 공격하게 되었던 직접적인 원인은 흑수말갈문제였지만, 더 근본적 원인은 신라와의 대립에서 비롯되었다. 그러한 근거로는 신라가 당의 청병요청에 응하여 발해를 공격한 것이라든지, 그 이후에도 발해를 독자적으로 공격하려 하였고, 이 사건 이후 발해와 당의 관계보다 발해와 신라의 관계가 더욱 악화되었던 사실을 들 수 있다. 반면에 신라와 당은 매우 우호적 관계로 전환되었다. 그 이전만 하더라도 삼국민의 당 축출전쟁으로 인하여 신라와 당의 관계는 적대적이었다고 할 수 있다. 그러나 신라의 당에 대한 군사적 지원 이후부터 당은 비로소 신라의 浿江(大同江) 이남지역에 대한 지배권을 정식으로 인정하였으며, 신라 역시 당에 謝恩使를 파견하는 등 신라와 당의 친선관계가 회복되었다. 그러나 남북국 사이에서 이 사건은 발해와 신라의 관계가 보다 적대적인 관계로 전환되는 분기점이 되었다는 데에 중요한 의미가 있다.

신라와 발해가 대립하였던 또 다른 시기는 발해와 일본이 신라를 협공하려 했던 발해 3대 문왕(大欽茂) 때였다. 문왕은 무왕 대무예의 둘째 아들로서 737년에 왕위에 올라 무왕의 대내외정책을 이어받아 보다 적극적으로 발해의 정치제도를 정비하여 나갔다. 그 역시 왕위에 오르자 연호를 大興으로 고쳐 썼고, 수도를 敦化에서 和龍을 거쳐 黑龍江省 寧安縣의 東京城으로 옮겨 내정의 개혁을 꾀하였다. 이어 774년에는 연호를 대흥에서 寶曆으로 고쳤다가 말년에 다시 대흥으로 바꾸는 등 몇 차례에 걸쳐 정치쇄신을 위하여 힘썼던 것 같으며, 특히 그의 말년(785~793)에 다시 혼춘의 東京 龍原府로 수도를 옮기는 등 진통을 겪기도 하였다.

초기 및 번영기의 문왕대에는 발해와 신라 그리고 당과의 관계가 무왕대와 같은 형태로 진전되지 않았다. 신라 경덕왕은 중국의 제도를 과감히 받아들여 당지향적 내정개혁을 실시하였으며, 발해와의 관계를 의식한 듯 북쪽지역에 대한 순찰을 강화하고 변경지대에 大谷城(黃海道 平山郡) 등 14군현을 설치하는 등 북변지역의 경영에 관심을 기울였다. 반면에 발해는 당과 일정한 간격을 두고 조공외교를 통하여 경제·문화적 이익을 취할 따름이었다.

이러한 국제관계 아래에서 발해와 신라가 충돌할 뻔했던 사건이 일어났다. 일본의 신라 공격계획(758~764)에[6] 발해가 끼어 든 것이다. 물론 일본이 그들의 신라 공격에 발해를 끌어들이려고 하였던 것은 발해와 신라의 대립관계를 이용해 보려고 하였기 때문이다. 일본은 742년과 753년 두 차례에 걸쳐 신라에 파견하였던 일본 사신이 신라 왕을 만나지도 못하고 돌아갔던 것을 수치로 여기고 신라 공격계획을 세웠다고 한다. 그러나 이것은 형식상의 이유이고 실질적으로는 藤原仲麻呂(惠美押勝)정권의 정치적 위기를 밖으로 이전시키려는 전략에서 나왔다고 할 수 있다. 일본은 이 계획을 실천에 옮기기 위하여 762년을 실행 시기로 정하고 수백 척의 배를 건조하였다고 한다. 이 때 일본은 753년 신라에 사신으로 왔다가 수모를 당하고 돌아갔던 小野田守를 발해에 파견하여 발해의 측면지원을 요청하였는데, 발해에서도 이에 동조하였다고 여겨진다. 발해의 揚承慶이 일본에 가서 융숭한 대접을 받고 돌아 왔고, 그 이후에도 양국은 일본의 주도 아래 몇 차례의 교섭이 있었기 때문이다.

일본과 발해의 신라 협공계획은 발해의 중도 포기와 安史의 亂(755~763)에 따른 국제정세의 변동, 그리고 일본의 정세변화로 무산되었다. 이후 발해는 대일관계를 군사적인 면에서 정치·경제적 면으로 그 정책을 전환하였다. 이것은 그들이 762년부터 일본에 보낸 사신들을 武官에서 文官으로 교체하였던 사실을[7] 통해 알 수 있지 않을까 한다. 당시의 국제정세의 변화 또한 발해의 신라 공격계획에 변동을 가져왔다. 즉 당에서 일어났던 안사의 난을

6) 《續日本紀》 권 22, 淳仁天皇 天平寶字 3년 9월 임오.
酒寄雅志, 〈渤海國家の史的展開と國際關係〉(《朝鮮史硏究會論文集》 16, 1979), 17~20쪽 참조.

7) 《續日本紀》 권 22, 淳仁天皇 天平寶字 3년 및 권 24, 天平寶字 6년.
石井正敏, 〈初期日渤交涉における一問題－新羅征討計劃中止との關連をめぐって－〉(《史學論集 對外關係と政治文化》 1, 吉川弘文館, 1974), 98~103쪽.

계기로 하여 발해와 당과의 관계가 개선되었으며 발해와 신라와의 대립도 완화되어 갔다. 당은 안사의 난 이후 발해의 도움이 필요한 때문이었는지 문왕 26년에 발해왕을 '郡王'에서 '國王'으로 격상·인정하고 신라와 동등한 대우를 하기 시작하였다. 결국 동아시아의 이러한 평화적 분위기는 발해의 신라 공격을 그만두게 하였던 것이다.

남북국의 대립관계도

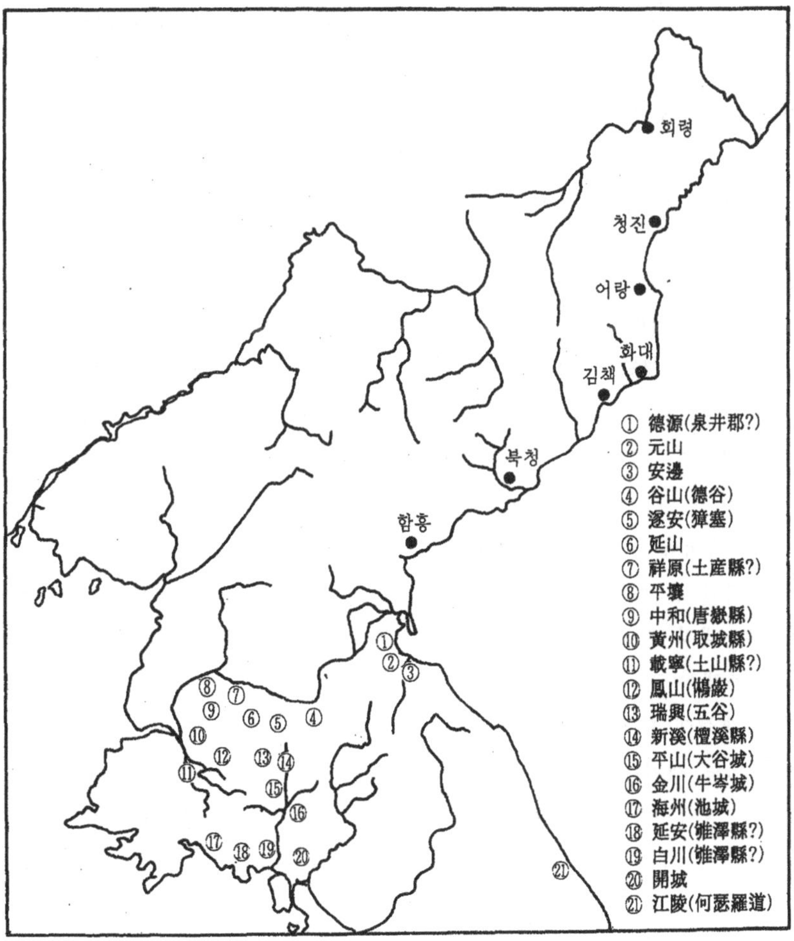

이러한 발해측의 변화에도 불구하고 일본은 끝내 신라 공격을 포기하지 않았다고 보여진다. 그 계획의 중심인물이었던 혜미압승이 건재하였기 때문이다. 그러나 신라에 대한 발해와의 협공계획은 이제 일본 단독으로 실행해야 하는 부담을 안게 되었다. 결국 이 계획은 764년 정치적 소용돌이 속에서 혜미압승이 난을 일으켰다가 실패하면서 무산되었던 것이다. 孝謙천황과 淳仁천황 세력의 분열이 심화되고 순인천황의 막후 실력자로서 신라 정벌계획의 입안자이기도 했던 혜미압승이 반란을 일으켰다가(764) 敗死하면서,[8] 신라 정벌계획은 무산되게 되었다. 그러나 신라 협공을 위한 일본과 발해의 이러한 군사적 연합계획이 결국 실천에 옮겨지지는 않았지만 이러한 사건이 신라와 발해의 대립구도에서 나올 수 있었다는 데에서 그 의미를 찾을 수 있다.

3) 신라 귀족항쟁기의 남북교섭

발해와 신라가 대립에서 교섭으로 국면을 전환하는 것은 신라 정계의 변동에서 비롯되었다. 《삼국사기》에 의하면, 신라는 ① "원성왕 6년(790) 3월에 一吉湌 伯魚를 북국에 사신으로 보냈다"고 하고, 또 ② "헌덕왕 4년(812) 9월에 級湌 崇正을 북국에 사신으로 보냈다"고 한다. 물론 여기서 북국이란 발해를 가리킨다. 그러나 이 기록은 신라에서 북국에 사신을 파견하였다고만 되어 있을 뿐, 사신의 파견배경과 그 경과 등에 대해서는 언급하고 있지 않다. 또한 북국에 사신으로 파견되었던 백어와 숭정이 어떠한 인물이었고, 그들이 어떠한 활약을 했는지에 대해서도 전하는 것이 없다. 다만 이들이 적어도 6두품 내지 진골 출신의 높은 신분이었음은 일길찬과 급찬이라는 그들의 관등을 통해서 짐작할 수 있다.

신라 제37대 宣德王이 된 金良相과 제38대 원성왕이 된 金敬信은 혜공왕을 무력으로 제거하고 귀족항쟁기의 신라 하대를 열었던 장본인들이다. 특히 김경신은 왕위계승 제1후보자였던 金周元을 누르고 스스로 왕이 된 사람이었다. 따라서 그는 왕으로서의 정통성이 결여된 상황에서 통치를 하지 않으

8) 岸俊男, 《藤原仲麻呂》(吉川弘文館, 1969), 382~417쪽.

면 안되었다. 자신의 지지세력이 없던 원성왕은 4년(788)에 讀書三品科라는 일종의 관리 채용시험제도를 채택하여 자신의 관료들을 선발해 보려 하기도 하였다. 또한 그는 신라 중대 이후 당으로부터 받아 왔던 책봉을 통한 외교적 승인절차도 없었으므로 더욱 불안한 정치를 해야 했고, 설상가상으로 그가 왕위에 오른 후 천재지변이 자주 일어나 그의 정치적 도덕성은 회복하기 어려운 지경에 놓이게 되었다. 이러한 어려운 상황을 극복하기 위하여 원성왕은 이제까지 대립적이었던 발해에 사신을 파견하는 전략을 구사하게 되었다. 즉 내부의 불만과 정치적 관심을 밖으로 돌리려는 의도에서 발해에 사신을 파견하였던 것으로 생각한다.

발해에서 신라 사신이 어떠한 활약을 하였고 발해가 신라 사신을 어떻게 대우했는가 하는 기록은 찾아볼 수 없다. 원성왕 6년 신라가 발해에 사신을 파견하였을 때 발해는 문왕 大興 54년으로 문왕 치세의 말기였고, 수도도 발해국의 정치제도가 완성되었던 上京 龍泉府(흑룡강성 영안현)로부터 그보다 남쪽에 위치한 동경 용원부(吉林省 琿春)로 옮겨 와서 5년 정도가 지난 후로써 발해도 '國人'으로 불리는 귀족들의 권력 항쟁기에 접어드는 시기였다. 그러나 발해는 동경 용원부시기에 李元泰를 일본에 사신으로 파견하는(786~787) 등 불안정한 내정과는 달리 외교에 있어서는 적극적이었다. 이렇게 볼 때 신라의 최초 사신파견이 있었던 해는 바로 발해 사신이 일본에 갔다 온 지 3년이 지난 때였다. 남북국의 교섭이라는 측면에서 보면 발해가 일본과의 관계를 긴밀히 하려고 했던 사실은 양국이 결코 좋은 관계가 아니었다는 증거일 수 있다. 그러나 발해의 외교가 궁극적으로는 당과의 관계에 있어 한계를 가질 수밖에 없는 처지였으므로, 발해가 신라 사신을 결코 소홀히 대하였을 것 같지는 않다.

그 동기야 어떻든 신라의 발해에 대한 사신파견 결과는 신라쪽의 입장에서 볼 때 성공적이었다. 그렇게 보는 이유는 그 당시 남북국의 대립관계가 특별히 나타나고 있지 않을 뿐만 아니라, 원성왕이 신라 하대에서는 보기 드물게 13년간이라는 장기집권을 하였기 때문이다. 그러나 원성왕 6년 이후 발해로의 사신 파견 기록은 보이지 않는다. 이것은 교섭이 그 이후에 단절되었다는 것을 의미하는 것인지, 아니면 몇 번의 교섭이 있었으나 기록에 남아 있지 않은 것인지 잘 알 수 없다. 단지 원성왕 이후의 외교가 당 및 일본과의 관계를 긴밀히 하는 정책으로 바뀌어 가고 있었던 것으로 여겨지므로, 원성왕대의 남북교섭 역시 많은 한계를 가지고 있었다고 보아야 할 것 같다.

원성왕에 이어 즉위한 昭聖王이 1년만에 죽자 신라 제40대 哀莊王이 즉위하였다(800). 그러나 애장왕대의 외교는 당나라뿐만 아니라 일본과의 관계개선이 두드러지게 나타나고 있는 것이 중요한 특징이다. 이러한 사실은 신라가 "(803년) 일본국과 사신을 교류하여 우호관계를 맺었다"고 전하는《삼국사기》를 통해서도 알 수 있다. 신라와 일본의 이러한 관계변화는 발해와 일본의 외교가 두절될 정도까지 되었다. 애장왕대 신라의 이와 같은 당·일본에 대한 이중외교는 당시의 남북교섭에 많은 한계가 있었다는 점을 나타내 준다. 특히 신라는 당과의 관계를 정상화시키는 것이 급선무였을 테지만 아직은 본격적으로 당에 접근할 수 없는 입장이었다고 여겨진다.

그러나 자기 조카였던 애장왕을 죽이고 즉위한 憲德王 金彦昇은 더욱 더 큰 정치적 위기에 직면하지 않을 수 없었다. 원성왕대의 정치적 위기가 중대세력과 하대 세력의 대결과정에서 나왔다고 한다면, 헌덕왕대의 분쟁은 하대세력간의 다툼이었다. 이것은 원성왕이 겪었던 것 이상의 정치적 위기였다고 할 수 있다. 이렇게 보면 원성왕대와 같은 정치적 위기상황이 헌덕왕대에도 비슷하게 벌어지고 있었다고 할 수 있다. 단지 원성왕대와 차이가 있었다면 대외관계에서 애장왕대가 일본 위주였다면 헌덕왕대는 당 위주의 외교였다는 점이다. 헌덕왕은 그가 즉위한 지 2년째가 되던 해에 왕자 金憲章을 당에 보내어 금은불상과 불경 등을 전하였는가 하면, 당 역시 원성왕대와는 달리 헌덕왕에 대하여 왕의 즉위와 동시에 외교적 책봉을 이행하였다. 이와 같은 헌덕왕의 대당외교와 함께 이루어졌던 것이 발해에 대한 사신파견이었다. 헌덕왕의 발해에 대한 사신파견 역시 위기에 처했던 내정에 대한 관심을 외부로 전환시키려는 노력의 일환이었다고 생각한다. 그러나 헌덕왕이 외교를 통하여 관심을 밖으로 돌리려 한 노력은 많은 한계가 있었다. 특히 발해에 대한 기대가 신라를 만족시키지 못하였을 것은 충분히 짐작되는 일이다. 당시 발해는 내부적으로 귀족항쟁기였음에도 불구하고, 외정에 있어서는 당뿐만 아니라 일본과의 관계에서도 신라를 앞서가고 있는 상황이었기 때문이다. 이러한 처지에서 신라가 발해와의 접촉을 시도한 것은 그 만큼 원성왕계 내부의 저항이 컸던 것이 아니었을까 한다.

4) 발해의 영토확장과 신라·당 밀착기의 남북대립

신라 하대 정치세력의 이해관계에 따라서 이루어진 남북국의 교섭은 발해의 영토확장과 신라와 당의 군사 협력을 계기로 하여 대립관계로 전환되었다. 10대 宣王 大仁秀의 즉위와 함께 발해는 고구려 영토 수복정책을 적극 추진하였는데, 이와 같은 발해의 정책은 신라와 당에게 모두 위협적이었다. 즉 이러한 정세는 신라와 당에게는 서로 협력할 수 있는 조건을 만들어 주었다. 또 신라와 당의 밀착은 발해와 신라가 교섭을 단념하고 또다시 대립하도록 하였다.

발해와 신라의 관계가 교섭에서 대립으로 결정적으로 바뀌게 되었던 것은 신라와 당의 군사적 협력관계에서 비롯되었다. 신라의 도움이 필요하던 당은 그들 내부에서 일어난 李師道의 반란사건을 계기로 신라를 더욱 가까이 하게 되었다. 즉 신라는 헌덕왕 11년(819) 당에서 일어났던 이사도의 반란을 토벌하기 위한 당의 지원요청을 받고 군대 3만을 파견하였다. 이것은 신라가 성덕왕 31년(732)에 발해의 공격을 받았던 당을 군사적으로 지원한 이후로 처음 있는 일이었다. 이사도는 본래 고구려계 사람으로서 고구려 멸망 후 당에 강제로 이주되었던 李正己의 손자였다. 따라서 당이 이사도의 반란을 토벌하는데 신라의 도움을 청하였던 것은 이사도를 발해계로 생각하여 남북국의 대립관계를 이용하려 하였다고 할 수 있다. 실제로 이 사건 이후 신라와 당은 매우 우호적인 관계로 변하였다.

그러나 신라와 당의 밀착이 남북국의 관계에 미치는 영향은 매우 부정적이었다. 먼저 신라의 대내적인 면에서 보자면, 지금까지 원성왕계의 반발을 견제하기 위하여 헌덕왕의 측근에 대거 등용하였던 무열왕계에 대한 대탄압이 이루어졌다. 신라와 당의 밀착 이후 무열왕계 金周元의 아들인 金憲昌의 반란이 일어났을 때 헌덕왕이 그 무리 239명을 처형한 것은(822), 그만큼 왕권에 대한 자신감의 표현이 아니었을까 한다. 다음으로 신라의 대외관계에서 보자면, 신라가 중대 성덕왕 이후와 같이 당과의 밀착을 추구함으로써 남북의 관계는 대립적 방향으로 전개되기 시작하였다. 즉 신라는 헌덕왕 18년(826) 1만여 명의 漢山 북쪽 주민들을 동원하여 발해와의 북쪽 경계에 긴 성을 쌓아 발해와의 대결을 각오하는 방향으로 외교노선을 전환하고 있었다. 신라와 당의 밀착은 결국 발해와의 대립관계를 심화시켰고, 내부 반대세력의 탄압으로까지 연결되었던 것이다.

신라와 발해가 대립적이었다는 사실은 일본의 승려 圓仁이 쓴《入唐求法巡禮行記》를 통해서도 알 수 있다. 이 책은 그가 당에 조공사로 갔다가 거기에서 이탈하여 독자적으로 구법활동을 하며 기록했던 4권의 기행문으로서, 838년 7월부터 847년 초겨울까지 9년 반 동안의 여행기록을 담고 있다. 그런데 이 책에 등장하는 사람들의 반 이상이 신라인들이고 발해에 관한 기록도 있어 당시의 남북관계를 알 수 있게 해준다. 이 기행문은 신라인들이 8월 15일이 되어서 백 가지 음식을 차려 놓고 3일 동안 밤낮으로 춤과 노래를 부르며 놀았다는 사실과, 그러한 이유를 신라와 발해가 싸워서 신라가 이겼던 날을 기념하기 위한 것이었다고 하는 신라 노승의 이야기를 전하고 있다.[9] 원인의 이 기록이 839년에 나온 것이니까 이것을 사실로 받아들인다면, 적어도 839년 이전에 신라와 발해는 정면으로 충돌한 적이 있었다고 보아야 한다. 그러나 중국이나 신라의 어느 기록에도 양국간의 전쟁이나 신라의 승리 사실을 남기고 있지 않아 이에 대한 신빙성은 여전히 의문으로 남는다.[10] 아무튼 오늘날 한민족 최대의 명절인 추석의 기원을 발해와 신라의 대결에서 신라의 승리를 기념하기 위한 데에서 유래할 수도 있다고 한 점은[11] 주목하여 볼 부분이라고 생각한다.

남북국의 대립관계는 당에서 있었던 두 나라의 외교관과 유학생들의 경쟁에서도 엿볼 수 있다. 최치원의 〈謝不許北國居上表〉를 통해서 잘 알려진 신라와

---

9) 圓仁,《入唐求法巡禮行記》권 2, 開成 4년 8월 15일.

10) 이 기록을 당시의 신라인들이 고구려가 멸망할 때 신라와 고구려가 싸웠던 날을 신라와 발해가 싸운 것으로 착각하여 전달한 것이 아닌가 추측하기도 한다(石井正敏, 〈朝鮮における渤海観の變遷－新羅～李朝－〉《朝鮮史硏究會論文集》15, 1978; 임상선 편역,《발해사의 이해》, 신서원, 1990, 52쪽).

11) 崔南善,《朝鮮常識問答》5, 名日.
依田千百子, 〈秋夕考〉(《白初洪淳昶博士還曆紀念史學論叢》, 1977), 2~3쪽.

발해 사신의 자리다툼사건(席次爭長事件)도[12] 그 한 예이다. 즉 大瑋瑎 4년(897)에 당에 사신으로 파견된 발해 왕자 大封裔가 당시 발해의 국세가 신라보다 강성함을 들어 발해가 신라보다 우선하여야 한다고 당 昭宗에게 요구하였다. 그러자 소종은 이것을 거절하고 신라 우선의 옛 관습대로 하였고, 이러한 소식에 접한 최치원이 당 소종에게 감사의 글을 보냈던 것이다. 이러한 사실은 외교적인 면에서 양국이 대립하고 있었던 하나의 실례를 보여주는 것이다.

이러한 대립은 당이 외국인들을 위해 설치한 賓貢科 시험에서도 있었다. 875년 발해의 烏昭度가 신라의 李同보다 높은 점수를 얻어 수석의 영광을 차지하자, 최치원은 이 사건이야말로 "일국의 수치로 영원히 남을 것이다"라고 치욕스럽게 여겼다. 또한 906년에는 신라의 崔彦撝가 오소도의 아들인 烏光贊보다 상위에 합격하자, 당에 있던 오소도가 자기 아들의 순위를 최언위보다 올려달라고 요구하였다가 거절당했던 적이 있었는데,[13] 이러한 것은 모두 남북국의 대립의식에서 나왔던 사건이었다.

5) 발해 멸망기의 남북교섭

신라와 발해의 대립관계가 또다시 교섭의 분위기로 바뀐 시기는 발해가 멸망의 위기에 처해 있던 10세기 무렵이었다. 당시 남북국이 교섭하였음을 알려주는 《契丹國志》의 기록을 주목할 필요가 있다.

> 옛날에 발해국왕 大諲譔은 본래 奚 및 거란과는 떨어질래야 떨어질 수 없는 관계였다. 그런데 (거란) 태조가 처음에 일어나 8부를 병탄하고 계속하여 군사로써 奚國을 병탄하자, 대인선은 이를 크게 두려워하여 은밀히 신라를 비롯한 여러 나라들과 더불어 서로 돕기를 약속하였다. 태조가 이것을 알고 의논을 모았으나 결정을 내리지 못하였다(《契丹國志》 권 1, 太祖).

---

12) 浜田耕策, 〈唐朝における渤海と新羅の爭長事件〉(《末松保和頌壽紀念 古代東アジア史論集》 下, 1978).
임상선 편역, 앞의 책, 264~265쪽.

13) 《高麗史》 권 92, 列傳 5, 崔彦撝.
《崔文昌侯全集》 文集 1, 狀, 〈新羅王與唐江西高大夫湘狀〉·〈與禮部裴尙書瓚狀〉.
金毓黻, 〈諸臣列傳〉(《渤海國志長編》 권 10, 華文書局, 1934).

발해의 마지막 왕 대인선이 거란의 팽창을 두려워한 나머지 은밀히 신라를 비롯한 여러 나라들에 구원을 요청하여 이것을 약속 받았다는 내용이다. 여기서 '新羅諸國'을 어떻게 해석하느냐에 따라 발해의 사신 파견 대상국이 달라진다. 위에서 해석한 대로 '신라를 비롯한 여러 나라'라고 한다면, 당시의 신라를 포함한 後梁 등이 될 것이며, '신라의 여러 나라'로 해석한다면, 신라를 비롯한 후삼국의 여러 나라로 보아야 할 것이다.

발해가 멸망의 위기에서 일차적으로 신라 등에 사신을 파견하였을 것으로 보이는 시기는 후량에도 사신을 파견하였던 대인선 6년(911)과 7년 경이었다.[14] 이 때는 거란이 발해의 이웃 나라인 해국을 평정하던 시기였기 때문에 발해로서도 위기감이 고조되었을 것이다. 그러나 당시의 국제정세가 거란에게 유리하게 전개되었던 것은 아니므로, '신라제국'이 거란을 의식하지 않고 쉽게 발해를 돕겠다고 약속하지 않았을까 한다. 그러나 발해는 계속되는 거란의 공세를 이기지 못하고 파멸의 위기에까지 몰리게 되었다. 그러자 발해는 신라를 포함해서 고려 및 후당 등에도 사신을 파견하여 도움을 청했던 것으로 짐작된다. 《高麗史》에 전해지고 있는 바와 같이 발해유민이 대대적으로 고려로 망명해온 사건이 있었던 시기가 바로 925년이었다는 것은 모두 당시의 이러한 정황과 관련이 있었을 것이다. 그러나 발해의 은밀한 도움 요청을 받고 돕기를 약속하였던 신라제국이 발해를 돕지 않고 결국에는 거란을 도왔다고 한다.

> (거란 태조는) 발해를 평정하고 (후)당에 사신을 파견하여 (이것을) 알렸다. 갑오일 다시 (거란 태조는) 忽汗城에 행차하여 창고의 재물을 돌아보고 (그를) 따랐던 신하들에게 차이가 있게 하사하였다. 奚의 부장 勃魯恩과 王郁 그리고 回鶻·新羅와, 吐蕃·党項·室韋·沙陀·烏古 등은 (발해)정벌에 공이 있었다고 하여 특별히 상을 더하여 주었다(《遼史》 권 2, 本紀 2, 太祖 下, 天顯 원년 2월).

---

14) 韓圭哲, 앞의 책, 130~131쪽.
신라의 사신파견 시기에 대해서 金毓黻이나 酒寄雅志는 924년 경으로 본다.
金毓黻, 위의 책 참조.
酒寄雅志, 앞의 글, 32쪽.

위의 기록은 신라가 거란의 발해공격을 도와주었기 때문에 거란 태조로부터 상을 받았다는 내용이다. 그러나 이 기록은《遼史》사이의 일치되지 못한 기록상의 문제로 인하여 신라가 과연 거란의 발해공격에 참가하였을까 하는 것과, 참여하였다면 그 규모는 과연 어느 정도였는가 하는 문제 등이 제기되고 있다. 당시 신라의 국내사정으로 보아 신라는 거란의 침략을 지켜보고만 있었으리라 생각된다. 이것 역시 거란을 돕는 하나의 방법이었을 것이다. 그러나 소규모일지라도 신라가 거란의 발해공격에 참가하였을 것이라는 견해[15]도 있으며, 적어도 신라가 발해를 멸망시키려는 거란을 지원하였다는 데에는 의견이 일치되어 있다.

그렇다면 신라가 발해의 멸망 과정에서 발해의 도움 요청에 응했다고 하는 사실과, 결국 신라가 발해를 돕지 못하고 침략자 거란을 도왔다고 하는 사실은 한번 짚고 넘어갈 필요가 있다. 즉 왜 신라는 후삼국 대립이라는 어려운 여건 속에서도 발해의 원조 요청에 돕겠다는 약속을 하였는가 하는 점과, 결과적으로 신라가 발해를 돕지 못하고 무력적이건 방관자적 입장에서건 침략자였던 거란을 도왔는가 하는 점이다.

전자의 경우 신라가 발해의 인접국이었기 때문이라고 해석할 수도 있다. 그러나 당시 인접국으로서 신라보다 더 효과적일 수 있는 後粱(907~922)이나 後唐(923~936)·奚 등이 발해가 가장 먼저 도움을 청할 수 있는 나라일 수도 있다. 하지만 신라와 발해의 역사적 관계가 일정하게 반영되어서 '신라제국'이 발해를 도울 수 있는 나라로 기록되었던 것이 아닌가 한다.

그러나 신라는 발해와의 약속을 지키지 못하였다. 신라가 발해를 물리적으로 돕지 못하였던 원인은 신라 내부의 혼란에도 있었겠지만, 다른 한편으로는 신라의 발해에 대한 공동체 의식의 변화에서도 찾을 수 있다. 남북국이 200여 년에 걸쳐 정치적 긴장과 대립을 유지하였던 결과로 남북국을 형성하던 7세기 말엽보다 공동체 의식이 훨씬 약화되었기 때문일 것이다.

요컨대 남북국이 교섭하였던 시기는 발해의 건국과 멸망, 그리고 신라의

15) 宋基豪, 〈발해 멸망기의 대외 관계-거란·후삼국과의 관계를 중심으로-〉(《韓國史論》17, 서울大, 1987), 21~26쪽.

귀족항쟁기에 해당하는 시기로서 양국은 서로가 정치·외교적인 면에서 매우 불안한 때였다. 반면에 남북국이 대립하였던 시기는 서로가 안정된 시기 내지 전성기에 해당하는 때였다. 이러한 면에서 양국교섭의 한계를 지적한다면, 신라는 그들 특정 집단의 이해관계에 따라 발해와 교섭을 시도하였고, 발해는 고구려 멸망에 대한 신라와의 감정 대립으로 인하여 안정이 아닌 위기하에서 주로 신라와 교섭을 시도하였다. 또한 두 나라는 각기 당과 일본의 관계를 우선적으로 생각하고 남북교섭은 그들의 필요에 의한 차선책으로 이용하고 있었다. 이러한 한계는 결국 신라와 발해가 문화적 이질성이 심화되고 대립 현상이 고착되는 결과를 낳게 하였다.

〈韓圭哲〉

2. 당과의 관계

1) 발해 건국 초기의 양국교섭

발해는 唐과 다른 어느 나라보다도 빈번하게 접촉하였다. 발해가 신라와 5차례, 일본과는 34차례 교섭이 있었던데 비하여, 당과는 무려 100여 차례가 넘는 교섭기록을 갖고 있다. 물론 이것은 기록만을 좇아 본 것이고 주로 발해 사신이 당에 파견되었던 것이 중심이지만, 양국의 관계가 신라나 일본과 달리 밀접한 관계였음을 나타내는 것이다. 양국은 전쟁을 포함해서 '朝貢'외교로 표현되는 정치·경제·문화적 교섭을 빈번히 하였기 때문이다. 왕조간의 교섭 의미를 횟수만으로 따질 수는 없지만 빈번한 접촉은 곧 두 나라간의 이해관계가 긴밀했었다는 하나의 방증일 것이다.

양국간의 교섭은 발해의 건국과정에서부터 시작되었다. 요동지방을 중심으로 전개되던 고구려유민들의 부흥운동이 당의 방해를 받고 있었고, 이를 물리치고 발해가 건국되었기 때문이다. 고구려 멸망 후 당의 營州(현 朝陽)에 끌려가 살고 있던 일부 고구려유민들은 696년 거란 추장 李盡忠 등이 반기를 들고 영주도독 趙翽를 살해하자 이를 계기로 당의 지배로부터 벗어나 발해를 세웠다. 이 때 이른바 대조영의 아버지라는 乞乞仲象은 당으로부터 '震國公'에 책봉되어 회유를 받았으나 받아들이지 않고, 추격해 오던 당의 거란 출신 장군 李楷固를 天門嶺에서 크게 물리치고[1] 새로운 왕조를 건설하였다. 30년만에 '고씨 고구려'에서 '대씨발해'로 그 역사를 이을 수 있었던 것은 당의 추격을 물리쳤기 때문이다.

대조영은 국가를 세우고 돌궐과 신라 등에 사신을 파견하여, 발해의 건국 사실을 알리고 이를 인정받음으로써 당에 대한 공동대처를 시도하였다. 이러한 외교적 노력은 신라로부터 대조영이 신라의 제5품 관등을 받음으로써 신라와 당이 다시 연합하지 않는 효과를 만들어 내기도 하였다. 그러나 당은 705년 발해 건국을 기정 사실화하고 발해와의 관계를 점차 개선하는 정책을 추진하기 시작하였다. 당은 中宗의 즉위와 함께 사신 張行岌을 보내어 화해를 구하기도 하였다. 이에 대조영도 그 아들 大門藝를 숙위로 당에 파견하는 등 당과의 관계를 우호적인 방향으로 바꾸었다.

당의 조정으로부터 '靺鞨'로만 불렸던 발해는 713년 대조영이 "渤海郡王 忽汗州都督"으로 책봉을 받음으로써, 이 때부터 振國 대신에 '渤海'라 불려지게 되었다.[2] 그러나 당시의 양국관계는 많은 한계가 있었으니 대조영에 대한 당의 인식은 '발해국왕'이 아닌 '발해군왕'이었다. 발해가 신라와 대등하게 국왕으로 인정받았던 시기는 당나라가 安史의 亂 등으로 발해의 협조가 필요한 시기였던 발해 문왕 大興 26년(762)에 이르러서였다.[3]

---

1) 天門嶺의 위치에 대해서는 張廣才嶺說(丁謙), 承德縣 西境說(《滿洲源流考》), 輝發河와 琿河의 분수령인 長嶺子 附近說(松井等)이 있다(張昌熙, 〈天門嶺地理位置之我見〉, 《延邊大學學報》, 1983 - 3 및 松井等, 〈渤海國の疆域〉, 《滿洲歷史地理》 1, 1913).

2) 발해는 건국 초기에 '振國'이라 하다가 곧 '渤海'로 국호를 바꾸었던 것으로 보인다. 그러나 중국학계를 중심으로 여러 학자들은 《新唐書》 권 219, 列傳 144, 北狄 渤海傳의 "이로부터 비로소 靺鞨이라는 이름을 버리고 오로지 渤海로만 불렸다"라는 점을 근거로 하여, 마치 당나라가 발해의 국호를 '靺鞨'에서 '渤海'로 고쳐준 것으로 이해하는 경우도 있다.

3) 《舊唐書》 권 199 下, 列傳 149 下, 北狄 渤海靺鞨.

2) 양국의 전쟁과 교섭

발해와 당의 대립관계는 급기야 양국이 전쟁을 하는 상황으로까지 전개되었다. 양국의 전쟁은 표면적으로 당과 黑水靺鞨의 접근으로 빚어진 외교적 대립관계에서 야기되었던 것으로 알려져 있다. 그러나 발해와 당의 전쟁 배경에는 발해와 신라의 대립관계가 또한 큰 영향을 미쳤다고 할 수 있다. 우선 양국이 전투를 벌이는 이유가 되었던 당과 흑수말갈의 접근에 관한 외교적 배경을 살펴보기로 하자.

발해는 대조영이 사망하자 719년 그의 아들 大武藝가 왕위를 이어받아 즉위하였다. 그는 즉위한 후 父王의 외교노선을 그대로 이어받아 '仁安'이라는 연호를 사용하고, 대조영의 시호를 高王이라 하는 등 독립국의 면모를 과시하였다. 이러한 사실은 발해의 연호 및 시호 사용에 대하여 당에서 "사사로이"[4] 취한 정책이었다고 언짢아 하고 있는 데에서도 알 수 있다. 또한 그는 당으로부터 '渤海郡王 忽汗州都督'이라는 책봉을 받기도 하였으나, 이는 대조영이 받은 책봉과 같은 것이었으며 이 역시 '국왕'이 아닌 '군왕'으로서였다. 그러나 대무예는 발해의 독자성을 지켜 나가면서 한편으로는 고구려 영역의 수복정책에도 힘을 쏟았다. 이러한 사실은 대무예가 즉위한 후 3년째가 되던 721년에 신라가 何瑟羅道(강릉)지방의 장정 2천 명을 징발하여 북쪽 경계에 긴 성을 쌓았던 점에서 확인할 수 있다. 신라의 북경지역에 대한 축성은 발해의 대외팽창을 경계하고 이에 대비하였던 것으로 볼 수 있기 때문이다.[5]

대무예의 대내외정책은 고구려 고토회복을 의식하였음인지 매우 강력하였다. 한편 당은 그들의 회유를 물리치고 건국한 발해국에 대하여 더욱 관심을 갖기 시작하였다. 그럴 수 있었던 현실적 배경은 8세기초에 이르러 강력하게 저항하여 오던 默啜의 突厥과 奚, 契丹 등이 당나라의 끈질긴 변방 토벌정책에 의해 그 위세가 잠시 꺾이었기 때문이다.[6] 아울러 당과 고구려의 관계에서도 그러했

---

4) 《新唐書》 권 219, 列傳 144, 北狄 渤海.
5) 《三國史記》 권 8, 新羅本紀 8, 성덕왕 20년 7월.
6) 《新唐書》 권 215 下, 列傳 140 下, 北狄 突厥 下.

듯이 당의 입장에서 발해는 당의 제국 질서에 편입시켜야 할 대상이었다.

발해와 당이 충돌하게 되었던 계기는 흑수말갈을 둘러싼 양국간의 갈등에서 비롯하였다. 이 사건에 대하여 《舊唐書》 발해말갈전과 《新唐書》 발해전에 전하는 바를 요약하면 다음과 같다.

726년에 흑수말갈이 사신을 보내어 조공하자 당 玄宗이 그 땅을 黑水州로 삼아 長史라는 관리를 두고 사신을 파견하였다. 발해의 무왕이 '黑水가 우리 국경을 거쳐서 처음으로 당과 서로 통하였다. 지난날 돌궐에게 吐屯의 職을 청할 적에도 모두 우리에게 먼저 알리고 함께 갔는데, 이제 뜻밖에 바로 당에게 벼슬을 청하였으니 이것은 반드시 당과 공모하여 앞뒤로 우리를 치려는 것이다'라고 하면서 아우 大門藝 및 그의 장인 任雅를 시켜 흑수를 치게 하였다. 명령을 받은 대문예는 일찍이 볼모로 당의 京師에 갔다가 開元初에 돌아온 바 있는데, 흑수를 치는 것은 당을 저버리는 것이고 당의 군사력이 발해보다 1만 배나 되며, 심지어 발해의 인구는 당과 싸워 이기지 못하였던 고구려의 몇 분의 일도 되지 못한다고 하면서 흑수공격의 불가를 간하였다. 그러나 무왕은 듣지 않았으며 대문예가 출병하면서도 다시 간하자 무왕은 노하여 그를 죽이려 하였고, 이에 대문예는 당으로 도망하였다. 대문예를 맞은 당 현종은 그에게 左驍衛將軍을 제수하고 보호하였다. 이에 무왕은 사신을 당에 보내어 대문예의 죄상을 말하며 죽이기를 요구하였다. 그러나 현종은 대문예를 몰래 安西로 보내고 무왕에게 嶺南으로 유배하였다고 거짓 알려왔다. 이 일은 곧 누설되어 무왕이 크게 노하여 당에 항의하였다. 결국 이 일을 계기로 무왕은 仁安 14년 장군 張文休를 보내어 登州(山東省 蓬萊)를 공격하게 하였다. 이에 현종도 대문예를 幽州(北京)에 보내어 발해군을 치게 하고, 이어 太僕員外卿 金思蘭으로 하여금 신라로 가서 군사를 내어 발해의 南境을 치게 하였다. 신라는 마침 산이 험하고 날씨가 추운데다 눈이 한길이나 내려서 병사들이 태반이 얼어죽어 戰功을 거두지 못하고 돌아갔다고 한다. 무왕은 다시 원한을 풀기 위하여 몰래 東都에 使者를 보내어 刺客을 시켜 대문예를 죽이도록 하였으나 끝내 실패하였다고 한다.[7]

日野開三郎, 〈突厥默啜可汗の興亡と小高句麗國〉(《史淵》 75, 1958 ; 《小高句麗國の研究》, 三一書店, 1984 참조).

오랫동안 돌궐의 간섭을 받아오던 흑수말갈이 돌궐의 세력약화를 기회로 당과 교섭하려 하자, 위험을 느낀 발해가 흑수말갈을 치려고 하였지만 동생 대문예가 항명하고 당으로 망명하였다. 무왕은 대문예를 비호하던 당을 응징하기 위하여 산동반도의 등주를 공격하게 되었던 것이다. 그런데 당이 발해를 막기 위하여 신라의 도움을 청했다는 것은 이 사건이 단순히 발해와 당과의 문제만이 아니었음을 시사하는 것으로, 발해와 신라의 대립을 당이 이용하고 있었던 것이다.[8]

발해는 당을 공격함에 있어서 당시 거란 및 돌궐과 당의 대립을 이용하였다.[9] 즉 730년에 이미 발해는 거란·돌궐 등과 연합하여 당의 북진정책에 대비하고 있었기 때문에 무왕 인안 14년에는 이들의 측면 지원을 받아 당을 공격할 수 있었다. 8세기 동아시아에서 당의 북방정책은 당 중심의 天下觀에 입각한 華夷정책을 유지하고 있었는데 비하여, 발해와 거란은 당에 대항하여 하나의 연합세력을 형성하고 있었다. 그런데 돌궐을 중심으로 한 대당 연합세력들의 대내외 관계는 돌궐의 흥망과 밀접한 관련을 가지고 있었다. 즉 716년 默啜可汗이 鐵勒을 정벌하던 중 전사하여 돌궐의 힘이 약화된 시기에 발해와 거란은 당과 일정한 거리를 두고 우호적 관계를 유지하였다. 이어서 毗伽可汗에 의하여 돌궐이 부흥되면서부터 돌궐을 중심으로 하여 다시 발해·거란이 연합하는 형세를 이루었다. 당은 돌궐을 중심으로 한 대당 연합

---

7) 《舊唐書》 권 199 下, 列傳 149 下, 北狄 渤海靺鞨.
《新唐書》 권 219, 列傳 144, 北狄 渤海.

8) 이 때 있었던 발해와 당의 외교적 분쟁사건에 대해서 일본학자들의 경우에는 동아시아의 국제적 여건이라는 측면에서 발해와 당의 충돌사건을 비교적 자세하게 다루었다. 한편 중국학계에서는 당에 대한 공격을 반대하여 망명하였던 大門藝를 '민족단결'의 대변자로 옹호하는 '統一的 多民族國家' 논리에 입각한 글이 발표되었다. 이와 같은 생각이 나올 수 있는 배경은 중국학계의 일반적 분위기가 발해사를 당의 지방정권으로 보기 때문이다. 그리고 우리 학계의 연구는 다만 북한에서 대문예를 발해의 '반역자'로 취급하면서 당시 발해와 당이 충돌하게 되었던 국제정세를 비교적 상세히 다루고 있을 정도이다(韓圭哲, 《渤海의 對外關係史－南北國의 形成과 展開－》, 신서원, 1994, 184~185쪽 참조).

9) 金毓黻, 〈叢考〉(《渤海國志長編》 권 19, 華文書局, 1934).
日野開三郎, 〈突厥毗伽可汗と唐・玄宗との對立と小高句麗國〉(《史淵》 79, 1959 ; 앞의 책).
古畑徹, 〈唐渤紛爭の展開と國際情勢〉(《集刊東洋學》 55, 1986).
韓圭哲, 위의 책, 185~186쪽.

세력의 힘이 이완되었을 때에는 혼인정책 등으로 동북 여러 주들을 회유하는 한편 군사적 정벌을 통하여 북진정책을 추진하였다. 그런데 발해는 돌궐세력이 약했을 때에는 당에 접근하여 우호관계를 유지하면서, 고구려 영토회복을 위하여 주변지역에 대한 병합정책을 추진하였다. 신라는 발해의 이러한 남진정책에 맞서 何瑟羅道에 성을 쌓기도 하였다.

발해와 당의 전쟁

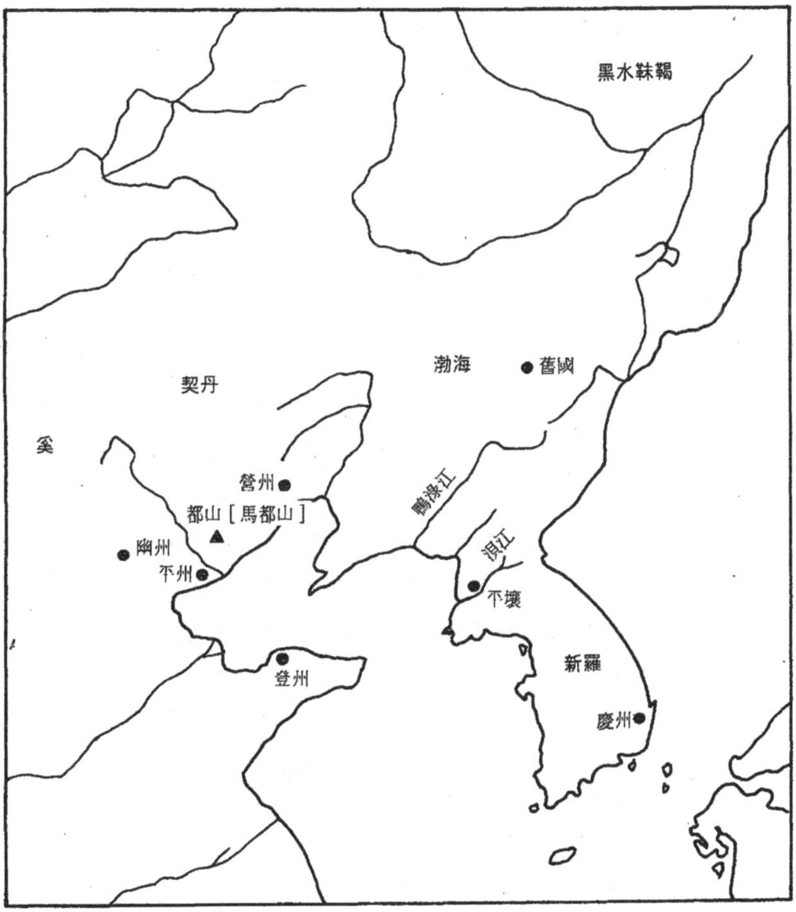

무왕 인안 14년 발해의 당에 대한 공격을 측면에서 지원했던 세력으로는 돌궐·거란·奚가 있었다. 특히 발해가 당을 공격할 즈음에 발해에 직접적인 영향을 미칠 수 있는 세력은 거란이었다. 거란은 717년 營州都督府가 복구되고 이어 平盧郡節度使가 설치된 후 당과 우호적 관계를 유지하였으며, 726년에는 거란 松漠王 李邵固(李召固)가 당으로부터 廣化王으로 책봉 받기도 하였다.[10] 그러나 730년 5월 衙官 可突汗이 그의 왕 이소고를 죽이고 해의 무리와 함께 돌궐과 연합하자, 거란은 당의 幽州節度使 趙含章의 공격을 받았다.[11] 이어 돌궐과 거란은 732년 3월에 유주 일대에서 당군의 공격을 받고 패하여 유주가 당의 영향권 아래로 들어가기도 하였다.[12] 따라서 732년에 있었던 거란과 당의 전투는 발해가 당을 공격할 수 있는 기회를 만들어 주었으며, 특히 유주지역이 당의 세력권에 들어 있었으므로 발해와 당은 지리적으로 더욱 가까이 접하게 되었다.

발해가 당을 공격하게 된 다른 이유는 발해와 신라의 관계에서 찾을 수 있다. 발해가 신라와의 대립을 의식한 나머지 그 지원세력인 당을 공격하게 되었던 것이다. 특히 730년경 신라와 당은 이전의 대립 내지 소원한 관계가 우호적인 관계로 변하고 있었기 때문이다. 발해는 당과 전투를 벌이는 것이 결과적으로 신라와 당의 접근을 보다 가속화시켜, 발해와 신라의 대립이 더욱 심화될 것이라는 점을 알고 있으면서도 당과 전쟁을 감행하였다. 발해의 등주 공격사건의 본질적 원인은 발해가 당보다 신라를 더 경계하고 있었기 때문에 일어난 것이었다고 할 수 있다. 이러한 사실은 무왕 인안 9년(727)에 발해 역사상 최초로 高齊德 등을 일본에 파견했던 사실에서도[13] 짐작할 수 있다.

---

10) 《舊唐書》 권 8, 玄宗 上, 開元 14년 정월 계해.
11) 《舊唐書》 권 8, 玄宗 上, 開元 18년 5월.
12) 《資治通鑑》 권 213, 唐紀 29, 玄宗 開元 20년 3월.
이 때 奚는 당에 항복하였다.
13) 《續日本紀》 권 10, 聖武天皇 神龜 4년 9월.
특히 발해의 일본에 대한 사신파견에 관해서는 일본의 여러 학자들이 언급하고 있다. 그런데 그들도 처음에는 발해가 일본에 사신을 파견하였던 원인을 발해가 일본을 당의 견제세력으로 끌어 들이기 위한 것이었다고 하였다. 그러나 최근에는 신라 견제를 위한 것이었다는 견해로 점차 바뀌고 있다. 당시 발해의

3) 전쟁의 경과와 신라·발해의 대립

발해와 당의 전쟁은 무왕 인안 14년(732) 9월 張文休 등을 해상으로 보내어 당의 登州를[14] 공격하면서부터 시작되었다. 그리고 다음해에 발해는 돌궐의 원병을 얻어 당을 공격하던 거란을 도와 遼西지방의 馬都山(都山)까지 공격하기에 이르렀다.[15] 발해와 당의 마도산전투는 발해가 등주 만을 공격한 것이 아니었다는 사실과, 발해가 당시의 국제정세를 잘 이용하여 당을 공격하였다는 점, 즉 발해와 당 사이의 전투가 단순히 발해와 당의 관계만이 아닌 돌궐·거란의 이해관계와도 밀접한 관련이 있었다는 사실을 전해주는 셈이다. 그러나 발해가 당을 공격하게 되었던 직접적 원인이 대문예의 망명사건이었다고 하더라도, 보다 근본적 원인은 발해와 신라의 대결관계에 있었다.

등주를 공격한 장문휴는 登州刺史 韋俊을 살해하고 그 곳에 주둔하고 있던 당나라 군대를 격파하였다. 당나라도 이에 맞서 左領將軍 蓋福順(葛福順) 등으로 하여금 발해를 치도록 하였으나 이들이 등주에 도착하였을 때에는 이미 발해의 군대는 철수한 뒤였다. 그리고 당은 대문예를 유주에 보내어 군사를 징발하여 발해를 공격하도록 하였다. 아울러 당은 그 곳에 와있던 신라인 金思蘭까지도 귀국시켜 신라로 하여금 발해의 남쪽을 치도록 요구하였다.[16] 이것이 발해와 당나라의 관계에 신라가 개입하게 된 직접적인 계기였다. 그러나 발해와 당의 전쟁 결과 양국의 대결이 더욱 심화된 것이 아니라, 오히려 발

대일 교섭이 결코 당 중심의 제국질서에 대비하기 위한 것은 아니었다는 것이다. 말하자면 발해와 신라의 대립관계를 의식한 것이 발해의 일차적인 대일교섭 목적이었다는 것이다(韓圭哲, 앞의 책, 187쪽 참조).

14) 박영해는 발해가 바닷길로 登州와 萊州를 불의에 공격한 것으로 그 범위를 넓게 보고 있다(박영해, 〈발해의 대외관계에 대하여〉, 《력사과학론문집》 12, 1987, 196쪽).

15) 《資治通鑑》 권 213, 唐紀 29, 玄宗 開元 21년 정월 정사.
《新唐書》 권 136, 列傳 61, 李光弼 附 烏承玭.
박영해, 위의 글, 195~196쪽.
古畑徹, 앞의 글(1986), 20~22쪽.

16) 《舊唐書》 권 199 下, 列傳 149 下, 北狄 渤海靺鞨.
《新唐書》 권 219, 列傳 144, 北狄 渤海.

해와 신라의 대결이 심화되었다는 데에 이 사건이 갖는 의미가 있다. 신라는 당과 적극적으로 협력하여 발해에 대한 공격에 나섰고, 그 이후에도 당과의 연합이 아니라 신라 단독으로 발해를 공격할 것을 계획하고 있었다.

《三國史記》 신라본기와 金庾信傳에[17] 의하면 성덕왕 32년(733) 7월 김사란이 당의 명을 받고 귀국하여 같은 해 겨울 김유신의 손자였던 金允中·金允文 등 4명의 장군으로 하여금 군사를 이끌고 당병과 만나 발해의 남쪽 경계를 치게 했지만 악천후로 실패하였다. 다음해 2월 당에 있던 숙위 金忠信(信忠)이 현종에게 글을 올려 다시 한번 발해 토벌의 명령을 신라에게 내려 줄 것을 청하여 허락 받았다. 그러나 두 번째의 신라 출병이 있었다는 기록은 찾아볼 수 없다. 한편 이를 계기로 하여 신라와 당나라의 관계는 성덕왕 34년 정월에 金義忠이 당에 새해 인사를 하는 것으로서 양국간의 관계개선이 이루어졌음을 보여주고 있다. 특히 김의충이 당에 갔을 때 당의 신라에 대한 태도는 이전과는 많이 달라졌다. 신라가 실질적으로 그 지배권을 갖고 있으면서도 당으로부터 인정받지 못하고 있던 浿江 이남에 대한 지배권을 비로소 인정받았던 것이다. 이 때부터 신라는 한반도에서 당을 축출하기 위한 전쟁 이후 지속되었던 당과의 불편한 관계를 해소하고 과거 무열왕대와 같은 상호 협조관계로 복귀하게 되었다.

성덕왕 32년 신라에 대하여 당이 군대를 파견해줄 것을 요청하자 그 해 12월에 신라에서 당에 謝恩使를 보냈다. 이 때의 사은사 파견은 일종의 외교적 의례라고 할 수도 있다. 그러나 신라가 당에 '사은사'를 파견한 것은 다른 한편으로 당시 신라가 발해를 공격하고 싶어했던 사실을 나타내 준다고 볼 수 있다. 이러한 사실은 이듬해 정월 성덕왕의 사촌 동생으로 726년에 당에 賀正使로 갔다가 숙위로 머물러 있던 김충신이[18] 발해를 비난하면서 신라가 발해를 공격할 수 있도록 해달라고 당 현종에게 글을 올렸던 사실에서 확인된다. 이러한 분위기는 마치 신라가 당과의 비밀협상을 통하여 백제와 고구

17) 《三國史記》 권 8, 新羅本紀 8, 성덕왕 32~35년 및 권 43, 列傳 3, 金庾信 下.

18) 金忠信은 성덕왕의 從弟였으며 경덕왕 16년(757)의 漢化정책을 주도하였던 金信忠과 동일인이라고도 한다(金壽泰, 〈統一新羅期 專制王權의 崩壞와 金邕〉, 《歷史學報》 99·100, 1983, 22쪽 및 申瀅植, 〈新羅 中代 專制王權의 展開過程〉, 《統一新羅史硏究》, 三知院, 1990, 138쪽 참조).

려를 공격하기로 하였던 김춘추의 대당 비밀외교를 연상시킨다.[19] 그러나 이 때는 신라와 당 사이의 비밀협약과 근본적으로 차이가 있었다. 즉 신라가 그 때와는 달리 당과 연합작전을 도모하지 않고 신라 단독으로 발해를 공격할 계획을 하고 있었던 것이다. 신라는 그 때까지 발해 공격의 명분을 어떻게든 찾고 있었다고 할 정도로 발해 공격의 의지가 강하였다. 이것은 신라의 대당 외교가 발해를 의식하고 있었다는 하나의 반증이며, 이 사실은 이 사건 이후 발해와 당의 관계가 악화되지 않고 오히려 발해와 신라의 관계가 더욱 악화되었다는 점에서 설명이 가능하다.

신라는 성덕왕 31년 이전에도 당과의 관계개선을 위하여 노력하였다. 그러나 신라의 이러한 노력에도 불구하고 신라와 당의 관계는 일시에 개선될 수는 없는 것이었다. 그 이유는 당나라가 과거 신라와 당 사이에 있었던 전쟁을－즉 당의 침략 거점이었던 安東都護府를 신라를 비롯한 3국민이 평양에서 요동지역으로 쫓아내었던－염두에 두고 있었기 때문이었다. 당시까지 당이 신라를 경계하고 있었다는 사실은 신라가 실질적으로 지배하고 있던 패강 이남지역에 대한 지배권을 성덕왕 34년에 신라가 당과 연합하여 발해를 공격하였던 사건 이후에야 승인하였다는 점에서 확인할 수 있다. 또 다른 이유는 당의 현실적 대외문제로서, 돌궐 등과 대치하고 있던 당으로서는 외교의 비중을 신라보다는 돌궐과 거란에 더 두고 있었기 때문이다. 당이 북방의 여러 민족에 대하여 현실적으로 위험을 없애고 실리를 취하기 위해서는 돌궐과 거란·발해·신라의 순으로 대외정책의 비중을 둘 수밖에 없었으므로,[20] 당의 외교정책에 있어서 신라는 소홀하게 생각되었던 것이다. 그러므로 신라와 당과의 관계는 신라의 대당접근에도 불구하고 크게 진전되지 못하였던 것이다. 오히려 당은 흑수말갈사건으로 인하여 발해와 불편한 관계였음에도 불구하고 발해가 숙위를 파견하겠다는 요청에 동의하였다.[21] 따라서

19) 《三國史記》 권 5, 新羅本紀 5, 진덕왕 2년 및 권 7, 新羅本紀 7, 문무왕 11년 7월의 薛仁貴 편지 참조.

20) 古畑徹, 〈日渤交渉開始期の東アジア情勢-渤海對日通交開始要因の再檢討〉(《朝鮮史硏究會論文集》 23, 1986), 98~100쪽.

21) 흑수말갈사건 이후 발해가 당을 공격하기까지 즉 927년부터 932년 이전에 신라의 對唐 사신파견은 7차례였고, 발해의 대당 사신파견은 15차례 정도였다. 특히

성덕왕 31년 이전 신라의 대당 접근은 많은 한계가 있을 수밖에 없었고 양국관계가 삼국 통일전쟁 당시의 협력관계로 회복된 것은 발해와 당의 전쟁을 계기로 하여 신라와 당이 발해를 협공하면서부터였다고 하겠다.

신라의 삼국 통일전쟁 당시의 협조적인 양국관계로 개선되기를 희망하는 발언은 당으로부터 먼저 나왔다. 당나라가 신라에 발해를 쳐야 할 장수로서 김유신의 후손인 김윤중을 지명한 것이 그 좋은 예이다. 이것은 신라와 당의 연합에 의한 백제와 고구려 정벌에 대한 추억을 신라에 환기시켰다고 할 수 있다. 그런데 당의 이와 같은 태도는 발해의 고구려 계승을 그들도 인정하고 있었다는 점에서도 의미가 있지 않을까 한다.

결국 발해를 견제하려는 신라와 당의 현실적 이해관계가 서로 맞아 떨어져 양국은 7세기에 그들이 연합하였던 상황 수준으로 관계개선을 이룰 수 있었다. 그러나 이러한 신라와 당 두 나라의 관계개선은 발해와 신라의 대립관계를 더욱 심화시키는 결과를 가져 왔다.

〈韓圭哲〉

3. 일본과의 관계

1) 발해 건국 초기의 양국교섭

발해와 일본은 東京 龍原府의 한 곳으로부터 일본까지를 잇는 日本道가 있었다고 중국측에 기록될[1] 정도로 공식적인 교섭이 빈번하였다.

발해는 武王의 동생 大寶方・大胡雅・大琳 등 왕족들을 당의 숙위로 많이 파견하는 등 대당외교에 있어서 적극성을 보이고 있었다(金毓黻, 〈大事表〉, 앞의 책, 권 7 및 王承禮 저, 宋基豪 역, 《발해의 역사》, 翰林大 아시아文化硏究所, 1987, 155~171쪽). 무왕이 자기 동생들을 이렇게 당의 숙위로 파견한 것은 자기의 정치적 牽制勢力을 제거하기 위한 內政의 문제와도 관련이 있었겠지만, 이와 함께 당과의 교섭을 중요시하고 있었다는 증거로도 받아들일 수 있다.

1) 《新唐書》 권 219, 列傳 144, 北狄 渤海.
발해 사신의 출발지는 동경 용원부의 한 항구였을 것으로 추정되는 지금의 중국 길림성 琿春의 八連城으로 보고 있으며, 도착지는 일본의 出羽國 내지 能登

남북국시대에 발해와 일본의 관계는 신라보다 더 빈번한 접촉이 있었던 것으로 나타나 있다. 즉 발해가 일본에 34차례, 그리고 일본이 발해에 13차례에 걸쳐 사신을 파견한 것으로《續日本紀》에 기록되어 있다. 이것은《三國史記》가 신라 1,000년의 역사를 다루면서 일본에 10차례밖에 사신을 파견하지 않은 것으로 기록한 것과는 매우 대조적이다. 물론 일본측의《속일본기》등은 신라와 일본의 관계에 관하여 이보다 많은 기록을 남기고 있는데, 신라가 일본에 24차례, 일본이 신라에 24차례 교섭을 하였던 것으로 나타나 있다.[2] 물론 일본측의 신라와의 교섭은 발해와 일본처럼 왕조대 왕조의 접촉뿐만 아니라 민간차원의 교섭내용까지 포함하고 있는 것이어서, 왕조간의 교섭만을 본다면 남북국시대의 228년 동안 발해와 일본은 신라보다 긴밀한 접촉을 하였던 것으로 간주할 수 있다.

발해가 일본에 처음 사신을 파견한 것은 발해 武王 仁安 9년(727)으로, 이때 발해 사신 寧遠將軍 郎將 高仁(高仁義)과 高齊德 등 24인이 일본에 파견되었다.[3] 이들은 바다에서 폭풍을 만나 蝦夷에 표착하였다가 고인 등이 해를 당하고 다만 고제덕 등 8인만이 살아 남아서, 같은 해 9월에 出羽國에 상륙하였고 12월에는 일본수도 나라(奈良)에 도달하였다. 다음해 정월에는 聖武天皇을 만나 발해의 國書와 信物을 전하였다. 고제덕 등은 일본 방문에 대한 답으로 일본 천황으로부터 正六位上의 관작과 함께 帛·綾·絁·綿 등의 비단류도 받았다. 또한 이들은 신년하례가 끝난 뒤 초대되어 雅樂을 듣기도 하였으며, 발해왕에게 보내는 교서를 가지고 4월에 귀국할 때에는 引田蟲麻呂로부터 발해까지 전송을 받기도 하였다. 발해와 일본의 교섭은 이로부터 시작되었다. 그런데 발해가 일본에 사신을 파견한 것은 대체로 신라를 견제하기 위한 것이었다고 보는 것이 옳을 듯하다.[4]

國이었다고 알려져 있다. 특히 최근에는 발해 사신의 출발 항구와 관련하여 혼춘에서 가까운 지금의 연해주 포시예트항이 주목받고 있다.

2) 山田英雄,《日本史料集成》(平凡社, 1956), 67~69쪽의「遣新羅使年表」및「新羅使年表」참조.

3)《續日本紀》권 10, 聖武天皇 神龜 4년 9월 경인.

4) 그렇지만 발해의 일본에 대한 교섭이 흑수말갈사건으로 인한 발해의 당에 대한 공격을 염두에 둔 조처였다는 해석도 있다(韓圭哲,《渤海의 對外關係史－南北國의 形成과 展開－》, 신서원, 1994, 187~188쪽).

발해와 일본의 교섭은 이후 십여 년간의 공백이 있었다. 발해는 文王 大興 3년(739) 일본에 두번째 사신으로 忠武將軍 胥要德·雲麾將軍 已珍蒙 등을 보냈는데 이 때에 일본의 朝唐使 平群廣成도 함께 동행하였다. 이들 가운데 서요덕은 바닷물에 빠져 죽고 이진몽·평군광성 등만이 출우국에 상륙하였다. 같은 해 12월에는 일본 수도에 들어가 발해의 국서와 선물을 전하였으며 다음해 정월 7일에는 일본 천황으로부터 답례품을 받기도 하였다. 한편 이진몽은 渤海樂에 대해서 일본측에 설명하기도 하였고 활쏘기대회를 참관하는 등 문화교류도 활발히 하였다. 이들은 같은 해 2월 일본측 大伴犬養의 전송을 받으면서 귀국하였다.

이와 같이 발해가 두번째로 사신을 파견한 것은 일본과의 첫 교섭 이후 12년이 지난 때였다. 제3대 문왕은 그의 시호에서도 알 수 있듯이 무왕과는 달리 文治를 통하여 발해의 질서를 유지하려던 왕이었다. 발해의 중앙정치기구와 지방제도 및 왕실제도가 비로소 체계적으로 확립된 시기가 바로 문왕대였다. 그가 재위한 기간은 발해의 다른 어느 왕보다도 긴 56년간이었는데, 오랜 재위기간을 통하여 안정된 왕권을 바탕으로 제도를 정비할 수 있었던 것이다. 발해가 일본에 다시 사신을 파견한 것은 문왕의 대외적 유화정책에서 나온 것이 아니었던가 한다. 문왕은 당과의 관계에 있어서도 적극성을 보였던 것과 같이 일본과의 관계에 대해서도 다시 관심을 보이기 시작했고 이것이 사신파견으로 나타난 것이라 하겠다.

발해가 일본에 세번째로 사신을 파견한 것은 문왕 대흥 16년으로, 輔國大將軍 慕施蒙과 일행 75명을 보낸 것이다. 두번째 사신파견으로부터 13년째가 되던 해였다. 그러나 당시 발해의 대일 교섭태도는 이전과 다른 면이 있었다. 발해왕의 국서를 갖고 가지 않아 일본조정으로부터 억류될 뻔하였으며 다음해 6월 그들은 일본의 전송사신 없이 귀국하였다. 양국간에 처음으로 사신의 파견과 접대에 있어서 불편한 모습을 보이기도 한 것이다.

2) 발해와 일본의 신라협공계획과 양국교섭

발해의 대일 사신파견으로 전개되기 시작한 양국간의 접촉은 한동안 소원하였다. 이러한 소원한 관계를 깨뜨리고 두 나라가 적극적인 교섭을 하게 된 계기는 일본의 신라 공격계획이었다. 일본이 먼저 발해에 사신을 파견함으로써 양국의 교섭이 활발하게 이루어지게 되었던 것이다. 그 전까지만 해도 양국의 사신왕래는 모두 발해가 먼저 파견한 것이었다. 다만 일본은 발해 사신의 귀국 때 送使를 2차례 파견한 적이 있을 뿐이었다. 그러나 일본이 먼저 발해에 사신을 파견한 것은 신라를 협공하기 위한 그들 자신의 필요에서 나온 것이었다. 따라서 발해의 제4차 대일 사신파견은 일본에 대한 답방으로 이루어진 것이었던 셈이다.

일본은 이른바 일본의 「新羅征討計劃」(758?~764)을[5] 실천하기 위한 하나의 방법으로 발해를 끌어들이려고 먼저 발해에 사신을 보냈다. 문왕 대흥 22년(758 ; 일본 天平寶字 2)에 양국간에 사신이 오고 갔다. 그 때 발해에 온 일본 사신은 과거 신라에 파견되어 신라왕을 만나보지도 못하고 돌아갔던 小野田守였다. 일본은 발해와 신라의 대립관계를 이용하여 그들의 신라정벌을 실천하려고 하였는데 이에 관한 기록은 다음과 같다.

① 太宰府에 명하여 行軍式을 만들게 하였는데 장차 신라를 정벌하려는 것이다(《續日本紀》 권 22, 淳仁天皇 天平寶字 3년 6월 임자).

② 배 500척을 北陸道의 여러 나라에서 89척, 山陰道의 여러 나라에서 145척, 山陽道의 여러 나라에서 161척, 南海道의 여러 나라에서 105척으로 나누어 한가한 달에 만들되, 3년 이내에 마치도록 하였는데 신라를 정벌하기 위한 것이었다(《續日本紀》 권 22, 淳仁天皇 天平寶字 3년 9월 임오).

위의 내용대로라면 일본이 신라를 정벌하려 했던 것은 적어도 759년 이전

---

5) 和田軍一, 〈淳仁朝に於ける新羅征討計劃について〉(《史學雜誌》 35-11, 1924).
鳥山喜一, 〈渤海王國と日本との交涉〉(《渤海史上の諸問題》, 風間書房, 1968), 241~253쪽.
石井正敏, 〈初期日渤交涉における一問題－新羅征討計劃との關連をめぐって－〉(《史學論集 對外關係と政治文化》 1, 吉川弘文館, 1974).
酒寄雅志, 〈八世紀における日本外交と東アジア情勢－渤海との關係を中心として－〉(《國史學》 103, 1977).
―――, 〈渤海國家の史的展開と政治文化〉(《朝鮮史硏究會論文集》 16, 1979).
金恩淑, 〈8세기의 新羅와 日本의 關係〉(《國史館論叢》 29, 國史編纂委員會, 1991).
韓圭哲, 위의 책, 197~211쪽.

이었다. 일본이 신라를 정벌하려 했던 758년부터 764년 사이의 발해와 일본간의 사신왕래는 매우 빈번하였다. 일본은 758년에 小野田守 등을 발해에 파견하였고 발해는 이에 대한 답방으로 같은 해 9월에 揚承慶 등을 일본에 보냈다. 이듬해에도 일본이 高元度 등을 발해에 파견하자 발해는 高南申·高興福 등을 일본에 파견하였고, 760년에 일본이 고남신 등의 발해 사신을 전송하는 陽侯玲璆 등을 발해에 보내는 등 왕래가 계속되었다. 761년에도 일본은 高麗大山 등을 발해에 파견하였고 이에 대한 답방으로 발해는 문왕 대흥 26년(762)에 王新福 등을 일본에 파견하였다. 이듬해에도 일본은 왕신복 등의 발해 사신을 전송하는 板振鎌束 등을 보냈다.[6]

이후 771년에 발해가 일본에 파견한 壹萬福·慕昌祿 등은 3년 뒤에 돌아왔다. 이처럼 양국간의 외교 재개는 발해가 먼저 사신을 파견함으로써 이루어졌다.[7] 발해가 일본에 사신을 파견한 횟수는 무왕 9년(727)부터 대인선 14년(919)까지 34차례였다. 그런데 발해가 먼저 일본에 사신을 파견한 경우가 30차례였고, 나머지 4차례만 일본이 먼저 발해에 사신을 파견한 것이었는데,[8] 그 중 3차례가 바로 일본의 신라 정벌계획이 있었던 시기였다(758·759·761). 또한 이 시기에 일본은 발해의 답방에 대하여 두 차례나 전송사신까지 파견하는 적극성을 보였다(760·763). 그러므로 758년에서 764년까지의 양국의 사신왕래는 일본의 필요에 의한 것이었고, 그 목적은 발해를 신라정벌에 끌어들이기 위한 것이었다고 할 수 있다.

일본이 발해에 대하여 적극 외교를 벌이게 되었던 또 다른 배경은 당에서 일어난 安史의 亂(755~763)에 대한 관심 때문이었다고 보는 경우도 있다. 당시에 일본은 소야전수가 당에서 일어난 안사의 난에 관하여 보고하자, 淳仁

---

6) 金毓黻, 〈叢考〉(《渤海國志長編》 권 19).
王承禮 저, 宋基豪 역, 《발해의 역사》(翰林大 아시아文化硏究所, 1987), 178~190쪽.

7) 759~771년까지의 관계기록은 《續日本紀》 권 31, 寶龜 2년 6월 27일·10월 14일·12월 21일 및 권 32, 寶龜 3년 정월 1일·정월 3일·정월 16일·정월 19일·정월 25일·2월 2일·2월 28일·2월 29일·9월 21일, 寶龜 4년 2월 20일·6월 12일·6월 24일·10월 13일.

8) 물론 759년의 대발해 사신파견은 답방을 겸하고 있는 면도 있었으나 일본의 재차 파견으로 볼 수도 있으므로 先派遣으로 간주하였다.

천황이 관계 朝臣들에게 그에 대한 방비책을 마련하도록 명령한 데서 이를 알 수 있다는 것이다.[9] 그리고 759년 순인천황이 高元度를 迎入唐使로 삼아 당 長安에서 遣唐使 藤原河淸을 맞이하도록 하였다는 점으로도 이를 알 수 있다고 한다. 그러나 안사의 난에 대한 소식은 일본이 발해에 사신을 파견하고 난 이후에 얻은 부수적인 수확에 불과하였다. 일본이 발해에 사신을 파견한 목적이 당의 내정을 살피기 위한 것이었다고는 볼 수 없기 때문이다.

일본의 발해에 대한 사신 파견의 1차적 목적은 신라정벌을 위해 발해의 도움을 요청하는 데 있었다. 이렇게 볼 수 있는 근거 중의 하나는 발해에 보내는 사신으로 소야전수가 발탁되었다는 점에서도 찾을 수 있다. 즉 그는 경덕왕 12년(753)에 신라에 파견되었다가 오만·무례하다고 하여 접견을 거부당하고 돌아간 적이 있었던 장본인이기 때문이다.[10] 이러한 전력을 가진 그를 발해에 사신으로 파견하였다는 것은 일본이 발해와 신라와의 관계를 고려하였기 때문으로 볼 수 있을 것이다.

그렇다면 일본의 당에 대한 관심 역시 신라를 의식한 외교 행위였다고 할 수 있다. 신라정벌에 당이 개입한다면 발해의 도움까지 받을 수 없는 상황이 전개될 수 있기 때문이다. 그러나 일본의 대발해관계는 근본적으로 한계를 가질 수밖에 없었다. 발해는 안사의 난 이후 요동지역 등 변방에 대한 통제력 강화와 영역확대에 관심을 기울이고 있었기 때문이다. 그러나 일본의 제안에 대하여 발해도 초기에는 많은 관심을 갖고 있었던 것으로 보여진다. 왜냐하면 발해가 문왕 대흥 22년(758)과 23년에 군사전문가인 武官을 일본에 파견하여 적극적인 의지를 보였다고 볼 수 있기 때문이다.

일본의 신라 정벌계획에 관한 정보는 신라에도 들어갔던 것으로 보인다. 즉 신라는 경덕왕 21년 5월에 북쪽 변경지대에 五谷(황해도 瑞興)·鵂巖(鳳山)·漢城(載寧)·獐塞(遂安)·池城(海州)·德谷(谷山)의 6성을 쌓고 각각 太守를 두었는데,[11] 이러한 조처는 곧 발해를 의식한 것이었다고 할 수 있다.

---

9) 《續日本紀》 권 21, 淳仁天皇 天平寶字 2년 12월 무신(10일).
鳥山喜一, 앞의 책, 241~249쪽.

10) 《三國史記》 권 9, 新羅本紀 9, 경덕왕 12년.
《續日本紀》 권 19, 孝謙天皇 天平勝寶 5년 2월.

11) 《三國史記》 권 9, 新羅本紀 9, 경덕왕 21년.

일본이 신라정벌을 계획하였던 것은 신라조정의 '無禮'가 명분이었지만 현실적으로는 그들 내부의 정치적 위기를 밖으로 이전시키려는 의도에서였다고 할 수 있다. 사실 당시 일본은 신라를 치기 위하여 군사를 동원할 만한 상황이 아니었다. 왜냐하면 동방의 蝦夷문제 해결에 큰 힘을 쏟고 있었기 때문이다.[12] 그럼에도 불구하고 신라정벌을 계획하였던 것은 바로 그들 정권의 정치적 위기를 밖으로 전이시키려는 전략에서 나온 것이라고 볼 수밖에 없다. 당시 정권을 잡고 있던 藤原仲麻呂는 권력을 독단하여 惠美押勝이라는 별명을 듣고 있었고 이에 따라 그에 대한 반발세력이 커 정치적 위기 상황에 놓여 있었다.[13] 혜미압승은 안으로 전제화를 추구하면서 내부의 불만을 밖으로 돌리기 위하여 신라정벌을 꾀하려 하였던 것이다. 혜미압승의 하이와 신라에 대한 군사적 모험은 둘 다 정치적 의도가 깔려 있었으나 특히 신라 정벌계획은 처음부터 정치적 애드벌룬일 가능성도 있었다. 그러나 일본이 발해와의 관계를 긴밀히 하려 하였다든지, 신라정벌에 대비하여 여러 곳에서 나누어 배를 건조하려고 하였다는 사실은 정치적 애드벌룬 이상의 실천 가능성이 강한 계획이었음을 보여주고 있다. 따라서 일본이 신라를 정벌하기 위하여 발해를 끌어들이려고 하였던 것은 단순한 정치적 제스처 정도가 아니라 실질적으로 신라를 정벌하기 위한 계획의 일환이었다고 할 수 있다.

3) 신라협공계획 무산 후의 양국관계

일본과 발해의 신라협공계획은 발해의 도중 하차와 당을 중심으로 한 국제정세 및 일본 내부의 사정으로 인하여 무산되었다. 발해는 당의 안사의 난을 계기로 하여 변방의 요동 즉 이른바 「小高句麗」지역에 신경을 쓰고 있는 처지여서 일본의 신라공격 제안에 대해서 끝까지 도울 수 있는 형편이 아니었다. 비록 당의 변방 통제가 흐트러진 상황이었다고 하더라도 발해가 요동

12) 岸俊男, 《藤原仲麻呂》(吉川弘文館, 1969), 261~274쪽.

13) 당시의 정치 상황에 대해서는 野村忠夫, 〈奈良時代の政治過程〉(《岩波講座 日本歷史》 3), 95~108쪽 참조.

지역의 통치를 강화하고 아울러 신라를 공격하는 두 가지 정책을 동시에 수행하기에는 무리였던 것이다. 발해는 이미 일본에 파견하는 사신을, 문왕 대흥 23년(759)의 輔國大將軍 高南申·高興福을 끝으로 무관에서 문관으로 바꾸었다. 즉 대흥 26년에 일본의 사신파견에 대한 答聘으로 紫綬大夫 行政堂省左允 王新福을 파견한 이후 줄곧 문관만을 파견하여[14] 신라협공계획의 포기를 통보하였던 것으로 보인다. 발해는 일본에 보내는 사신을 문관으로 바꿈으로써 일본의 혜미압승의 반란(764) 이전에 일본과 연합하여 신라를 공격하려던 계획을 이미 포기하였던 것이다.

발해가 일본과 함께 신라를 치려던 계획을 포기하게 된 또 다른 원인은 발해와 당의 관계개선이었다. 당과 발해의 완충지역에서 일어난 안사의 난을 평정하기 위하여 당은 발해의 도움이 필요하였고 발해의 도움을 받기 위해서는 양국의 평화관계가 필수적이었다. 이러한 동아시아의 정세변화가 결국 발해의 신라공격계획을 포기하게 만들었던 것이다. 당의 발해에 대한 유화책은 안사의 난 이후 문왕 26년에 당나라가 발해왕을 '郡王'에서 '國王'으로 인정하였던 사실에[15] 잘 나타나 있다.

이러한 발해측의 변화에도 불구하고 일본은 신라공격계획을 끝까지 포기하지 않았다. 그 계획의 중심인물이었던 혜미압승이 건재하였기 때문이다. 그러나 孝謙천황과 淳仁천황 사이의 세력 분열이 심화되어 순인천황의 배후세력이자 신라 정벌계획의 입안자이기도 했던 혜미압승이 764년 반란을 일으켜 敗死하게 되자[16] 일본도 신라 정벌계획을 포기할 수밖에 없었다.

일본의 신라 정벌계획에 따른 발해와 일본 양국간의 우호관계는 758년 小野田守가 발해에 파견된 이후 763년의 板振鎌束의 파견까지 이어졌다. 이 기간에 일본은 5차례, 발해는 3차례 각각 상대국에 사신을 파견하였다. 특히 일본이 발해에 파견한 14차례의 사신들 중 이 기간에 파견된 사신들이 가장 빈번하게 왕래하였다. 그러나 이후의 교섭은 모두 발해가 일본에 먼저 사신

---

14) 《續日本紀》 권 22, 淳仁天皇 天平寶字 3년 및 권 24, 天平寶字 6년.
15) 《新唐書》 권 219 下, 列傳 144, 北狄 渤海 寶應 원년.
16) 岸俊男, 앞의 책, 382~417쪽
野村忠夫, 앞의 글, 102쪽.

을 파견하였다. 그 방식은 건국 초기와 같은 것이었다고 할 수 있다. 그러나 건국 초기의 목적이 정치·군사적인 면이 강했다고 한다면, 그 이후의 것은 경제·문화적인 면이 강했다고 할 수 있다. 문관 중심의 사신들이 주로 파견되었기 때문이다.

발해와 일본의 사신왕래표

次數		出發時期	年代	氏名	散官, 位階	先,答	備考
日本	渤海	武王 仁安 9	727	高仁義(死)	寧遠將軍(武)	先	黑水靺鞨
	1			首領高齊德			(신라견제)
1		仁安 10	728	引田蟲麻呂	從五下	答	上同
	2	文王 大興 3	739	胥要德	忠武將軍(武)	先	
				已珍蒙	雲麾將軍(武)		
2		大興 4	740	大伴犬養	外從五下	答	
	3	大興 16	752	慕施蒙	輔國大將軍(武)	先	
3		大興 22	758	小野田守	從五下	先	新羅挾攻件
				楊承慶	輔國大將軍(武)	答	上同
	4	大興 22	758	楊泰師	歸德將軍(武)		
4		大興 23	759	高元度	外從五下	先	上同
	5	大興 23	759	高南申	輔國大將軍(武)	答	上同
5		大興 24	760	陽侯玲璆	外從五下	答	上同
6		大興 25	761	高麗大山(死)	從五下	先	上同
	6	大興 26	762	王新福	紫綬大夫(文)	答	上同
7		大興 27	763	板振鎌束	正七位下	答	上同
	7	大興 35	771	壹萬福	青綬大夫(文)	先	
8		大興 36	772	武生鳥守	正六上	答	
	8	大興 37	773	烏須弗		先	
	9	寶曆 3	776	史都蒙	獻可大夫(文)	先	
9		寶曆 4	777	高麗殿嗣	正六上	答	
	10	寶曆 5	778	張仙壽	獻可大夫(文)	先	
10		寶曆 5	778	大網廣道	正六上	答	
	11	寶曆 6	779	高泮弼		先	
	12	大興 50	786	李元泰		先	
	13	康王 正曆 2	795	呂定琳	匡諫大夫(文)	先	
11		正曆 3	796	御長廣岳	五六上	答	

次數		出發時期	年代	氏名	散官, 位階	先,答	備考
12		正曆 5	798	藏賀茂麻呂	外從五下	先	
	14	正曆 5	798	大昌泰	慰軍大將軍(武)	答	
13		正曆 6	799	滋野船白	正五上	答	
	15	定王 永德 1	809	高南容		先	
	16	永德 2	810	高南容		先	
14		永德 2	810	林東人	從六上	答	
	17	定王 朱雀 3	814	王孝廉		先	
	18	簡王 太始 1	818	慕感德		先	
	19	宣王 建興 2	819	李承英		先	
	20	建興 4	821	王文矩		先	
	21	建興 6	823	高貞泰		先	
	22	建興 8	825	高承祖		先	
	23	建興 10	827	王文矩		先	
	24	彝震 咸和 12	841	賀福延		先	
	25	咸和 19	848	王文矩		先	
	26	大虔晃 3	859	烏孝愼		先	
	27	大虔晃 4	860	李居正		先	
	28	大玄錫 1	871	楊成規	慰軍大將軍(武)	先	
	29	大玄錫 6	876	楊中遠		先	
	30	大玄錫 12	882	裵頲		先	
	31	大玄錫 21	891	王龜謀		先	
	32	大玄錫 24	894	裵璆		先	
	33	大諲譔 2	907	裵璆		先	
	34	大諲譔 14	919	裵璆		先	

〈韓圭哲〉

Ⅳ. 발해의 정치·경제와 사회

Ⅳ. 발해의 정치·사회와 경제

1. 중앙통치조직

1) 조직의 정비과정과 성격

발해의 국가조직은 2대 武王 大武藝代(719~737)부터 본격적으로 정비되기 시작하여 3대 文王 大欽茂代(737~793)에 완비되어, 그 이후 10대 宣王 大仁秀代(818~830)와 13대 大玄錫代(871~894?)에 완성되었다.

발해를 건국한 高王(698~719) 大祚榮은 군사적인 면에서는 날래고 용감하며 군사를 잘 부렸으나, 정치에 있어서는 조직을 정비할 여유를 갖지 못하였다. 이 때는 내정의 안정과 당의 공격에 대비하기 위한 외교적 노력 등에 힘을 기울이고 있었기 때문이다. 고왕의 뒤를 이어 즉위한 무왕은 안으로 국가의 통치체제를 정비하고 밖으로는 영토를 크게 확장하였다. 특히 당시는 주변의 여러 부락들이 발해에 복속되어, 정복을 위한 조직이 일정한 수준으로 정비되었다. 이러한 점은《新唐書》渤海傳에 전하고 있는 바와 같이 "武藝가 서자 영토를 개척·확대하여 東北의 여러 異民族들이 두려워서 이에 臣服하였다"고 한 사실에서 알 수 있다.

무왕의 뒤를 이은 문왕도 安山의 亂(755~763)을 계기로 이른바 小高句麗로 불리기도 하는 요동지역을 지배하에 넣는 등 대외 발전에 힘썼다. 그러나 당시는 수도를 2차례나 옮길 정도로 내정에 힘을 더 기울인 시기였다. 문왕은 수도를 中京 顯德府에서 上京 龍泉府로 옮겼다가, 다시 東京 龍原府로 옮겼다. 그런데 문왕대에 이렇게 수도를 자주 옮겼던 것은 대내적으로 제도를 정비하고 정치발전을 이룩하려는 과정에서 나온 조처였다고 보아야 할 것이다. 이 때에 비로소 발해의 정치제도가 완비되었다고 보는 것도 이러한 이유에서이다. 한편 문왕대에 발해는 당으로부터 '渤海郡'이 아닌 '渤海國'으로 인정받았다. 왕에 대한 책봉 작위가 '渤海郡王'이 아닌 '渤海國王'으로 승격되었던 것이다. 당나라가 '발해국'을 '발해군'으로 불렀던 것은 그들의 일방적인 것이었으나, 당이 이처럼 늦게나마 태도를 바꾼 것은 安史의 亂 등으로 인하여 궁지에 몰린 당의 입지를 강화하기 위한 외교적 조처였다. 그러나 보다 더 큰 이유는 발해가 건국 이후 꾸준히 국력을 신장시켜 왔던 결과를 인정할 수밖에 없었기 때문이다. 이것은 발해의 국제적 지위가 그만큼 높아졌음을 의미한다.

문왕 이후에는 여러 왕이 즉위하자마자 곧 죽은 것으로 되어 있다. 이것은 당시 발해의 귀족층이었던 '國人'들의 권력쟁탈전이 빈번하였기 때문이다.[1] 그러다가 발해는 고왕의 동생인 大野勃의 4世孫으로 알려지고 있는 10대 선왕이 즉위하면서 다시 왕권이 안정되고 중흥기를 맞게 되었다. 이 때부터 海北의 諸部가 토벌되어 영토가 크게 확대되었다고 하는데, 전국을 5京, 15府, 62州의 행정구역으로 나누어 통치체제를 완성시킨 시기도 이 때였던 것으로 보인다. 이리하여 발해는 13대 대현석대에는 '海東盛國'이란 칭호를 듣기에까지 이르렀다.[2]

발해의 중앙정치제도는 專制的이고 자주적인 특징을 갖고 있었다. 이러한 사실은 비록 남아 있는 기록이 많지 않지만, 발해왕이 長子相續制를 시행하고 있었다든지, 발해가 고왕 때부터 줄곧 독자적인 연호를 사용하고 있었다는 것에서 짐작할 수 있다.

발해의 왕위계승은 왕자가 없다든지 하는 특별한 경우를 제외하고는 장자상속에 의하여 이루어지고 있었다. 그리고 이를 위하여 東宮制度가 성립되어 있어서 장자가 동궁(태자)으로 책봉되어 왕위계승권을 확보하곤 하였다.[3] 발해왕이 당으로부터 발해군왕 또는 발해국왕으로, 그 장자가 桂婁郡王 등으로 책봉되고, 이 양자가 모두 세습적으로 계승되어 간 사실도 동궁제도가 있었

---

1) 酒寄雅志, 〈渤海王權の一考察－東宮制を中心として－〉(《朝鮮歷史論集》上, 龍溪書舍 1979), 353쪽.

2) 《新唐書》 권 219, 列傳 144, 北狄 渤海.

3) 酒寄雅志, 앞의 글 참조.

다는 사실을 반증한다.[4] 왕위의 장자상속에는 시련이 따르기도 하였다. 가령 무왕과 그의 동생 大門藝 사이에 있었던 대외정책의 대립과, 이로 인한 대문예의 당으로의 망명, 대문예를 살해하기 위한 무왕의 자객파견과 같은 일련의 사건들은 왕위계승과도 관련이 있었을 것이다.[5] 발해는 王弟의 왕위계승권을 원칙적으로 배제하였을 뿐 아니라, 장자 아닌 다른 왕자들의 왕위계승권도 원칙적으로 봉쇄하고 있었던 것으로 보인다. 장자를 동궁으로 책봉하였을 뿐만 아니라, 장자는 副王으로서 다른 일반 왕자와 구별되었고 또한 일정한 정치적 권력도 행사하였다.[6] 발해가 장자상속제를 시행하였다는 것은 왕권이 전제적이었다는 사실을 나타내는 것이다.

발해 정치의 또 다른 특징은 자주적이었다는 점이다. 기본적으로 발해는 당으로부터 책봉을 받고 당나라에 朝貢使를 보내는 등 당나라를 중심으로 한 동아시아의 국제질서 속에서 그 영향을 깊이 받고 있었다. 그러나 이러한 가운데에서도 발해는 자주적인 정책을 수행하고 있었다. 전근대의 정치적 자주성은 연호사용 여부에서 일정하게 드러난다. 발해는 연호나 시호를 정함에 있어 독자적인 결정을 하였음이 중국측의 기록을 통해서 확인되고 있다.

> 玄宗 開元 7年(719)에 祚榮이 죽으니, 그 나라에서 사사로이 謚號를 高王이라 하였다. 그의 아들 武藝가 왕위에 올라 영토를 크게 개척하니 동북의 모든 오랑캐들이 겁을 먹고 그를 섬겼으며, 또 사사로이 연호를 仁安으로 고쳤다. …무예가 죽자 그 나라에서 사사로이 시호를 武王이라 하였다.…欽茂가 죽으니 사사로이 시호를 文王이라 하였다(《新唐書》 권 219, 列傳 144, 北狄 渤海).

발해 정치의 자주성은 이처럼 중국측에서도 '사사로이' 결정하였다고 하는 연호와 시호의 사용에서 확인할 수 있다. 발해는 고왕 대조영이 '天統'이라는 연호를 사용한 이래[7], 대체로 모든 왕들이 하나의 연호를 사용하는

---

4) 《新唐書》 권 219, 列傳 144, 北狄 渤海.

5) 酒寄雅志, 앞의 글, 358~359쪽.

6) 이와 흡사한 사실이 고구려에도 있었다고 지적하면서, 이로써 발해의 이 제도는 고구려의 그것과도 관계가 있다고 주장하는 견해도 있다(李基白·李基東, 《韓國史講座》 古代篇, 一潮閣, 1982, 352쪽 및 酒寄雅志, 위의 글, 359~364쪽 참조).

7) 발해 高王의 연호에 대해서는 아직 의견이 일치되어 있지는 않다. 다만 「僞書」

一世一元의[8] 원칙이 지켜졌다. 즉 전하는 연호가 없는 경우도 있으나, 문왕대에는 大興,[9] 成王代에는 中興, 康王代에는 正曆, 定王代에는 永德, 僖王代에는 朱雀, 簡王代에는 太始, 宣王대에는 建興 등과 같이 역대의 국왕들이 모두 연호를 세웠다고 기록되어 있다. 발해왕들이 각기 연호를 고쳐 쓴 것은 대흥이나 중흥, 태시, 건흥 등의 예에서 보듯이 정치개혁의 상징물이라는 의미가 있다. 선왕의 뒤를 이은 大彝震도 咸和라는 연호를 세웠다고 하지만, 그 이후의 기록에는 국왕의 연호사용 사례가 보이지 않는다. 그러나 그들의 시호가 기록에 남아 있지 않은 것과 마찬가지로, 연호도 기록에 남아 있지 않을 뿐이지 계속해서 이를 사용하였다고 보는 것이 옳을 것이다.

발해 정치의 전제성과 자주성은 발해왕이 황제의 칭호인 '皇上'이라는 용어를 사용하였다는 사실에서도 짐작할 수 있다. 문왕의 둘째 딸인 貞惠公主와 넷째 딸인 貞孝公主의 묘지를 보면 문왕을 '황상' 및 '大王' 등으로 부르고 있다.[10] 이것은 곧 발해가 시호를 왕으로 정하고 있었다고 할지라도, 조정에서의 호칭은 황제 등으로 사용하였음을 나타낸다. 황제라는 호칭이 문왕대에만 국한하여 사용되었는지는 잘 알 수 없다. 그러나 발해 조정에서 통치자를 황제라고 호칭하였던 사실은 발해가 자주적인 왕조였음을 드러내 주는 것이다.

발해국의 자주성과 관련하여 문제되는 것은 발해왕이 당나라로부터 '左驍衛大將軍'이니 '忽汗州都督'이니 하는 관직과 함께 '渤海郡王'이나 '발해국왕'으로 책봉을 받았다고 하는 사실이다. 이를 근거로 하여 중국학계에서는 발해가 당나라의 지방정권이었다고 주장하고 있다. 그러나 고대 동아시아에서 책봉은 외교적 승인의 의미를 갖는 것일 뿐이지, 결코 이것이 당과

논쟁이 있는 《桓檀古記》에 실린 《太白逸史》(조선 중종 때의 李陌 撰으로 알려짐)에 大祚榮代의 연호가 '天統'이었다고 전한다. 그런데 이 '천통'이란 연호는 魚允迪의 《東史年表》(1915), 304쪽 및 震檀學會의 《韓國史年表》(1959), 90쪽에도 채용되고 있다.

8) 李基白·李基東, 앞의 책, 350쪽.

9) 吉林 敦化의 六頂山古墳에서 발견된 貞惠公主墓誌는 文王이 大興 이외에 寶曆이란 연호도 사용한 것으로 되어 있다. 그러나 말년에는 다시 大興으로 사용한 것으로 알려져 있다(閻萬章, 〈'貞惠公主墓碑'的研究〉, 《考古學報》 1956-2 ; 崔茂藏 譯, 〈渤海 '貞惠公主墓碑'의 硏究〉, 《高句麗·渤海文化》, 集文堂, 1982, 참조).

10) 宋基豪, 《渤海政治史硏究》(一潮閣, 1995), 101~105쪽.

주변국의 외교적 종속관계를 의미하는 것으로 볼 수는 없다. 특히 당의 인접국에 대한 책봉은 당의 일방적인 외교행위였다. 물론 발해는 당의 책봉을 왕실의 정통성을 인정받는 계기로 받아들일 수도 있었기 때문에 당의 책봉을 거부하지는 않았다. 때문에 당의 책봉이 곧 발해왕실의 비자주성을 의미하는 것은 아니었다. 발해는 책봉을 받은 뒤에도 자국의 이익에 어긋난다고 여겼을 경우에는 당과 정면으로 대결하기도 하였다. 대문예를 제거하기 위하여 그를 보호하고 있던 당과의 전쟁도 마다하지 않았던 것은 그러한 예이다.

한편 발해의 자주성과 관련하여 당에 대한 '朝貢'의 문제도 거론될 수 있다. 즉 중국측 기록에 따르면 발해는 200여 년 동안 1~3년 사이를 두고 당에 조공하는 사신을 파견하였다고 한다.[11] 이를 근거로 하여 중국학계에서는 발해가 당의 '지방정권' 내지 '藩屬國'의 봉건신하로서 당에 조공하였다고 주장한다.[12] 그러나 고대 동아시아사에서 조공이 갖는 의미는 '官營貿易'이나 '교류' 및 외교적 승인을 위한 절차였다는[13] 점을 감안한다면, 조공의 유무를 들어 발해가 당의 지방정권 내지 번속국이었다고 하는 주장은 역사적 실상과 거리가 먼 것이다.

2) 조직의 내용

발해의 중앙정치 조직은[14] 3省 6部制를 기본으로 하고 있었다. 그리고 그

11) 王承禮 저, 宋基豪 역, 《발해의 역사》(翰林大 아시아文化硏究所, 1987), 159~165쪽「발해와 당 왕조의 왕래 일람표」참조.
12) 王承禮 저, 宋基豪 역, 위의 책, 165쪽.
13) 金庠基, 〈古代의 貿易形態와 羅末의 海上發展에 對하여－淸海鎭大使 張保皐를 主로 하야－〉(《震檀學報》 1, 1934).
申瀅植, 〈羅·唐間의 朝貢에 대하여〉(《歷史敎育》 10, 1967).
李春植, 〈朝貢의 起源과 그 意味－先秦時代를 중심으로－〉(《中國學報》 10, 1969).
14) 발해의 중앙정치 조직에 대해서는 다음의 연구가 참고된다.
金毓黻, 〈職官考〉(《渤海國志長編》 권 15, 華文書局, 1934).
鳥山喜一, 〈渤海王國の制度と文化〉(《渤海史上の諸問題》, 風間書房, 1968), 74~75쪽.
李基白·李基東, 앞의 책.
王承禮 저, 宋基豪 역, 앞의 책, 141~154쪽.

모범은 당나라 것이었다고 할 수 있다. 그러나 발해는 당나라의 3성 6부 및 1臺·9寺·5監·3省을 받아들이되 규모를 축소하여 3성 6부 및 1대·7시·1院·1감·1局을 두었다. 그리고 당나라에서 6부 아래에 24司를 두었던 데 비하여 발해에서는 12사를 두었다. 한편 3성 6부의 명칭은 발해의 그것과 당의 그것 사이에는 차이가 있었다. 그리고 최고 권력도 당나라와 같이 中書省이 아니라 政堂省에서 나왔다. 이것은 발해가 당의 제도를 수용하되 그 자신의 필요에 따라 변형하여 운영해 나갔음을 말해주는 것이다.

《신당서》 발해전에 의하면 발해의 3성은 정당성·宣詔省·中臺省이었고 이 가운데 정당성이 집행기구로써 가장 권한이 컸다. 3성의 기능에 대한 구체적인 기록은 없으나 관제나 장관 및 당의 3성 6부의 기능을 통하여 발해의 것도 유추해 볼 수 있다.

정당성은 大內相을 장관으로 하는 행정기구로서 당나라의 尙書省에 해당하는 것이었다. 그런데 당에서는 통과된 政令을 집행하는 상서성이 중서성과 門下省에 의하여 통괄되는 상황이었지만, 발해에서는 반대로 정당성이 오히려 선조성과 중대성을 통괄하고 있었다. 그것은 정당성의 장관인 대내상이 선조성과 중대성의 장관인 左相과 右相 위에 자리잡고 있었기 때문이다. 이 사실을 근거로 하여 대내상을 3성의 관리들로 구성된 合坐機關의 최고 의장일 것으로 보는 견해도 있다.[15] 그런데 대내상의 '內'에서 보듯 대내상은 국왕과 가까운 장관이었다. 그렇다면 정당성은 국왕의 정령을 집행하는 기관으로서 최고 권력기구였음에 틀림없었던 것 같다. 즉 발해의 정치기구는 전제왕권을 중심으로 짜여져 있었다고 할 수 있다.

대내상 아래에는 左司政, 右司政 각 1인씩이 있었고, 그 밑에 左允, 右允 각 1인씩을 두고 左司, 右司의 6司를 나누어 관장하였다. 좌6사에는 忠, 仁, 義 3부가 있고 우6사에는 智, 禮, 信 3부가 있었다. 정당성은 행정의 실제적인 총괄기구이고, 정당성 소속의 충·인·의·지·예·신 6부는 구체적으로 정무를 분담하는 관서였다.

忠部(당의 吏部)는 문관관리들을 임명·파견하고 훈급을 정하고 작위를 봉

방학봉, 〈발해의 중앙행정기구에 대하여〉(《발해사연구》 5, 연변대학출판사, 1994).

15) 李丙燾, 《韓國史》 古代篇(震檀學會, 1959), 659~660쪽.

하며, 관리들의 성적을 考査하는 직무를 담당하는 곳으로 6부의 최고 위치에 있었다. 장관은 卿으로 1명을 두었고 그 다음은 少卿 1명을 두었다. 소속된 司는 두 개가 있었다. 하나는 忠部로 正司인데 郎中 1명이 책임을 맡고 員外郞 약간명을 두었다. 다른 하나는 爵部로 支司인데 낭중 1명이 책임을 맡고 원외랑 약간명을 두었다.

仁部(당의 戶部)는 토지・돈・양식・호구・조세 등을 장악하여 관리하는 곳으로서 발해 재무행정의 최고기구였다. 장관은 경으로 1명을 두었고 그 다음은 소경 1명을 두었다. 소속된 사는 두 개가 있었다. 하나는 仁部로 정사인데 낭중 1명이 책임을 맡고 원외랑 약간 명을 두었다. 다른 하나는 倉部로 지사인데 낭중 1명이 책임을 맡고 원외랑 약간 명을 두었다.

義部(당의 禮部)는 의례・제사・과거・학교・대외관계 등을 맡아 관리하는 기관이었다. 장관은 경으로 1명을 두었고 그 다음은 소경 1명을 두었다. 소속된 사는 두 개가 있었다. 하나는 義部로 정사인데 낭중 1명이 책임을 맡고 원외랑 약간 명을 두었다. 다른 하나는 膳部로 지사인데 낭중 1명이 책임을 맡고 원외랑 약간 명을 두었다.

智部(당의 兵部)는 무관의 임명과 피면・군대와 군마・무기・군량・왕궁의 보위・성새・산천의 지도 등을 장악하고 관리하는 부서로 발해 군사행정의 최고기구였다. 장관은 경으로 1명을 두었고 그 다음은 소경 1명을 두었다. 소속된 사는 두 개가 있었다. 하나는 智部로 정사인데 낭중 1명이 책임을 맡고 원외랑 약간 명을 두었다. 다른 하나는 戎部로 지사인데 낭중 1명이 책임을 맡고 원외랑 약간 명을 두었다.

禮部(당의 刑部)는 법률・형법・감옥・심판을 장악하고 관리하던 부서로 발해의 최고 법률기구이다. 장관은 경으로 1명을 두었고 그 다음은 소경 1명을 두었다. 소속된 사는 두 개가 있었다. 하나는 禮部로 정사인데 낭중 1명이 책임을 맡고 원외랑 약간 명을 두었다. 다른 하나는 計部로 지사인데 낭중 1명이 책임을 맡고 원외랑 약간 명을 두었다.

信部(당의 工部)는 교통・水利・屯田・건축・산림・강과 하천・관청수공업・工匠 등의 사무를 장악하고 관리하는 행정부서로 6부의 마지막에 위치하였다. 장관은 경으로 1명을 두었고 그 다음은 소경 1명을 두었다. 소속된 사는 두 개가 있었다. 하나는 信部로 정사인데 낭중 1명이 책임을 맡고 원외랑 약간 명을 두었다. 다른 하나는 水部로 지사인데 낭중 1명이 책임을 맡고 원외랑 약간 명을 두었다.

이같이 발해의 6부제가 당의 6부에서 모범을 취하면서도 그 명칭은 실제의 관장업무를 나타내는 용어 대신에 유교도덕을 나타내는 충·인·의·지·예·신과 같은 용어를 사용하고 있는 것이 특징이다. 특히 인사행정을 담당하는 관부를 忠部라 하여 인사에서 국왕에 대한 충을 중요시한다는 뜻을 나타낸 것은 주목을 요한다고 하겠다. 이것은 발해정치의 전제성을 반증하는 것이다.

발해의 宣詔省이 무슨 일을 하였다는 구체적인 기록은 없다. 그러나 당의 門下省이 世論를 대표하여 신하의 의견을 국왕에게 알리며, 때로는 조칙을 반박하기도 하였던 점으로 미루어 보아, 발해의 선조성에서도 기본적으로 이러한 임무를 맡고 있었다고 생각된다. 즉 선조성은 일상적으로 왕에게 시종하여 그 행동의 예를 돕고 국왕의 자문에 응하며 그 과오에 대하여 잘못을 하지 않도록 권유하는 임무(諷諫)도 맡고 있었다. 장관은 左相으로서 그 정원은 1명이고 지위는 대내상의 다음가는 제2위였다. 좌상의 밑에서 그를 돕는 대신급 관직으로 左平章事, 侍中이 각각 1명씩 있었다. 또 그 밑으로는 左常侍, 諫議 등이 있는데 그 정원은 알 수 없다.

中臺省(당의 中書省)은 政令을 기초하고 제정하며 정책을 심의하는 일을 담당하였다. 장관은 右相인데 그 정원은 1명이고 정부 내부에서 그 지위는 좌상의 다음가는 제3위였다. 우상의 밑에서 그를 돕는 대신급 관직으로 右平章事 1명, 內史 1명이 있었다. 또 그 밑으로는 詔誥舍人 등의 관직이 있는데 그 정원은 알 수 없고 직무는 조칙이나 명령의 초고들을 직접 작성하는 것이었다.

발해는 3성 6부외에 1대·7시·1원·1감·1국의 행정조직이 있었다.

中正臺(당의 御史臺)는 발해의 감찰기구로서 장관은 大中正이고 정원은 1명이며 그의 지위는 司正의 아래에 있었다. 대중정의 밑에는 少正 1명이 있었다.

殿中寺(당의 殿中省)는 국왕의 궁정생활 즉 음식·옷·주거·행차시의 수레 등을 담당하였다. 장관은 大令 1명이고 그 다음은 少令 1명이었다.

宗屬寺(당의 宗正寺)는 왕족에 관한 사무를 관장하였다. 장관은 대령 1명이고 그 다음은 소령 1명이었다.

文籍院(당의 秘書省)은 經籍 · 도서를 관리하고 비문 · 축문 · 제문 등을 쓰는 업무를 담당하였다. 장관은 監 1명이고 그 다음에 少監 1명이 있었다.

太常寺(당과 이름이 같음)는 예의 · 제사를 관장하였다. 장관은 卿 1명이었다.

司賓寺(당의 鴻臚寺)는 외국사절을 접대하는 관청이었다. 그 장관은 경 1명이고 그 밑에 소경 1명이 있었다.

司藏寺(당의 太府寺)는 외국무역을 위한 직물을 비롯한 각종 재부를 관할하는 관청이다. 장관은 令 1명이고 그 밑에 丞 1명이 있었다.

司膳寺(당의 光祿寺)는 궁중 酒禮 · 膳食을 관할하는 관청이었다. 그 장관은 영 1명이고 그 밑에 승 1명이 있었다.

大農寺(당의 司農寺)는 전국의 창고 등에 관한 사무를 관할하는 관청이었다. 그 장관은 경 1명이고 그 밑에 소경 1명이 있었다.

冑子監(당의 國子監)은 귀족들의 자제를 교육하는 교육기관이었다. 그 장관은 감 1명이고 그 밑에 長 1명이 있었다.

巷伯局(당의 內侍省)은 왕실 후궁의 명령전달 · 호위 · 일상생활의 시중 등을 하는 환관들의 관청이었다. 거기에는 常侍 이하의 벼슬들이 있었다. 이로써 발해왕실에는 시중드는 기구와 환관이 존재하고 있었음을 알 수 있다.

〈韓圭哲〉

2. 지방 · 군사제도

1) 지방제도

발해 조정은 광대한 영토를 유지 · 통치하기 위하여 강력한 군사조직과 함께 효과적인 지방행정조직을 갖추고 있었다. 발해는 고구려의 옛 영토를 대부분 차지하고 오히려 동북쪽으로 그 영역이 확대되어 있었다. 발해의 영역은 宣王代(818~830)에 가장 넓었다고 하는데 사방 5천 리에 이르렀다고 한다. 고대의 영토가 선으로 명확하게 그을 수 있는 것은 아니지만, 대체로 본다면 남쪽은 신라와 국경을 접하고 있어서 대동강과 원산만을 잇는 선이었고, 서쪽은 遼陽·瀋陽이 있는 遼東半島에 미치고 있었다고 보여진다. 북쪽은 대체로 東流하는 송화강이 경계였을 것으로 보이며, 흑룡강과 우수리강이 합류하는 지점을 거쳐 동쪽으로 연해주 남단에 뻗쳐 있었을 것으로 보인다.[1] 이러한 영토 안에 설치되었던 행정도시들이 바로 5京·15府·62州였다. 그리고 주 아래에는 100여 개의 縣이 있어, 府→州→縣의 3단계 행정 관리체계를 갖추고 있었다.

5경은 上京(龍泉府)·中京(顯德府)·東京(龍原府)·南京(南海府)·西京(鴨淥府)을 말한다. 그 위치에 대해서는 여러 의견이 있지만, 상경이 黑龍江省 寧安縣의 東京城 渤海鎭에 있었다는 데에는 의견이 일치하고 있다. 중경은 吉林省 和龍縣의 西古城子, 동경은 길림성 琿春의 八連城(半拉城)으로, 남경은 咸南 北靑, 서경은 길림성의 臨江市說이 유력하다.[2] 國都는 시대에 따라서 이동이 있기는 하였으나 상경이 오랜 동안 국도로 유지되었다. 상경지인 동경성의 발굴 결과에 의하면, 상경은 당의 장안성을 모범으로 하여 발해 나름의 방식을 가미하여[3] 축조한 대규모 평지 도성이었다. 거의 정사각형에 가까운 네모진 토성 안의 북쪽에 내성을 쌓고 南面하여 궁성이 잡고 있었다. 궁성 동쪽에는 군

1) 和田淸, 〈渤海國地理考〉(《東洋學報》 36-4, 1954).
鳥山喜一, 〈渤海王國の疆域〉(《渤海史上の諸問題》, 風間書房, 1968).
孫進己, 〈渤海疆域考〉(《北方論叢》 1982-4).
王承禮, 〈渤海的疆域和地理〉(《黑龍江文物叢刊》 1983-4).
魏國忠, 〈渤海疆域變遷考略〉(《求是學刊》 1984-6).
손영종, 〈발해의 서변에 대하여(1·2)〉(《력사과학》 1980-2, 3).
徐炳國, 〈新唐書渤海傳所在 泥河의 檢討〉(《東國史學》 15·16, 1981).
채태형, 〈료동반도는 발해국의 령토〉(《력사과학》 1992-1).

2) 宋基豪, 〈발해 城址의 조사와 연구〉(《韓國史論》 19, 國史編纂委員會, 1989).
김종혁, 〈청해토성과 그 주변의 발해유적〉(《조선고고연구》 1990-4).
채태형, 〈발해남경남해부의 위치에 대하여〉(《력사과학》 1991-3).
김영성, 〈발해의 남변에 대하여〉(《발해사연구론문집》 1, 1992).

3) 방학봉, 〈발해 상경용천부에 대한 몇가지 문제〉(《先史와 古代》 2, 韓國古代學會, 1992).

발해의 5경 설치도

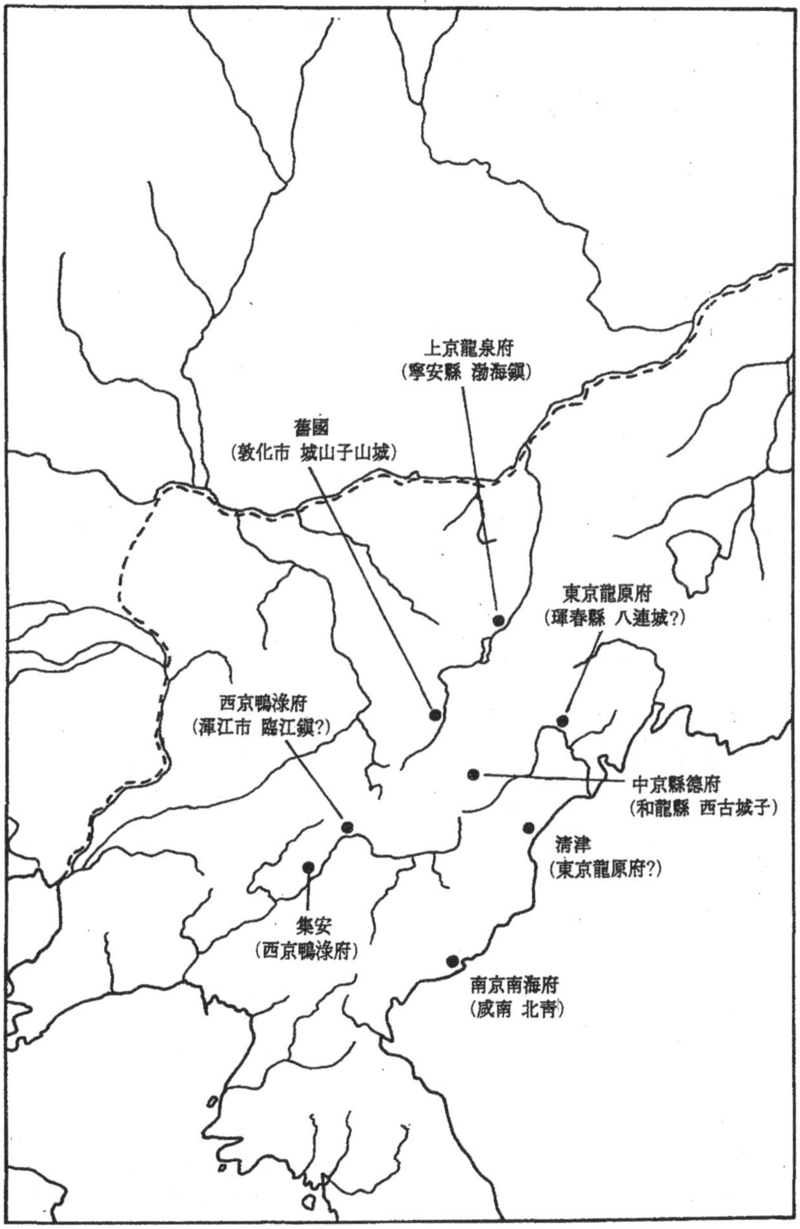
上京龍泉府
(寧安縣 渤海鎭)
舊國
(敦化市 城山子山城)
東京龍原府
(琿春縣 八連城?)
西京鴨淥府
(渾江市 臨江鎭?)
中京縣德府
(和龍縣 西古城子)
淸津
(東京龍原府?)
集安
(西京鴨淥府)
南京南海府
(咸南 北靑)

신이 즐기던 禁苑이 있었는데, 여기에는 못을 파고 산을 만들어 마치 신라의 안압지를 연상시키고 있다. 궁성 앞의 중앙에는 남북으로 뚫린 朱雀大路가 있고, 이를 중심으로 바둑판같이 설계된 條坊制를 실시하였다.[4] 동경으로 추정되는 혼춘의 半拉城에서도 규모는 작으나 상경과 비슷한 설계를 가지고 있었음이 밝혀지고 있다.[5] 발해의 5경은 고구려 5부의 전통을 이어받고, 신라의 5소경 및 당나라의 5경제도 등을 모방한 행정제도가 아니었던가 한다.[6]

발해의 5경은 상경성만을 중심으로 한 지방제도는 아니었던 것 같다. 짧은 기간이나마 중경과 동경도 수도로서 행정 및 경제·군사의 기능까지 충실히 수행하였기 때문이다.

발해국의 수도의 천이에 대해서는 의견이 일치되어 있지 않으나, 대체로 천도가 네 번에 걸쳐 이루어졌다고 보고 있다. 그 첫번째가 건국기의 舊國(길림성 敦化市)에서 중경 현덕부로 옮겼던 것이며, 다음은 문왕대인 742~755년(天寶연간)경에 상경 용천부로 옮겨 30년 정도를 지내다가, 문왕대 貞元연간(785~801년, 785년경)에 다시 세번째로 동경 용원부로 옮겼다. 이곳에서도 10년이 못되어 마지막으로 5대 成王 大華璵代인 793~794년경에 상경 용천부로 다시 옮겨 멸망할 때까지 약 130여 년을 지냈다.[7]

한편 지방행정에 있어서 5경과 함께 중심적인 위치를 차지하였던 것은 15府였다. 15부 중의 5부는 5경과 겹쳐져 있다. 15부가 지니는 특징을 일정한 종족의 거주지 단위로 이해하는 경우도 있으나,[8] 발해의 사회구성이 이토록

---

4) 原田淑人, 《東京城》(東亞考古學會, 1939), 9~11쪽.
5) 鳥山喜一, 〈渤海東京考〉(《史學論集》, 1938), 42~45·52쪽.
6) 李基白·李基東, 《韓國史講座》 古代篇(一潮閣, 1982), 359~360쪽.
7) 천도시기 및 과정에 대한 異見으로는 구국에서 바로 상경 용천부로 천도하였다는 설, 중경 현덕부의 顯州가 곧 구국이었다는 견해, 그리고 구국에서 중경현덕부로 옮겼던 시기는 문왕대가 아닌 무왕대였다는 견해 등이 있다. 이에 관해서는 다음의 글이 참고된다.
林相先, 〈渤海의 遷都에 대한 考察〉(《淸溪史學》 5, 韓國精神文化硏究院, 1988).
宋基豪, 〈발해의 초기 도읍지와 천도과정〉(《于江權兌遠敎授定年紀念論叢》, 1994).
방학봉, 〈발해수도의 변화발전과정에 대한 연구〉(《발해사연구》 3, 연변대학 출판사, 1992).

다원적이었다고 보기는 어려우므로 지역 편제의 의미로 보는 것이 옳을 듯 싶다. 아무튼 발해는 기본적으로 15부를 통하여 지방을 통제해 나갔고, 그 중에서 특히 중요한 곳이 5경이 되었던 것으로 여겨진다. 다음으로 주목되는 것은 15부 중의 몇이 외국과 통하는 교통로로써의 구실을 하고 있었다는 점이다. 이것도 또한 15부가 지니는 지방행정통치상의 중요성을 말하여 준다고 하겠다.

15부는 또한 지방통치의 중심지로서 하위의 행정구획인 62주를 거느리고 있었음이 주목된다. 주 중에는 郢州·銅州·涑州와 같이 중앙 직할의 獨奏州도 있었으나, 원칙적으로는 15부를 통해서 중앙정부의 명을 받들었다. 그러므로 15부의 장관인 都督은 지방행정기구를 움직여 나가는 데 큰 구실을 하였을 것이다. 15부 밑의 62주의 장관인 刺史 혹은 그 밑의 縣의 장관인 縣丞은 모두 15부 도독의 지휘계통 아래 놓여 있었던 셈이다. 그리고 지방행정의 가장 말단에 자리잡은 촌락의 首領은 토착 촌락민의 유력자가 임명되었을 것이지만, 이들 수령은 현승의 직접적인 지휘를 받았을 것이다.

지방행정제도에 있어서 특히 주목되는 것은 수령제를 활용하고 있었다는 점이다. 발해가 일본에 파견한 사신 가운데 전시기에 걸쳐 모두 수령이 나타나는데, 특히 후기에는 수령의 숫자가 많을 경우 65인에 달하였다. 65인이라는 숫자는 62주에 3개의 독주주를 합한 수에 해당하는 것으로 이는 우연한 일치가 아닌 것 같다. 이러한 수령은 각 부·주·현에 해당하는 지역에 원래부터 있던 부락의 우두머리로서 부락의 군사·행정에 대한 책임을 맡았던 사람들일 것이다. 이것은 발해 통치자가 각 지역의 풍습에 따라 해당지역을 다스리는 정책의 하나였다는 데에 의미가 있는 것 같다.[9] 이러한 수령제도는 지역적 특성이 다양하고 사회발전단계가 고르지 못한 발해사회에서 유용한 제도가 아니었던가 한다.

8) 李基白·李基東, 앞의 책, 361쪽.
9) 王承禮 저, 宋基豪 역, 앞의 책, 149쪽.

발해의 5경 15부 62주 및 5도

5 京	15 府	5 道	62州(60州만 기록에 남아 있음)	參 考
上 京	龍 泉 府		龍·湖·渤 3州	肅愼故地
中 京	顯 德 府		盧·顯·鐵·湯·榮·興 6州	
東 京	龍 原 府	日 本 道	慶·鹽·穆·賀 4州	濊貊故地
南 京	南 海 府	新 羅 道	沃·睛·椒 3州	沃沮故地
西 京	鴨 淥 府	朝 貢 道	神·桓·豊·正 4州	高麗故地
	長 嶺 府	營 州 道	瑕·河 2州	
	扶 餘 府	契 丹 道	扶·仙 2州	扶餘故地
	鄚 頡 府		鄚·高 2州	
	定 理 府		定·潘 2州	挹婁故地
	安 邊 府		安·瓊 2州	
	率 賓 府		華·益·建 3州	率賓故地
	東 平 府		伊·蒙·沱·黑·比 5州	拂涅故地
	鐵 利 府		廣·汾·蒲·海·義·歸 6州	鐵利故地
	懷 遠 府		達·越·懷·紀·富·美·福·邪·芝 9州	越喜故地
	安 遠 府		寧·郿·慕·常 4州	
	(獨奏州)		郢·銅·涑 3州	

*《新唐書》권 219, 列傳 144, 北狄 渤海傳 참조.

2) 군사제도

발해의 군사조직에 대하여는《신당서》발해전에 아주 간단히 언급되어 있다. 즉 "그 武員으로는 左右猛賁衛·左右熊衛·左右羆衛·南左右衛·北左右衛가 있다"고 하였다. 그런데 이 기사의 해석을 둘러싸고 발해의 군사제도에 대해서 몇 가지의 다른 견해가 제시되었다. 즉 발해의 군사제도는 좌맹분위·우맹분위·좌웅위·우웅위·좌비위·우비위·남좌위·남우위·북좌위·북우위의 10衛制를 바탕으로 하고 있었다는 설과,[10] 남좌우위와 북좌우위를

10) 南左右衛를 南左衛·南右衛로, 北左右衛를 北左衛·北右衛 등으로 나누어서 볼 것이냐, 아니면 남좌우위와 북좌우위를 각각 하나로 볼 것이냐에 따라 견해가 달라지는데 전자의 견해는 金毓黻, 〈職官考〉(《渤海國志長編》권 15, 華文書局, 1934) 및 鳥山喜一, 〈渤海王國の制度と文化〉(《東亞研究》3-8, 1913;《渤海史上の諸問題》), 82쪽 참조.

각각 하나로 보고 8위제였다고 주장하는 견해가 있다.[11] 10위제설이 일반적으로 널리 받아들여지고 있는데, 8위제설의 논거는 고려초에 발해가 멸망하기 직전 고려로 망명해 왔던 발해인 가운데 大審理라는 사람의 관직이 左右衛將軍이었다는[12] 데 있다. 즉 남좌우위장군 및 북좌우위장군은 하나의 위로 보아야 한다는 것이다. 그러나 좌우위장군이 좌위장군과 우위장군의 겸임일 개연성도 있고 이러한 사례를 다른 데서 찾아볼 수 없으므로 발해의 군사제도는 10위제였다고 보는 것이 옳지 않을까 한다.

그리고 발해는 각 위에 대장군 1인과 장군 1인을 두는 군사조직을 갖고 있었다. 대현석시기에 일본에 파견된 발해 사신 李興晟은 우맹분위 소장이었고, 康王시기에 일본에 파견된 大昌泰는 좌웅위 郎將이었다. 이를 보면 우맹분위 장군 아래에 소장이 있었고, 좌웅위에는 낭장이 있었음을 알 수 있다. 발해 멸망 직전에도 이러한 관직이 있었던 것으로 보아 발해의 군사제도는 발해가 멸망할 때까지 줄곧 유지되었으리라 여겨진다.

군사조직의 중심을 이루고 있었을 이들 10위(또는 8위)가 같은 중앙군으로서 그 맡은 바 임무가 어떻게 달랐는가 하는 점은 잘 알 수 없다. 단지 맹분위 · 웅위 · 비위가 궁성의 宿衛를 담당하는 데 대해서, 남북의 좌우위가 각기 南衛禁兵 · 北衛禁兵을 관장했으리라고 추측되는 정도이다.[13] 이들 중앙군이 어떤 방법으로 병력을 충당했을까 하는 것도 잘 알 수가 없다.

당의 지방 折衝府의 군직인 果毅都尉가 기록에 나타나는 것을 근거로 하여 발해에도 지방에 절충부가 설치되어 있었다고 보는 견해가 있다.[14] 그렇다면 발해도 당과 같은 府兵制를 실시하였다는 이야기가 될 것이다. 또 수령의 군사적 지휘권 · 병역징발권을 기초로 하여 부병제가 실시되었을 것으로 추측하는 견해도 있다.[15] 그렇다면 15부의 각 부에는 折衝都尉 1인, 左右果

11) 李基白 · 李基東, 앞의 책, 357~358쪽.

12) 《高麗史》 권 1, 世家 1, 태조 8년 9월 경자.

13) 金毓黻, 〈職官考〉(앞의 책).

14) 鳥山喜一, 앞의 글, 83쪽.

15) 鈴木靖民, 〈渤海の首領に關する豫備的考察〉(《朝鮮歷史論集》 上, 龍溪書舍, 1979), 302쪽. 그러나 발해의 부병제 징집방식은 이원적으로 구성된 발해사회로서는 좀처럼 믿어지지 않는다고 하면서, 이들 중앙군은 고구려계든 말갈계든간에 일정한 조건을 갖춘 사람을 뽑아서 조직한 것으로 보는 견해도 있다(李基白 · 李

毅都尉 각 1인, 別將 각 1인, 長史 각 1인, 兵曹參軍事 각 1인, 校尉 5인 등을 두었을 것으로 생각할 수 있다. 한편 과의도위와 별장은 모두 절충부에 속하는 관직이므로 발해가 당의 부병제와 유사한 제도를 채택하여, 전국 각지에 절충부를 두고 10위(또는 8위) 아래에 예속시켰을 가능성도 크다.[16]

그리고 발해의 사회구성에 있어서 수령의 역할이 컸던 것으로 미루어 보아, 지방의 군사조직은 촌장인 수령을 지휘관으로 하고 촌락민을 兵員으로 하는 병농일치의 군사조직이 촌락을 단위로 조직되어 있었을 것으로 생각된다. 촌장인 수령을 金代의 千夫長인 猛安 혹은 百夫長인 謀克의 선구적인 존재로 보는 견해가[17] 이런 점에서 나올 수 있었다고 여겨진다. 반드시 그것이 직접적인 선구가 아니었다 하더라도 서로 공통점을 지니고 있었을 것임을 충분히 짐작할 수 있다. 그러므로 필요에 따라서 촌락민도 군사적인 목적으로 동원이 되었을 것이다. 특히 수령과 같은 존재는 외국에 파견되는 사절단을 수행하기도 하였다. 다만 그들이 교대로 상경하여 宿衛하는 부병제에 의하여 군사적 의무를 짊어지지는 않았을 것으로 보인다.

基東, 앞의 책, 358쪽). 즉 지배층은 고구려유민이었고 피지배층은 말갈인이었던 발해는 당연히 민족적 차별이 있었을 것으로 보아야 하기 때문에 여기서 하나의 군사조직으로 이들을 징집한다는 것은 어려웠을 것으로 파악하고 있다. 그러나 필자가 생각하고 있는 바와 같이 발해의 사회구성은 지배층과 피지배층을 막론하고 대체로 고구려유민 중심의 일원적 사회였다는 논리에서는 이와 같은 군사조직은 자연스럽게 이해될 수 있으리라고 생각한다(韓圭哲,《渤海의 對外關係史－南北國의 形成과 展開－》, 신서원, 1994, 35~92쪽 참조).

16) 王承禮 저, 宋基豪 역, 앞의 책, 147~148쪽.

17) 金毓黻, 〈職官考〉 首領(앞의 책).

발해 관제표[18]

1. 3省 6部 (〔 〕는 당의 제도, 숫자는 사람수, 이하 동일)

 1) 政堂省

 〔尙書省〕

- 大內相 ① 〔尙書令〕 左·右相의 위에 둔다.
  - 左司政 ① 〔僕射〕 左平章事의 아래에 둔다.
    - 左六司 左允 〔丞〕
      - 忠部 〔吏部〕 卿 ① 〔尙書〕
        - 忠部郎中
        - 爵部郎中
      - 仁部 〔戶部〕 卿 ① 〔尙書〕
        - 仁部郎中
        - 倉部郎中
      - 義部 〔禮部〕 卿 ① 〔尙書〕
        - 義部郎中
        - 膳部郎中
  - 右司政 ① 〔僕射〕 右平章事의 아래에 둔다.
    - 右六司 右允 〔丞〕
      - 智部 〔兵部〕 卿 ① 〔尙書〕
        - 智部郎中
        - 戎部郎中
      - 禮部 〔刑部〕 卿 ① 〔尙書〕
        - 禮部郎中
        - 計部郎中
      - 信部 〔工部〕 卿 ① 〔尙書〕
        - 信部郎中
        - 水部郎中

 2) 宣 詔 省　左相 ①—左平章事—侍中—左常侍—諫議
 〔門下省〕〔侍中〕

 3) 中 臺 省　右相 ①—右平章事—內史—詔誥舍人
 〔中書省〕〔令〕

2. 기타관서 (1臺, 7寺, 1院, 1監, 1局)

 1) 中 正 臺　大中正 ①—少正
 〔御使臺〕〔御史大夫〕〔御史中丞〕

 2) 殿 中 寺　大令 ①—少令
 〔殿中省〕〔監〕　〔少監〕

18) 王承禮 저, 宋基豪 역, 앞의 책, 153~154쪽.

3) 宗屬寺 大令 ①—少令
〔宗正寺〕〔卿〕 〔少卿〕
4) 太常寺 卿 ①
〔太常寺〕〔卿〕
5) 司賓寺 卿 ①
〔鴻臚寺〕〔卿〕
6) 大農寺 卿 ①
〔司農寺〕〔卿〕
7) 司藏寺 令 ①—丞
〔太府寺〕〔卿〕 〔少卿〕
8) 司膳寺 令 ①—丞
〔光祿寺〕〔卿〕 〔少卿〕
9) 文籍院 監 ①—少監
〔秘書省〕〔監〕 〔少監〕
10) 胄子監 監 ①—長
〔國子監〕〔祭酒〕〔司業〕
11) 巷伯局 常侍 ①
〔內侍省〕〔監〕

3. 군사조직 (10衛)
1) 左猛賁衛 大將軍 將軍
2) 右猛賁衛 大將軍 將軍
3) 左熊衛 大將軍 將軍
4) 右熊衛 大將軍 將軍
5) 左羆衛 大將軍 將軍
6) 右羆衛 大將軍 將軍
7) 南左衛 大將軍 將軍
8) 南右衛 大將軍 將軍
9) 北左衛 大將軍 將軍
10) 北右衛 大將軍 將軍

4. 지방조직
府—都督, 州—刺史, 縣—丞

5. 官階 조직

品階	1 2 3	4 5	6 7	8 9
服飾	紫衣 牙笏 金魚袋	緋衣 牙笏 銀魚袋	緋衣 木笏	綠衣 木笏

〈韓圭哲〉

3. 사회 · 경제구조

1) 사회구조

(1) 신분제도

발해의 사회 신분은 왕을 비롯한 왕족, 귀족, 평민(백성), 그리고 하층민인 部曲 및 奴婢로 이루어져 있었다. 이들 신분을 다시 지배집단과 피지배집단으로 구별하는 것은 姓氏의 有無에 있었던 것으로 생각된다. 南宋의 洪皓는 《松漠紀聞》에서 발해의 王姓은 大氏이고, 유력가문의 성은 高·張·楊·竇·烏·李氏 등 불과 몇 가지밖에 되지 않았다고 기록하고 있다. 또한 부곡과 노비 등 성이 없는 사람들은 모두 그 주인을 따랐다고 하였다.[1)]

왕족인 대씨 집단은 발해의 최고 통치계층으로서, 왕을 비롯한 그 가족들은 특별한 이름으로 불렸다. 예를 들면 신하와 백성들이 왕을 일상적으로 지칭할 때에는 '可毒夫'라 하였고, 왕에게 올리는 글에서는 '基下'라 하였으며, 왕의 앞에서는 '聖王'이라 호칭하고 그의 명령은 '教'라고 하였다. 또한 왕의 아버지는 '老王', 어머니는 '太妃', 처는 '貴妃', 맏아들은 '副王'이라 하고, 그 아래의 자식들은 '王子'라고 하였다.[2)] 武王 때부터 역대 왕들은 독

---

1) 洪皓, 《松漠紀聞》 권 上, 渤海國.
《송막기문》의 기록은 姓이 있고 없음을 기준으로 한 신분제의 존재를 시사하는 것이며(鈴木靖民, 〈渤海の首領制－渤海の社會と地方支配－〉, 《歷史學硏究》 547, 1985 ; 임상선 편역, 《발해사의 이해》, 신서원, 1990, 128쪽), 7세기말에서 10세기 초엽에 걸쳐 성씨를 가졌던 사람들은 발해사회에서 비교적 높은 지위에 있었던 사람들로 볼 수 있다(韓圭哲, 《渤海의 對外關係史－南北國의 形成과 展開－》, 신서원, 1994, 241쪽). 그리고 이 기록에서 평민에 대한 언급이 없는 것은 이들이 성이 없는 부류지만 부곡이나 노비와 같이 주인에게 예속된 존재가 아니었기 때문으로 보인다. 한편 신라사회에서도 백성은 성(씨)가 없이 이름만 있었다(《新唐書》 권 220, 列傳 145, 東夷 新羅).

2) 《新唐書》 권 219, 列傳 144, 北狄 渤海傳.
《冊府元龜》 권 962, 外臣部, 官號.
이 밖에 발해 3대 문왕의 딸인 정혜공주와 정효공주의 墓誌에서 '公主'란 칭호도 확인되었다. 또한 副王은 太子 혹은 東宮이라고도 불렸는데, 발해의 동궁제

자적인 연호를 사용하였고, 사후에는 여러 가지 諡號를 달았다. 특히 〈貞惠公主墓誌〉와 〈貞孝公主墓誌〉에 의하면 文王은 재위기간 중에 '聖人'·'皇上' 혹은 '大興寶曆孝感金輪聖法大王'라는 존호로 지칭되고, 이것을 기록할 때에는 한 칸을 비우는 방식으로 특수한 존경이 표시되어 있다.3) 한편 발해에서는 왕위계승이 부자간의 直系嫡子繼承을 원칙으로 하였지만, 적자가 없거나 재위기간이 짧은 경우에는 적자의 동생이 왕위를 계승하는 형제계승이 이루어지기도 하였다.4)

귀족 가운데 고·장·양·두·오·이씨의 성을 지닌 右姓望族들은 발해 정권에서 관직이 높고 권세가 막대한 유력가문이었다.5) 고씨는 고구려 계통으로서 대조영집단과 함께 행동하였거나 요동지방에서 발해 건국에 참여한 사람들의 후예일 것이다. 장씨도 고구려 출신일 가능성이 높다. 양씨는 말갈인으로 추측된다. 두씨는 기록에 나타나지 않는데 賀氏의 잘못일 가능성이 많다. 오씨도 발해 건국 때 공을 세웠기 때문에 지배층의 일원으로 포함되었다. 한편 문왕 사후 大元義를 몰아내고 大華璵(成王)를 왕으로 추대한 '國人'의 실체도 右姓 가문을 의미하는 것인지도 모른다.6) 우성망족을 제외한 일

는 적어도 8세기 중엽 무렵에는 실시되었다고 한다(酒寄雅志, 〈渤海王權の一考察－東宮制を中心として－〉, 旗田巍先生古稀記念會 編, 《朝鮮歷史論集》上, 龍溪書舍, 1979 ; 임상선 편역, 앞의 책, 145~146쪽).

3) 문왕의 여러 칭호 및 존호가 갖는 의미에 대해서는 다음의 글이 참고된다.
방학봉, 〈정효공주묘지의 '대왕''성인''황상'에 대하여〉(《발해문화연구》, 이론과 실천, 1991).
宋基豪, 〈발해 文王代의 개혁과 사회변동〉(《韓國古代史硏究》 6, 1993), 57~62쪽.

4) 酒寄雅志, 앞의 글(임상선 편역, 앞의 책, 142쪽).

5) 현재 알려져 있는 발해인은 유민을 포함하여 380명인데, 이 가운데 대씨가 117명, 고씨 63명, 장씨 20명, 양씨 8명, 오씨 13명, 이씨 21명, 두(賀)씨는 4명으로서 전체 발해인의 65%인 246명이 왕실과 유력귀족 가문이다(宋基豪, 〈渤海의 歷史的 展開 過程과 國家 位相〉, 서울大 博士學位論文, 1995, 69쪽).
右姓家門의 출신에 대해서는 다음과 같은 연구가 있다.
宋基豪, 위의 논문(1995), 69~70쪽.
白鳥庫吉, 〈渤海國に就いて〉(《史學雜誌》 44-12, 1933 ; 임상선 편역, 앞의 책, 92쪽).
金毓黻, 《渤海國志長編》 권 16, 族俗考.
金鍾圓, 〈渤海의 首領에 대하여－地方統治制度와 關聯하여－〉(《全海宗博士華甲紀念史學論叢》, 1979), 220~221쪽.

6) '國人'층은 8세기말 문왕을 중심으로 上京지역에 기반을 가진 세력으로서 東

반 귀족으로는 다음의 49개 성씨가 확인되고 있다.

> 賀·王·任·馬·馮·呂·裵·崔·已·慕·郭·木·史·辛·解·趙·劉·朱·衛·吳·洪·林·申·夏·梁·羅·文·安·朴·胥·茹·卯·門·隱·周·列·公·多·聿·受·智·壹·慈·古·阿·達·冒·謁·渤海(金毓黻, 《渤海國志長編》 권 16, 族俗考).

위의 성씨는 다양한 민족과 부족이 발해국의 주민을 구성하고 있었던 것을 암시하여 준다. 왕씨는 漢族일 가능성이 많으며, 박·최씨는 신라와 관련된 인물로 분류할 수 있다. 또한 茹·율·지·다·이·慕·총·공·고·아·冒·알 등의 성씨와 이름의 끝에 德·蒙이 있는 인물들은 다수가 말갈 출신일 것이다. 이들 관료와 귀족들에게는 일반적으로 그들의 높고 낮은 등급을 규정하는 품계가 있었는데, 등급에 따라 직권뿐만 아니라 대우도 달라 입는 옷의 색깔, 笏, 장식 등이 엄격히 구별되어 있었다. 발해에는 또 왕과 부왕 아래에 적어도 公·侯·伯·子·男 등 5개 작위의 등급이 있었다.[7]

평민은 성이 없는 신분으로서 編戶 혹은 百姓[8]이라고도 하며, 고구려인에

京지역에서 일본과의 무역을 통하여 富를 축적한 원의계와는 대립적인 입장에 있었다. 나아가 국인층이 왕권을 좌우할 정도의 세력이었다면 귀족층 중에서도 우성가문이 여기에 가장 근접하는 집단이라고 할 수 있을 것이다.

'국인'에 대해서는 다음의 글이 참고된다.

魏國忠·朱國忱, 〈渤海政治制度述略〉(《求是學刊》 1981-3 ; 김정배·유재신 편, 《발해국사》 (1), 정음사, 1988, 101쪽).

酒寄雅志, 앞의 글(임상선 편역, 앞의 책, 151쪽).

林相先, 〈渤海의 遷都에 대한 考察〉(《淸溪史學》 5, 1988), 44~46쪽.

韓圭哲, 앞의 책, 106쪽.

7) 王承禮 저·宋基豪 역, 《발해의 역사》(翰林大 아시아文化硏究所, 1987), 127쪽.
魏國忠·朱國忱, 앞의 글(김정배·유재신 편, 앞의 책, 107~109쪽).

8) 《類聚國史》에는 발해의 백성은 말갈인이 많고 고구려인이 적다고 하였다. 그런데 이 기록의 백성에 대해서는 平民으로 보는 경우(盧泰敦, 〈渤海國의 住民構成과 渤海人의 族源〉, 《韓國古代의 國家와 社會》, 一潮閣, 1985, 264쪽 및 최태길, 〈발해국에서 사용한 "百姓"이란 단어에 대하여〉, 《발해사연구》 3, 연변대학출판사, 1992, 279~288쪽)와 庶官(百官)의 칭호로 보는 견해(金毓黻, 앞의 책, 권 15, 職官考, 雜職 및 張博泉·程妮娜, 〈論渤海國的社會性質〉, 《學習與探索》 1982-5 ; 김정배·유재신 편, 앞의 책, 117쪽)가 있으나 후자의 경우라면 발해의 관리 중에 말갈인이 고구려인에 비해 다수라는 논리로 귀결되는 모순이 발생한다. 한편 백성을 姓을 가진 在地首長層으로 간주하기도 하지만(大隅晃弘,

비하여 말갈인이 다수를 차지하고 있었다. 평민은 국가호적에 편입된 자들로서 농민이 위주이고 그 외에 상인과 수공업자 등이 있었다. 이들은 租와 徭役, 兵役 등을 담당하는 계층이었다.[9]

한편 발해의 신분구조에서 최하층에 속하는 것은 部曲과 奴婢이며, 이들도 평민과 마찬가지로 姓이 없었다. 이들은 중앙 귀족세력이나 지방 토착세력에 예속되어 있었으며, 특히 지방 토착세력인 首領層의 세력기반이기도 하였다.[10] 부곡은 원래 군대 편제의 호칭이었으나, 唐에 이르러 주인에게 예속된 家僕으로 되었고, 주인의 放免을 거쳐야 평민으로 될 수 있었다. 부곡의 신분은 평민보다 낮고 노비보다는 높았지만, 마음대로 주인을 떠나지 못하는 예속된 존재였던 점에서는 노비와 별반 차이가 없었다. 그러므로 부곡은 아마 신라보다는 당의 그것과 같이 개인에게 예속된 천민을 말하는 것으로 생각된다.[11]

노비는 아무런 인신자유와 재산이 없는 존재로서 착취와 압박을 가장 심하게 받는 계층이었으며,[12] 주인의 무덤에 순장되는 경우도 있었다. 한편 발해사회에서 노비가 대부분 주인에게 예속된 小作農(佃戶)과 수공업자들이었다는 주장[13]도 있으나 납득하기 어려운 설명이다. 그렇다면 이들 부곡과 노비는 경제적인 이유거나 혹은 그 밖의 다른 이유로 말미암아 사회적으로 몰락하여 천민화하거나 혹은 그러한 과정을 밟고 있는 부류였다고 해야겠다.[14]

〈渤海の首領制－渤海國家と東アジア世界－〉,《新潟史學》17, 1984, 114쪽), 이것 역시 타당한 설명으로 보이지 않는다.

9) 그런데 발해 宣王 9년(826)에 축조된 함경북도 명천군 보촌리의 開心寺에서 1980년대에 발견된 글쪽지에는 절을 만든 木手가 팽가와 석가라고 하여 수공업자 중에는 성이 있는 부류도 있었던 것으로 생각된다. 이에 관해서는 송기호, 〈開心寺出土 글쪽지〉(韓國古代社會硏究所 編,《譯註 韓國古代金石文》Ⅲ, 駕洛國史蹟開發硏究院, 1992), 481~482쪽 참조.

10) 宋基豪, 〈渤海의「多人葬」에 대한 연구〉(《韓國史論》11, 서울大, 1984), 81쪽.

11) 王承禮 저·宋基豪 역, 앞의 책, 127쪽
李基白·李基東, 《韓國史講座》古代篇(一潮閣, 1982), 354쪽.

12) 발해사회의 노비도 관노비와 사노비가 있었을 것으로 판단된다(방학봉, 〈발해 대원의가 피살된 사회적 배경과 그 성격에 대한 연구〉,《발해사연구》, 정음사, 1989, 110쪽 및 張博泉·程妮娜, 앞의 글, 118쪽).

13) 孫秀仁·干志耿, 〈論渤海族的形成與歸向〉(《學習與探索》1982-4 ; 김정배·유재신 편, 앞의 책), 126~139쪽.

14) 李基白·李基東, 앞의 책, 354~355쪽.

(2) 토인과 수령

한편 발해의 신분뿐 아니라 주민구성을 이해하는데 중요한 존재인 土人과 首領에 대하여 일본의 《類聚國史》에는 다음과 같이 기록되어 있다.

> 발해국은 고구려의 옛 땅이다. …그 넓이가 2천 리이고 州縣館驛이 없고 곳곳에 村里가 있는데 모두 말갈의 부락이다. 그 百姓은 말갈이 많고 土人이 적다. 모두 토인으로서 村長을 삼는데, 大村(촌장)은 都督이라 하고, 다음(촌장)은 刺史라 하고, 그 아래(촌장)는 백성들이 모두 首領이라 한다(《類聚國史》 권 193, 殊俗部, 渤海 上, 延曆 15년 4월 무자).

이에 의하면 발해의 백성은 말갈인과 토인으로 구분되고 있다. 토인은 곧 고구려인을 말한 것으로 보이므로, 지방행정구획에 있어서의 상위직은 대부분 고구려인이 차지하고 있었다.[15] 그러나 고구려유민 전부가 집권층이었다고는 할 수 없으며, 그 문벌 및 건국사업의 참여 여부에 따라서 일반 양민 또는 기술직에 속하는 층도 적지 않았을 것이다.[16] 또한 말갈족 중에서도 乞四比羽 무리를 비롯한 건국과정에 참여한 집단은 고구려유민에 준하는 신분을 보장받았을 것이다.[17]

그런데 《유취국사》의 기록은 수령의 해석을 둘러싸고 적지 않은 논란을 야기시켰다. 먼저 발해의 지방행정체계가 大村(도독)－次村(자사)－下村의 3단계로 이루어졌으며, 하촌 즉 차촌 아래의 촌의 長이 바로 首領이라는 견해가 있고,[18] 한편으로는 대촌－차촌의 2단계로 발해의 지방행정체계가 구성되어

15) 한편 土人에는 고구려인 집단뿐 아니라 營州 방면에서 東走한 말갈인 집단도 포함되어 있었고, 이들은 순수 말갈에 비해 소수가 아니었다고 보는 견해도 있다(盧泰敦, 앞의 글, 263~269쪽). 그러나 말갈과 토인은 별개의 종족적 명칭이 아니고 단순히 지배층과 피지배층을 표시한 것이라고 보는 견해도 있다(韓圭哲, 〈渤海國의 住民構成問題〉, 《발해의 민족형성과 연구사》, 발해사 국제학술회의 발표요지, 1993, 91쪽).

16) 李龍範, 《古代의 滿洲關係》(한국일보사, 1976), 136~137쪽.

17) 발해의 건국과정에 참여한 말갈집단으로는 걸사비우 집단뿐 아니라 營州로부터 東牟山에 발해가 건국되는 동안에 합류한 부류, 그리고 건국 직후에는 속말수 지역의 속말말갈이 대표적 집단이었다(林相先, 〈渤海 建國 參與集團의 硏究〉, 《國史館論叢》 42, 國史編纂委員會, 1993, 136~145쪽).

18) 李龍範, 〈渤海王國의 形成과 高句麗遺族(上)·(下)〉(《東國大學校 論文集》 10·

있었고 이들 대촌과 차촌의 백성들이 도독, 刺史를 수령으로 불렀다는 주장이 제기되었다.[19] 그러나 수령은 이 기록 외에도 발해의 대외사절단에도 포함되어 있고, 이 때의 수령은 자사 · 縣丞과 별개의 존재로서 위계도 훨씬 낮은 존재였다. 또한 발해에 앞선 고구려의 지방통치조직이 大城－城－小城의 3단계로 구분되고, 대성과 성에는 중앙에서 褥薩과 處閭近支가 임명되고, 소성의 可邏達에 발해의 수령이 비정되는 것을 감안하면 앞의 주장 가운데 자사 아래 단계의 촌장이 수령이라는 해석이 온당할 것으로 생각된다. 결국 발해는 지방의 유력부락에는 도독 혹은 자사를 파견하여 주변의 부락을 통할시키고, 그 기초가 되는 아래 단계의 촌락에는 수령으로 불리는 토착부락장에게 자치를 맡기고 있었다고 판단된다. 그리고 《유취국사》의 기록에 따르면 촌장은 모두 고구려인이며, 자사 아래 단계의 촌장이 수령이므로 도독과 자사뿐만 아니라 대다수의 수령층 역시 고구려인이 임명되었음이 분명하다.[20]

수령은 국가에 대하여 관할지역 농업 생산물의 租나 특산물의 공납, 築城 · 造陵 등에 필요한 力役의 동원을 담당하였고, 지역주민을 근간으로 한 군대조직의 지휘관이기도 하였다. 한편으로는 큰 세력을 가진 수령은 대외사절의 일원으로 등장하는 경우도 있었다. 결국 발해에서는 고구려인 마을뿐만 아니라 말갈부락에도 토인 즉 고구려인을 촌장으로 임명하는 직접지배형태가 널리 행해지고 있었던 것으로 보인다.[21]

11, 1972 · 1973 ;《中世東北亞細亞史硏究》, 亞細亞文化社, 1976, 21쪽).
金鍾圓, 앞의 글, 218쪽
최태길, 앞의 글, 286～287쪽.

19) 朴時亨, 〈발해사연구를 위하여〉(《력사과학》 1962 - 1).
鈴木靖民, 〈渤海の首領に關する豫備的考察〉(旗田巍先生古稀記念會 編, 《朝鮮歷史論集》 上, 1979 ;《古代對外關係史の硏究》, 吉川弘文館, 1985).
韓圭哲, 앞의 글, 91쪽.

20) 《類聚國史》 의 "處處有村里 皆靺鞨部落"이라는 기록에 얽매여 부락장도 모두 말갈인으로 해석한 경우도 있으나(河上洋, 〈渤海の地方統治體制－－一の試論として－〉 《東洋史硏究》 42 - 2, 1983 ; 임상선 편역, 앞의 책, 114쪽, 鈴木靖民, 위의 책, 457쪽 및 鈴木靖民, 앞의 글 ; 임상선 편역, 앞의 책, 127쪽), 이어지는 "其百姓者 靺鞨多土人少"의 '其'는 바로 앞의 '말갈부락'을 가리키는 것으로 보아야 하므로, 이 부분은 '곳곳에 있는 촌리는 대부분 말갈부락이며, 그 말갈부락의 백성은 말갈이 많고 토인이 적다'는 의미가 된다(金鍾圓, 앞의 글, 217쪽). 즉 '말갈부락'에는 말갈인만이 아니라 소수의 토인(고구려인)도 거주하고 있었다.

(3) 사회생활

발해의 혼인풍습으로 《金史》에 보이는 搶婚은 발해인 가운데서도 말갈족의 혼인풍습으로서 일종의 약탈혼이라고 할 수 있다.[22] 한편 발해 지배층의 다수를 차지하고 있던 고구려계 주민의 혼인에 관해서는 전하는 기록이 없으나 이전의 옛 고구려시대와 별반 차이가 없었을 것으로 생각된다.[23] 발해의 가족은 일부일처제가 기본이었다. 그것은 발해인들의 무덤 발굴에서도 확인되며, 문헌상으로도 《松漠紀聞》에 잘 나타나 있다.

> 부인은 모두 사납고 妬忌하였다. 大氏와 다른 姓이 결합하여 10자매가 되었는데 번갈아 그 남편을 살피고 側室을 허용하지 않았다. 남편이 다른 여자와 교제하는 것을 들으면 음모를 꾸며 毒으로 총애하는 여인을 죽이려 하였다. 한 남편이 잘못을 범하였으나 부인이 이를 발견하지 못한 경우가 있으면 나머지 9인이 함께 모여 꾸짖었다. 질투와 시기로 서로 다툼이 심하였다. 그러므로 거란, 여진 등 여러 나라에는 모두 女倡이 있고, 그 나라의 良人들이 모두 小婦 · 侍婢를 거느렸으나 오직 발해만이 이와 같은 것이 없었다(洪皓, 《松漠紀聞》 권 上, 渤海國).[24]

또한 발해의 왕족과 귀족의 자제들은 胄子監과 같은 교육기관에서 교육을

---

21) 盧泰敦, 〈渤海 建國의 背景〉(《大丘史學》 19, 1981), 15쪽.
또한 수령을 통한 촌락지배는 신라가 村主를 통하여 촌락을 지배해 나가던 방식과도 유사한 점을 찾을 수가 있다(李基白 · 李基東, 앞의 책, 354쪽).

22) 《金史》 권 7, 本紀 7, 世宗 大定 17년.
창혼의 풍속이 모계씨족사회에서 부계씨족사회로 향하던 과도기에 남아 있던 풍속이라는 지적을 보더라도 이것이 고구려인보다는 말갈족에 가까운 혼인형태였던 것이 사실일 것이다(宋德胤, 〈渤海民俗論〉, 《社會科學戰線》 1985 - 1 ; 崔茂藏 역, 《渤海의 起源과 文化》, 藝文出版社, 1988, 290~292쪽).

23) 《新唐書》 권 220, 列傳 145, 東夷 高麗傳에는 "혼인에는 폐백을 쓰지 않고, 받은 자는 수치로 여긴다"고 하였고, 또 《隋書》 권 81, 列傳 46, 東夷 高麗傳에도 "혼인은 남녀가 서로 좋아하면 바로 행하고, 남자의 집에서 돼지와 술을 보낼 뿐 재물로 맞는 禮가 없다. 혹 재물을 받는 자가 있으면 사람들이 모두 이것을 부끄럽게 여긴다"고 하였다.

24) 한편 왕족인 대씨와 자매를 맺은 '다른 姓'은 귀족일 것이며, 왕족과 귀족들이 첩을 두지 않은 것은 역사발전법칙에 어긋나는 현상이므로 '대씨'는 '大氏'의 잘못이라는 주장도 있다(최태길, 〈"송막기문"의 발해무첩설을 론박함〉, 《발해사연구》 4, 연변대학출판사, 1993, 182~191쪽).

받았으며, 특히 여성들의 경우에는 "女師"라는 여성 교사의 개인지도를 받기도 하였다. 그리하여 발해의 儒家思想에 대한 이해의 폭은 당시 중국의 학문 수준에 손색이 없는 것으로 알려져 있다.[25]

발해의 법률은 발해 멸망 뒤 거란이 그 유민들을 발해법이 아닌 漢法을 적용한 것에서도 알 수 있듯이 당나라와 거의 차이가 없었던 것으로 보인다.[26] 즉 738년 당에서 《三國志》·《晋書》·《三十六國春秋》와 함께 《唐禮》를 베껴왔는데, 이 당례는 바로 《大唐開元禮》로서 당 현종 때 蕭嵩 등이 현종의 명을 받아 만든 것이었다. 《대당개원례》는 황제를 중심으로 群臣 百僚와, 아래로는 지방관원에 이르는 모든 범위를 포괄하고 있으며, 무릇 제사·儀典·冠婚·喪葬 등의 의식과 함께, 외국에 대한 조공 수속 및 외교 의례도 명확히 규정하고 있다. 또한 大玄錫초에는 "자주 학생을 보내어 京師의 太學에 나아가 고금의 제도를 배우고 익혔다"는 《新唐書》 발해전의 내용으로 미루어 율령격식의 수입도 이루어졌다고 볼 수 있겠다.

발해는 옛 고구려의 전통을 이어받아 말을 타며 활 쏘는 것을 좋아하여 수렵활동이 활발하였다. 발해에는 오늘날의 하키와 비슷한 打球의 습속이 있어 일본에 간 발해 사신들이 일본 궁정에서 타구를 하였다는 기록이 일본에 전하고 있다. 또한 오늘날의 폴로와 마찬가지로 말을 타고 공을 치는 격구라는 놀이도 성행하였는데, 이 격구는 《遼史》 蕭孝忠傳에 의하면 발해인들이 무예를 연마하는 일환이기도 하였던 것으로 짐작된다.

渤海樂은 8세기초 일본과 교류가 시작된 이후 渤海樂師와 樂生들에 의해서 일본의 궁중에 渤海舞와 함께 전해졌고, 일본은 內雄을 발해에 파견하여 "音聲" 즉 발해악을 학습하도록 하였다. 그 뒤 발해악은 일본 궁정 음악의 하나가 되어 항상 연주되었다고 한다. 또한 발해의 왕립음악기관인 太常寺에

---

25) 방학봉, 〈정효공주묘지에 반영된 유가사상 연구〉(《발해문화연구》, 이론과실천, 1991), 91~108쪽.

26) 발해의 법률에 대해서는 다음의 글이 참고가 된다.
島田正郎, 〈新出土史料による渤海國史の新事實〉(《遼朝史研究》, 創文社, 1979), 472~475쪽
王承禮 저·宋基豪 역, 앞의 책, 78~79쪽
魏國忠·朱國忱, 앞의 글, 106~107쪽.

서 연주된 악기들은 대부분 고구려의 악기들을 계승한 것이었고, 그 대표적인 것이 渤海琴으로 알려진 玄琴으로 추정되고 있다. 발해 멸망 이후에도 발해 무용수들의 후예들인 渤海敎坊은 금나라에서 발해무를 계승하였다.[27] 이밖에 발해인들이 즐겼던 놀이로는 오늘날의 우리 나라 풍속에 전하는 강강수월래와 유사한 것으로 추정되는 踏鎚가 있었다. 《契丹國志》에는 발해의 풍속에는 歲時마다 사람들이 모여 노래를 부르며 노는데, 먼저 노래와 춤을 잘하는 사람들을 여러 명 앞에 내세우고 그 뒤를 士女들이 따르면서 서로 화답하며 노래를 부르며 빙빙 돌고 구르고 하는데 이를 답추라 한다고 하였다.

발해 관리들의 복식에 관해서는 《신당서》 발해전에 다음과 같이 전하고 있다.

> 品으로써 차등을 두는데 3秩 이상의 服色은 紫色으로 하고, 牙笏과 金魚를 장식하였다. 5秩 이상은 緋色 옷에 아홀과 銀魚를 장식하였다. 6질과 7질은 엷은 비색, 8질은 녹색 옷에 모두 木笏을 사용하였다(《新唐書》 권 219, 列傳 144, 北狄 渤海).

이러한 발해의 복식제도는 唐制를 모방한 것으로서 등급에 따라 관복의 색깔과 홀, 패식에 엄격한 구별이 있었던 것을 알 수 있다.

한편 정효공주묘의 벽화에는 발해인의 모습이 생생하게 묘사되어 있다. 벽화 속의 인물은 뺨이 둥글고 입술은 붉으며 얼굴이 크고 살이 쪘다. 머리에는 幞頭나 수건을 쓰고, 靑·紅·紫·白·赭色의 목둘레가 둥근 袍에 가죽허리띠를 차고, 발에는 가죽신이나 삼으로 엮은 신을 신었다. 이러한 모습은 남자로 분장한 여자들의 묘사에 가까우며, 이것은 唐 則天武后의 男裝 풍습이 발해에 전래된 영향으로 보인다.[28]

발해인들의 주거도 각양각색이었다. 지배층은 상경성의 궁전에서 보듯이 화려하게 유약을 바른 넓직한 건물에서 살았으며, 왕의 숙소로 쓰였던 곳에서는 온돌시설도 발견되었다.[29] 온돌이 'ㄱ'자형으로 방의 두 개 벽면을 따라

---

27) 宋芳松, 〈渤海樂 小考〉(《東洋學》 14, 檀國大, 1984) 참조.

28) 王承禮 저·宋基豪 역, 앞의 책, 249쪽.

29) 상경성 이외에 온돌이 발견된 발해유지로는 흑룡강성 東寧縣 團結遺址, 러시아 연해주의 콘스탄티노프카와 아난예프스카야 유적, 북한의 함남 신포시 오매리 유지 등이 있다(韓圭哲, 앞의 글, 87~88쪽).

서 설치된 것으로 보아 잠자리에 들 때만 온돌을 이용하고 그 이외의 시간에는 입식생활을 한 것 같다. 일반인의 경우는 러시아의 연해주에서 발견된 주거지를 통하여 그 일단을 알 수 있다. 주거용 건물은 지상에 설치된 가옥과 반지하식 가옥이 있었다. 이들은 모두 선사시대 이래의 전통적인 움집 형태이다. 대체로 직사각형 또는 정사각형으로 그 면적이 지상 가옥의 경우 전기에는 12~28㎡이다가, 후기에 이르면 50㎡에 이르고, 반지하식 가옥은 조금 작았다. 전기에는 화덕으로 난방을 하다가 후기부터 1~3개의 고래가 달린 부분적인 온돌 난방이 이루어지고 있었다.[30]

발해인들은 왕이나 왕족, 귀족들은 산에 陵墓를 쓰거나 陵園에 매장하였으나, 일반 평민들은 공동묘지를 이용하였다. 발해 무덤들은 대체로 5가지 형태로 분류할 수 있다.[31] 土坑封土墓는 火葬을 하고 목관을 사용하였다. 石壙封土墓는 안에 목관을 두고 위에 봉토를 하였으며, 石棺封土墓는 큰 돌을 천장에 덮었다. 石室封土墓는 봉토가 높고, 천정은 抹角天井으로 된 것도 있고, 큰 돌로 평평하게 덮은 것도 있다. 塼室石頂封土墓는 정효공주무덤과 같이 천정은 판석으로 덮고 그 위에 塔式 건축물이 있기도 하다.[32] 발해 무덤의 형식은 초기에는 이 지역 石棺墓의 전통과 고구려 석실봉토묘의 형식을 계승하였지만, 시기가 지나면서 점차 당의 영향을 받기도 하였다. 매장습속상의 목관장, 화장, 합장,[33] 2차장은 발해 민족의 복잡한 구성, 계급과 지위의 차이 및 매장습속의 변화를 반영하고 있다.

발해와 관련된 전설로는 "남자는 智謀가 뛰어나고 다른 나라 사람들보다 용맹스러워 발해인 3명이면 호랑이 한마리를 당한다"는 《송막기문》의 기록

30) 송기호, 《발해를 찾아서》(솔, 1993), 63~64쪽 참조.

31) 李殿福·孫玉良, 《渤海國》(文物出版社, 1987), 124~130쪽.

32) 무덤 위에 건축물을 짓는 것은 왕실귀족들이 자신들의 신분을 나타내는 하나의 형식이었다고 한다(정영진, 〈발해무덤연구〉, 《발해사연구》 1, 연변대학출판사, 1990, 116쪽).

33) 발해 무덤의 주요 특징인 多人葬은 혈친관계가 있는 가족뿐 아니라 주인에게 예속된 노비들도 함께 매장한 결과이다. 발해의 다인장에 대해서는 다음과 같은 연구가 있다.
송기호, 앞의 글(1984).
엄장록·박룡연, 〈북대발해무덤연구〉(《발해사연구》 2, 연변대학출판사, 1991).
연변박물관, 〈동청발해무덤발굴보고〉(《발해사연구》 3, 연변대학출판사, 1992).

과 새나 짐승과 이야기를 나누었다는 薩多羅에 대한 것이 있으며,[34] 이러한 이야기 속에는 발해인의 총명함과 용감한 모습이 잘 묘사되어 있다.

2) 경제구조

(1) 경제생활

발해의 사회 발전수준과 더불어 경제적 발전도 지역에 따라 일정하지 않았다. 서부와 남부는 주로 농업지구였고, 동부의 핵심지대는 농업과 어업, 수렵, 목축이 서로 결합된 지구였다. 북부의 거주민들은 주로 어업, 수렵 및 목축에 종사하였고, 농업도 일부지역에서 어느 정도 발달하고 있었다.

《신당서》 발해전에는 발해의 중요한 특산물을 다음과 같이 열거하고 있다.

> 귀하게 여기는 것에는 太白山의 토끼, 南海府의 昆布, 柵城府의 된장, 扶餘府의 사슴, 鄚頡府의 돼지, 率賓府의 말, 顯州의 布, 沃州의 綿, 龍州의 紬, 位城의 鐵, 盧城의 쌀, 湄沱湖의 붕어가 있고, 과일에는 丸都의 오얏, 樂游의 배가 있다(《新唐書》 권 219, 列傳 144, 北狄 渤海).

이러한 특산물은 半農半獵의 산업형태에 있던 주민들에게 부과된 부담으로서 국가재정에 충당되는 외에 대외무역에서도 일정한 역할을 하였으며, 이것을 관할하는 관청으로는 仁部 이외에 司藏寺, 大農寺 등이 있었다. 또한 이것을 보면 발해의 농업·수공업·어업·수렵업·목축업이 모두 상당히 발전되었고, 경제 각 분야가 비교적 고르게 갖추어진 것을 알 수 있다.

농업지역은 주로 서부의 松嫩平原·松花江 유역의 부여부·막힐부·장령부·涑州, 서남부의 압록부, 남부의 남해부, 그리고 牧丹江·渾春河·목릉하 유역의 발해 핵심지구인 上京·中京·東京 및 솔빈부에 분포하였다. 그러나 전반적으로 기후가 찬 지대가 많았기 때문에 벼농사보다는 발작물인 보리·

---

34) 洪皓, 《松漠紀聞》 권 上, 渤海國.
金毓黻, 《渤海國志長編》 권 11, 士庶列傳.
이외에도 오늘날의 경박호 주변에 발해 홍라녀에 관한 이야기가 전해진다고 하나 신빙성이 없다(송덕윤 저·최태길 역, 〈발해의 속담과 전설〉, 《발해사연구》 3, 연변대학출판사, 1992).

조·콩 등이 많이 재배되었다. 철기가 농업생산에 보편적으로 이용되어 敦化 敖東城과 寧安 상경 용천부 유적지에서 쇠로 만든 보습·낫·가래 등의 농기구가 출토되었다. 고구려의 옛 땅이었던 지역에서는 일찍이 3세기에 이미 牛耕이 광범위하게 실시되었으므로 발해 당시에도 같은 방법으로 농경이 이루어지고 있었을 것이다.[35] 한편 상경성 일대에서 출토된 세발달린 솥은 높이 20cm, 아가리 직경이 17cm로 발해인들이 음식물을 끓일 때 철기를 널리 이용하였다는 것을 전해준다.[36]

농작물 중에서 평원과 산간 및 半山間의 건조한 지역에는 주로 가뭄에 강한 조·보리·기장·콩을 심었다. 柵城에는 大豆로 만든 된장이 유명하였다. 盧城은 쌀의 산지로서 현재도 유명하다. 벼는 水稻와 旱稻의 두 종류가 있으며 재래의 만주 稻作은 한도의 경우가 많았다. 발해의 벼산지는 기후 때문에 노성을 중심으로 한 일부지역에 국한되었을 것이다.[37] 이 밖에 발해에서 유명한 과일로는 丸都의 오얏과 樂游의 배가 있었다.[38]

발해의 수공업은 국가 수요를 위한 관청수공업과 함께 전업적 수공업자와 농민들의 가내 수공업으로 이루어진 민간수공업도 존재하였다. 6부 중에 수공업과 관련된 부서는 智部와 信部였던 것으로 생각된다. 지부는 무관들의 인사행정과 지도·말·수레 및 무기들을 취급하였고, 신부는 산림·하천과 호수·수산자원과 둔전·토목축사업을 담당하였다. 한편 지방의 중요 군관구들에서도 무기를 자체 생산·수리하기 위한 무기수공업장을 조직 운영한 것으로 보인다. 다음으로 신부는 고려시기의 工曹와 같은 기능을 담당하였으며 말기에 工部로 불렸다. 이 밖에 국왕의 의복, 수레와 관련된 일을 취급하는 관청으로서 殿中寺도 있었다.[39]

현주는 유명한 마포 생산지였다. 이곳은 옛 옥저의 땅으로서 貊布는《三

---

35) 王承禮 저·宋基豪 역, 앞의 책, 129~130쪽 참조.

36) 부경만, 관금천, 왕림안, 황림계 저·방학봉 역, 〈발해국의 서울 상경성의 문화유산에 대하여〉(《발해사연구》 3, 연변대학출판사, 1992), 240쪽.

37) 李龍範, 앞의 책(1976), 144쪽.

38) 낙유는 발해의 지명으로서 기록에 보이지 않으므로 樂浪의 오기가 아닐까 생각된다(駒井和愛, 〈渤海の五京とその名産〉, 《史觀》 81, 1945 ; 《中國都城·渤海硏究》, 雄山閣, 1977, 207쪽).

39) 홍희유, 《조선중세수공업사연구》(과학백과사전출판사, 1979), 69~81쪽 참조.

國志》 東夷傳에도 옥저의 특산물의 하나로 기록되어 있으며, 현주에서 고급 細布가 발달한 것은 이곳이 일시 발해 지배계급이 거주했던 수도였던 시기일 것으로 추정되고 있다.[40] 발해가 後唐에 조공품으로 보낸 세포, 또는 말갈족이 거란과 교역한 細白布는 모두 이 '현주의 포'와 같은 것일 것이다.[41] 현재 돈화 육정산고분군, 화룡 북대고분군, 그리고 용두산고분군에서 발해시대의 마포가 발견되었는데, 이 천은 길쌈이 엄밀하고 고르며 아직도 광택이 나는 은백색을 띠고 있었다.[42]

발해의 남부와 동부에서는 멧누에를 길러 고치로부터 실을 뽑아 솜(綿)을 만들어 각종 綢와 紬를 짰다. 그 중에서도 남경 남해부의 沃州는 유명한 풀솜 생산지였다. 풀솜은 뽕나무에 나는 멧누에의 고치에서 실이 되지 않는 것을 가리키는 것으로서, 명주 비단이 생산되는 모든 곳에서는 모두 이 풀솜이 생산되었지만 옥주의 풀솜이 가장 질이 좋았던 것 같다.[43] 또한 상경 용천부의 龍州는 솜실로 짠 주가 유명하였다. 《後漢書》 동이전에 濊俗에 綿布를 만든다고 한 면포는 바로 紬이다. 종래 발해 때에 흑수말갈이 당에 魚牙紬, 朝霞紬를 바쳤다는 기록을 근거로 발해 북부에서 주가 생산되었을 것으로 해석하였지만, 이것은 신라의 명산으로 추정하는 것이 옳을 것이다. 용주에서 주가 생산된 것은 이곳에 모인 발해의 지배계급의 강한 수요에 연유한 것이지만, 주원료인 綿이 옥주에서의 생산량으로는 부족하여 외국으로부터의 수입에도 힘을 쏟았다. 그리하여 원료를 자체적으로 해결하지 못하고 외부에 의존함에 따라 품종이나 수량에 큰 제약이 있었을 것으로 추정하고 있다.[44] 발해가 생산하는 絲織品은 수량이나 채색 종류가 많지 않았음을 알 수 있다. 이러한 물품들은 국가가 통제하는 관청에서 만들어져 왕실 귀족에게 제공되

---

40) 日野開三郎, 〈國際交流史上より見た滿鮮の絹織物〉(《朝鮮學報》 48 · 63 · 82, 1968 · 1972 · 1977 ; 《日野開三郎 東洋史論集》 9 北東アジア國際交流史の研究(上), 三一書房, 1984, 374쪽).

41) 李龍範, 앞의 책, 143쪽.

42) 박윤무, 〈룡두산발해구역내의 룡호무덤떼에 대한 고찰과 발굴〉(《발해사연구》 4, 연변대학출판사, 1993), 10~11쪽.

43) 옥주의 '綿'은 목화솜이 아니다(방학봉, 〈발해 '현주의 천'과 '옥주의 면'에 대한 연구〉, 《발해사 연구》, 정음사, 1989, 44~46쪽).

44) 日野開三郎, 앞의 글, 370~375쪽.

었다. 즉 발해가 옥주의 면을 원료로 하는 관영 직조공장을 두고 있었던 것은 발해 멸망 후 요나라에서 발해인이 궁정에 직물을 공급하는 綾錦院에 소속되어 있는 사실을[45] 통해서도 미루어 알 수 있다. 현재 정효공주무덤의 벽화 중에 侍者는 당시의 아름다운 명주(綢) 옷을 몸에 걸치고 있다.

발해의 벽돌과 기와 및 도자기는 대체로 早期와 晩期로 나누어 볼 수 있다. 조기의 그것은 바탕 흙이 거칠고 예술장식이 적은데, 돈화 六頂山의 것이 대표적이다. 만기에는 상경 용천부에서 출토된 것이 대표적이며, 바탕흙이 견실하고 고우며 안료의 색은 순청색이 많다.[46] 발해의 도자기 생산에서 주목되는 것은 유약을 바르는 기술이 널리 보급된 사실과 함께 사기그릇이 새로이 생산된 것이라고 할 수 있다. 유약 바른 도기로서는 세 가지 유약을 배합하여 구어 낸 이른바 '渤海三彩'가 유명하고,[47] 사기그릇 가운데 831년 당나라에 수출된 순자색 자배기는 새털같이 가벼워 뛰어난 발해 도자기술을 알 수 있게 해준다.[48] 또한 "咸和"라는 글씨가 쓰인 絞釉葫蘆瓶은 병의 높이가 24.5cm로 흰 바탕에 흐르는 구름이 에워싸고 있는 듯한 모습을 하고 있다.[49] 한편 궁전이나 절의 건축에 쓰인 기와는 별도의 부서 또는 부족이나 개인에 의해 제조되어 공납되었으며,[50] 오늘날의 연해주지역에서는 발

---

45) 《遼史》 권 37, 志 7, 地理 1, 祖州.
遼의 능금원에 소속되어 있는 발해인이 발해의 龍州에 있던 관영공장 織紬職人의 후예라는 주장도 있다(日野開三郎, 앞의 글, 383쪽).

46) 王承禮 저·宋基豪 역, 앞의 책, 132쪽.

47) 1988년 7월 화룡현 북대 발해묘지에서 출토된 삼채병과 종지는 중국에서도 유일하게 완전한 형태의 삼채기물로서 국보로도 손색이 없다고 한다. 이 가운데 삼채종지는 아가리 지름이 11.6cm, 밑굽 지름은 6.1cm이고, 그릇 두께는 0.5cm, 그릇 높이는 5.4cm인데, 그릇 안팎에 초록색·연한 황색·미황색·흰색 등의 유약을 발랐으며 물결무늬·구름무늬, 혹은 갈마든 풀잎무늬 등이 나타나며 변화가 다양하고 아름답다고 한다(정영진, 〈1988년도에 발굴한 북대발해무덤 및 3채그릇〉, 《발해사연구》 2, 연변대학출판사, 1991, 1~10쪽).

48) 홍희유, 앞의 책, 78~79쪽.

49) 李汝寬 著·井垣春雄 譯, 《中國青花瓷器の源流》(雄山閣, 1982)
韓國古代社會硏究所 編, 《譯註 韓國古代金石文》 Ⅲ(1992), 484~485쪽.

50) 중경 현덕부지인 서고성자와 동경 용원부지인 반납성자에서 동일한 인장을 찍은 기와가 출토되는 것도 일정한 곳에 위치한 製瓦場에서 수요에 응한 결과로 생각된다(三上次男, 〈渤海の押字瓦とその歷史的性格〉, 《和田博士古稀記念 東洋史論叢》, 講談社, 1961 ; 임상선 편역, 앞의 책, 168~169쪽).

해와 신라의 문화교류를 짐작하게 하는 봉황연화무늬 기와도 출토되어 관심을 끌고 있다.[51]

발해에서 생산된 광물로서 잘 알려진 것으로는 철 · 동 · 금 · 은 등이 있다. 발해인들은 철을 제련하는데 능숙하였다. 돈화 · 화룡 · 영안 · 동녕 등의 발해 유적지와 무덤에서 많은 수량의 철기가 출토되었는데, 이들 중에는 生鐵로 주조한 것이 있는가 하면, 熟鐵로 단조한 것도 있다. 중경 현덕부 鐵州 관할의 位城이 유명한 철 생산지였고,[52] 이 밖에 《요사》 食貨志에는 철리부의 廣州도 철이 많이 생산되었다고 전한다. 그리하여 遼는 발해를 멸망시킨 뒤 발해의 冶鐵 匠人들을 거란 영토내로 대거 이주시켰다. 한편 영안 상경 유적지, 돈화 육정산, 동녕 대성자, 집안 등지에서는 대량의 구리제품이 출토되었다. 구리는 생활용구와 각종의 장식품을 만드는데 비교적 널리 사용되었다. 특히 말탄사람 모형은 높이가 5.2cm에 지나지 않지만 말과 장식 및 사람 등을 섬세한 수법으로 나타낸 것으로서 발해인의 높은 주조기술을 잘 보여주고 있다.[53] 814년 발해 사신 高禮進이 당에 금불상과 은불상 각 1개씩을 가져간 것이나 836년 발해가 熟銅을 登州까지 운반하여 唐과 무역한 사실을 통하여 발해의 구리 생산과 구리 제련기술이 일정한 수준에 도달하였음을 알 수 있다.[54] 또한 화룡 북대지, 영안 상경 유적지, 돈화 육정산 등의 지역에서 출토된 금으로 만든 허리띠 · 장식물 · 팔찌 · 귀걸이 및 대량의 도금한 물건들, 은으로 만든 비녀 등에서도 발해의 금 · 은 생산의 면모를 살필 수 있다.[55]

목축과 어업, 수렵업도 발해 경제생활에서 중요한 비중을 차지하였는데, 특히 동부와 북부에서 더욱 그러하였다. 돼지는 고기는 식용으로, 가죽은 옷

---

51) 문명대, 〈코르사코프카 불교사원지 발굴〉(《러시아 연해주 발해유적》, 대륙연구소, 1994), 73~102쪽.

52) 중경 현덕부가 위치한 두만강 남쪽은 조선시대에도 沙鐵의 생산지로 《世宗實錄地理志》나 《東國輿地勝覽》에 적혀 있을 뿐 아니라 江北은 지금도 天寶山 같은 鑛源을 가지고 있다(李龍範, 앞의 책, 144~145쪽).

53) 홍희유, 앞의 책, 77쪽.

54) 《冊府元龜》 권 972, 外臣部, 朝貢 5.
《冊府元龜》 권 999, 外臣部, 互市.

55) 王承禮 저 · 宋基豪 역, 앞의 책, 137~138쪽.

을 해입는데 이용되었는데 막힐부에서 생산되는 것이 가장 유명하였다. 말은 발해에서 사육된 가축 중에서 가장 중요한 것으로 전국적으로 사육되었고, 그 중에서도 솔빈부의 말이 널리 알려져 있었다. 730년 발해는 당에 조공하면서 말 30필을 바쳤고, 그 후 오래지 않아 다시 말 30필을 바쳤다. 淄靑節度使 李正己는 山東을 할거하면서 매년 발해와 말을 교역하여 많은 수입을 올렸으며 이는 발해쪽에서도 중요한 수입원이 되었다.

한편 오늘날의 경박호에서 나는 붕어는 특산품으로 이름높았으며,《송막기문》에는 붉은 색을 띤 큰 바다게인 螃蟹도 아주 맛있는 식품이라고 기록되어 있다.[56]

그리고 동부와 북부의 반산간지역과 산간지역 및 강과 호숫가의 말갈인들은 주로 어업이나 수렵에 종사하였다. 수렵에서 주로 잡은 날짐승들로는 매·꿩이 있었고, 짐승들로는 담비·사슴·호랑이·표범·곰·말곰·멧돼지·銀鼠·靑鼠·흰토끼·사향노루 등이 있었다. 태백산의 특산물이라는 '토'는 종래 일반적으로 '흰토끼'로 알려져 왔지만, 최근 약재로 중요하게 쓰이는 茯苓으로 보아야 한다는 주장이 제기되어 주목된다.[57] 부여의 사슴도 널리 알려졌으며, 녹용과 사향은 진귀한 약재로 이용되었다.

현재 발해에서의 화폐 사용 여부에 대해서는 이론이 없지 않으나[58], 여러 가지 정황으로 미루어 화폐와 물물교환이 병행되었던 것으로 보여진다. 그러나 발해에서 사용한 화폐로는 당이나 일본의 것이 출토되는 것으로 보아 발

56) 魏國忠·朱國忱,〈論渤海經濟〉(《學習與探索》1982-2; 김정배·유재신 편,《발해국사》(1), 정음사, 1988, 18~19쪽).

57) 조철부는《신당서》권 219, 列傳 144, 北狄 渤海傳에 발해 산물로서 기록된 14가지 산물들이 일정한 원칙을 따르고 있다는 전제하에, 만약 '태백산의 토'가 토끼라면 응당 부여의 사슴앞에 놓여야 하나 정작 식물과 나란히 배열되어 있으므로 이것은 식물이 옳으며, 그 중에서도 '태백산의 토'는 아마 복령을 가리키는 것이라고 하였다(조철부 저·김영국 역,〈발해국 력사의 세가지 문제에 대하여〉,《발해사연구》4, 연변대학출판사, 1993, 192~206쪽).

58) 발해의 화폐 사용 여부에 대해서는 다음의 연구가 있다.
왕림안 저·리춘호 역,〈발해국의 화폐문제에 대하여〉(《발해사연구》2, 연변대학출판사, 1991), 302~309쪽.
왕림안 저·최태길 역,〈발해국 화폐문제에 대한 중국학자들의 연구〉(《발해사연구》4, 연변대학출판사, 1993), 73~98쪽.

해 독자의 화폐가 있어 자체적으로 주조하지는 않았던 것으로 짐작되며, 변방의 낙후된 지역에서는 여전히 물물교환의 단계에 머물러 있었을 것으로 생각된다.[59] 한편 발해가 생산이나 교환, 또는 건축 등에 사용한 도량형의 표준과 進位制는 대체로 고구려의 것과 유사하였다. 상경 용천부지에 있는 石燈의 크기를 관찰한 결과 발해자 1자는 35cm 내외였던 것으로 짐작된다. 또한 10진법에 의해 운영되고 정연한 단위자 체계를 갖추고 있었던 점에서도 고구려와 유사한 점을 발견할 수가 있다.[60] 특히 상경성 부근에서는 쇠로 만든 저울돌이 발견되어 당시에 저울이 사용되었던 것을 확인할 수 있다.[61]

(2) 대외무역

발해는 당, 일본, 그리고 신라와 무역을 하였는데, 이런 무역은 왕실, 귀족 간의 官方貿易이 중심이었고, 간혹 사신과 민간인에 의해 이루어진 일정 범위내의 민간무역도 있었다. 발해는 국내의 불리한 자연지리적 조건으로 말미암아 대외무역의 발전에 힘을 쏟아, 이 분야에서는 중국 동북지역의 역사에서 유례를 찾아볼 수 없을 정도로 적극성을 띠어 매우 융성하였다.[62].

《신당서》 발해전에는 발해의 대외교통로로 日本道·新羅道·朝貢道·營州道 그리고 契丹道가 언급되어 있다. 일본도는 발해의 수도였던 상경 용천부에서 동경 용원부를 지나 동남쪽의 오늘날 Pos'yet灣의 Kraskino에 도달하여 일본으로 향하는 길이며, 신라도는 동경 용원부를 출발하여 남해부를 경유하여 신라의 井泉郡에 이르는 길이었다. 조공도와 영주도는 모두 중국으로 가는 통로로서 전자는 서경 압록부를 지나 해로로 당에 이르고, 후자는 육로로

59) 李殿福·孫玉良, 앞의 책, 97~99쪽.

60) 장상렬, 〈발해의 건축〉(력사편집부 편, 《발해사연구론문집》 1, 과학백과사전종합출판사, 1992), 266~283쪽 참조.
이와 달리 발해의 도량형은 당의 제도와 같아서 大尺은 29.5cm, 小尺은 24.5784cm이고 1步는 5尺, 1里는 360보로서 오늘날의 531m에 해당되었다고 보는 견해도 있다(방학봉, 〈발해의 도량형에 대하여〉, 《발해사연구》 2, 연변대학출판사, 1991, 164~168쪽).

61) 저울돌은 높이 7cm의 반구형으로서 밑부분은 평탄하고 지름은 6.5cm이며, 무게는 2근이고 꼭대기에는 높이 0.8cm의 가락지가 있다(부경만 등 저·방학봉 역, 앞의 글, 241쪽).

62) 日野開三郎, 앞의 글, 376쪽.

長嶺府를 통과하여 당의 동북지방 거점인 영주에 이르는 길이며, 거란도는 부여부를 지난다고 하였다. 이 중에서도 발해와 교류가 빈번했던 나라는 당과 일본 그리고 신라였다.

발해와 당과의 교역은 713년 대조영이 아들을 당에 보내어 市場에서 교역할 수 있도록 요구하여 당 현종의 허락을 얻으면서 시작되었다. 발해가 중국으로 수출한 상품은 담비·호랑이·표범·곰·말곰·토끼·쥐 등의 가죽, 인삼·우황·白附子·사향·꿀 등의 약재, 고래·마른 문어·매·말·양·布·綢·紬·구리 등이었다. 당에서 발해에 들여온 물품에는 帛·錦·綿·絹과 금·은으로 만든 그릇 등이 있었다.[63] 특히 발해의 名馬는 登州와 靑州에서 많이 거래되었고, 836년에는 발해가 구리를 운반하여 등주에서 판 일도 있었다.[64]

일본과의 경제교류는 주로 왕실간의 公貿易의 형태로 이루어졌지만 민간무역도 일부 있었다. 양국 왕실간에 의례적인 예물교환의 형식으로 진행되는 공무역 이외에, 사신이 개인의 명의로 선물을 주고받는 형식의 무역, 사신단이 使館에서 일본측 관리들과 개인 상인을 상대로 하여 진행하는 사무역 등이 있었다.[65] 양국간에는 발해의 상인들이 직접 일본에 가서 진행한 사무역도 있었는데, 예를 들면 《續日本紀》에는 天平 18년(746) 발해인과 鐵利國人 1,100명이 일본의 出羽國에 상륙하여 교역활동을 한 일이 기록되어 있다. 일본이 발해에 수출한 것에는 絹·綿·絁·綾·錦·布·襭羅·白羅·실·황금·수은·석유·水精念珠, 檳榔扇이 있었으며, 발해가 일본에 보낸 것에는 담비 가죽·호랑이 가죽·표범 가죽·인삼·꿀 등의 토산물[66]과 함께 당의 물품도 일부 포함되어 있었다.[67]

---

63) 王承禮 저·宋基豪 역, 앞의 책, 139쪽 참조.

64) 당나라 登州府(지금의 산동성 봉래현)의 성 남쪽에는 新羅館과 함께 渤海館도 있었는데, 이곳에서는 외교상의 왕래와 무역의 필요에 따라 발해 사신을 접대하고 무역업무를 처리하였다(圓仁, 《入唐求法巡禮行記》 권 2, 開城 5년 3월 2일).

65) 박영해, 〈발해의 대외관계에 대하여〉(《력사과학론문집》 12, 과학백과사전종합출판사, 1987), 216쪽.

66) 王承禮 저·宋基豪 역, 앞의 책, 140쪽 참조.

67) 예를 들면 바다거북의 껍데기인 대모로 만든 술잔이 있다(東野治之, 〈日唐間における渤海の中継貿易〉, 《日本歷史》 438, 1984 ; 임상선 편역, 앞의 책, 273~274쪽).

한편 남쪽의 신라와도 견직물 등의 분야에서 일정한 경제교류가 있었는데, 양국간의 교류로는 남경 남해부에서 신라의 동북경으로 들어가는 길이 주요 노선이었지만 민간상인들이 많이 이용한 것은 서경 압록부의 桓州에서 만포를 거쳐 신라의 서북경으로 들어가는 길이었을 것으로 추정되고 있다.68)

〈林相先〉

68) 日野開三郞, 앞의 글, 376쪽.

V. 발해의 문화와 발해사 인식의 변천

1. 불교와 기타 신앙
2. 유학과 한문학
3. 예　술
4. 발해사 인식의 변천

V. 발해의 문화와 발해사 인식의 변천

1. 불교와 기타 신앙

발해의 종교는 불교가 중심이었다.[1] 713년 12월에 당나라에 갔던 발해 왕자가 절에서 예배하기를 청한 사실에서[2] 당시 발해 왕실이 이미 불교에 젖어 있었음을 추측할 수 있다. 이것은 발해인들이 과거 高句麗나 營州에 살던 시절에 이미 불교를 접촉한 결과일 것이다. 그러나 《松漠紀聞》에서 발해 초기에는 浮圖氏가 적었다고 한 것으로 보아, 초창기에는 유포 범위가 그리 넓지 못하였을 것이다.[3]

발해 불교에 대하여 일부에서는 그 원류를 靺鞨族에서 찾고 있지만,[4] 현재로서는 그럴 정도로 말갈족 사이에 불교가 확산되어 있었다는 기록이 없고 이를 뒷받침할 만한 유적도 없다.[5] 따라서 그 뿌리는 고구려에서 찾을 수밖에 없다. 발해의 불상이나 瓦當 등이 고구려 것과 거의 동일하다는 사실이 일차적으로 이를 증명해 준다.

발해 불교는 과거 고구려 영역이었던 中京·東京지역과 그렇지 않았던 舊

1) 발해 불교에 대하여는 다음의 글이 있다.
宋基豪, 〈渤海佛敎의 展開過程과 몇 가지 特徵〉(《伽山李智冠스님華甲紀念論叢 韓國佛敎文化思想史》 上, 1992) 참조.

2) 《冊府元龜》 권 971, 外臣部, 朝貢 4, 開元 원년 12월.

3) 洪皓, 《松漠紀聞》 권 上, 渤海國.

4) 何明, 〈淺談唐代渤海的佛敎〉(《博物館硏究》 1983-3), 42쪽.
방학봉, 〈구국, 중경, 동경을 수도로 한 시기의 발해의 불교에 대한 연구〉(《발해사연구》, 정음사, 1989), 140쪽.

5) 말갈인의 불교 관계 기사는 설화적인 내용 하나만이 《續高僧傳》 권 25에 전해지고 있을 뿐이다.
河上洋, 〈東北アジア地域の佛敎－渤海を中心として－〉(《大谷大學史學論究》 1, 1987), 63~64쪽.

國(첫 도읍지)·上京지역으로 나누어 볼 수 있을 만큼 그 양상이 달랐다. 뒤에 다시 다루지만 이러한 차이는 두 지역에서 유행하는 불상양식과 이에 따른 신앙형태에서도 나타나고 있다.

고구려 영역에서 벗어나 있던 구국과 상경지역에는 발해가 건국되면서 불교가 새로 유입되었다. 반면에 중경이나 동경지역은 삼국통일전쟁에서 별로 피해를 보지 않았던 곳이었으므로 발해에 편입된 뒤에도 단절 없이 고구려 이래의 사회체제를 유지할 수 있었으며, 종교활동도 역시 그러하였을 것이다. 그러한 사례로 함경남도 新浦市의 梧梅里 절골유적을 들 수 있다. 이 곳에서 발견된 건물자리에서는 고구려 문화층과 발해 문화층이 함께 나타나는데, 발해 문화층에서 고구려 金銅板이 발견되었다고 한다.[6] 이 사실은 고구려 때에 만들어진 것이 발해 시기까지 그대로 전승된 것을 의미한다. 그리고 二佛竝坐像이 동경지역에서 집중적으로 발견되는 것도 고구려 후기 이래로 그 전통이 고수된 것을 보여주는 것이라고 한다.[7]

발해 불교가 발전기를 맞이한 것은 文王 때이다. 이는 우선 불교식으로 지은 그의 尊號인 "大興寶曆孝感金輪聖法大王"에서 엿볼 수 있다. 여기서 '대흥'과 '보력'은 당시의 연호이고, '효감'은 효행과 관련된 유교적 용어이며, '금륜'과 '성법'은 불교적 용어이다. 그런데 금륜과 성법은 불교의 轉輪聖王이념에서 유래된 것이고, 직접적으로는 당나라 則天武后의 존호를 모방한 것이다. 따라서 그가 측천무후를 본받아 불교를 진흥시키면서 무력이 아닌 佛法으로 세상을 통치하고자 하였음을 확인할 수 있다.[8]

다음으로 貞孝公主무덤에서도 불교적 요소를 엿볼 수 있다. 지하에 무덤을 만들고 그 위에 벽돌로 탑을 쌓았는데, 이것은 무덤 위에 건물을 짓던 전

6) 박진욱, 〈최근년간 우리 나라 동해안일대에서 발굴된 발해유적들과 그 성격에 대하여〉(《연변대학조선학국제학술토론회론문집》, 1989), 292쪽.
조선유적유물도감 편찬위원회, 《조선유적유물도감》 4 고구려편(외국문종합출판사, 1990), 281쪽.

7) 三上次男, 〈半拉城出土の二佛並座像とその歷史的意義－高句麗と渤海を結ぶもの－〉(《朝鮮學報》 49, 1968; 《高句麗と渤海》, 吉川弘文館, 1990, 154~155쪽).

8) 전륜성왕의 이념에 대해서는 다음의 글이 참고된다.
판카즈, 〈新羅 '中古'期의 轉輪聖王 理念－印度 Asoka王과 新羅 眞興王의 政治理念의 비교－〉(서울大 國史學科 碩士學位論文, 1994).

통이 불교와 습합되면서 탑 양식으로 변모된 것이다. 그리고 무덤 바로 앞에서 건물자리가 발견되고, 산 아래에서 절터가 발견된 것도 주목된다. 그 위치로 보아 절터는 공주의 무덤을 지키던 陵寺로 짐작되며, 건물터는 승려들이 기거하면서 무덤을 지키던 곳으로 추정된다.

또한 문왕 때에는 귀족층에까지 불교가 널리 유포되어 있었다. 이 사실은 762년에 일본에 사신으로 갔다가 이듬해 귀국한 王新福 일행이 東大寺에서 禮佛하였음을 보여주는 일본 正倉院 소장의 古文書를 통하여 알 수 있다.[9]

문왕 때의 불교 진흥정책에 힘입어 9세기에 들어오면 불교도 융성기를 맞이한다. 현재로서는 이 당시의 모습을 전하는 기록이 없지만 승려들의 활동이나 유적과 유물을 통하여 그 편린을 엿볼 수 있다.

발해의 승려로는 釋仁貞·釋貞素·薩多羅·載雄이 알려져 있다. 이들은 모두 9세기 이후에 활동한 인물들로, 발해의 승려들이 왕성하게 활동한 것이 이 무렵임을 간접적으로 보여주고 있다. 그러나 현재로서는 이들의 사상을 이해할 만한 자료는 전혀 없고, 다만 발해의 대외관계와 관련하여 활동한 행적이 보일 따름이다.

석인정(?~815)은 僖王 때에 활동하였고, 석정소(774~828)는 희왕부터 宣王 때까지 활동한 인물로서, 모두 일본과의 교류에 큰 역할을 하였다. 특히 석정소는 당나라에서 일본 유학승 靈仙(?~828)과 교유하였고, 그와 일본조정 사이를 두 번이나 왕복하면서 심부름을 하다가 결국은 중국에서 귀국하는 길에 풍랑을 만나 사망하였다. 그가 영선이 독살된 것을 알고 애도하여 지은 시가 한 편 전해지고 있다.[10] 그리고 살다라는 大虔晃 초기에 당나라 장안에 가서 머물렀는데, 새와 짐승의 말에 능통하였다고 전해지는 설화적 인물이다.[11] 한편 재웅은 발해가 멸망한 뒤인 927년 3월에 60여 명과 함께 고려로 망명한 인물이다. 이 밖에 대원화상이 선왕 9년(826)에 함경북도 明川郡 七寶山에 있는 開心寺를 창건한 기록이 발견되었다고 하는

9) 東京帝國大學,《大日本古文書》16(東京帝國大學 文學部 史料編纂掛, 1927), 324~325쪽.
石井正敏, 〈渤海の日唐間における中繼的役割について〉(《東方學》51, 1976), 주 24).
10) 圓仁,《入唐求法巡禮行記》권 3, 開成 5년 7월 3일.
11) 金毓黻,《渤海國志長編》권 11, 士庶列傳.

데,[12] 더 이상 자세한 내용을 알 수가 없다.

발해 불교의 융성은 왕실뿐만 아니라 지배층 전반에 영향을 주었을 것이고, 일본과의 문화적 교류에도 한 몫을 하였다. 희왕 때인 814년 가을에 일본에 사신으로 갔던 王孝廉(?~815)은 일본의 弘法大師 空海(774~835)와 詩文을 주고 받으면서 교유하였고, 접대를 맡았던 領客使 安倍吉人은 발해 사신이 예불하였다는 소식을 듣고 이에 감격해서 시를 짓기도 하였다.[13] 한편 발해 사신이 일본에 불경을 전해준 사실도 있다. 일본 石山寺에 소장되어 있는 《佛頂尊勝陀羅尼經》의 跋文에 의하면 이 경전은 861년 일본에 사신으로 갔던 李居正이 전해준 것이라고 한다.[14]

불교의 융성에 따라 많은 사원과 불상이 조성되었을 것이다. 현재까지 확인된 발해 절터는 모두 40여 곳이다. 구국지역에서 1곳, 상경 일대에서 10여 곳, 중경 일대에서 13곳, 동경 일대에서 9곳이 확인되었고, 大城子 성안에서도 절터로 보이는 곳이 조사되었다. 또 러시아 연해주에서 5곳, 함경도 일대에서도 2곳의 절터가 확인되었다.

탑으로는 정효공주 무덤탑·馬滴達塔·靈光塔이 알려져 있다. 이들은 다 벽돌로 쌓은 것으로 당의 양식을 취하고 있으며, 영광탑만이 거의 온전히 남아 있다. 그런데 이들은 舍利塔이 아니라 무덤탑의 성격을 띠고 있음이 특징이다. 탑 아래에 무덤칸을 만들고 그 곳에 시신을 안치하였다. 따라서 이 탑은 승려가 아니라 왕실 내지 귀족을 위해 축조된 것이다. 이런 점에서 무덤탑은 발해 불교의 한 특색을 이루고 있다. 그리고 영광탑의 1층 4면 각각의 王·立·國·土라는 벽돌 문양은 王立國土나 國立王土라고 읽을 수 있으므로, 발해 불교가 왕실과 밀접하게 연관되어 있었다고 추측하게 한다.[15]

그러나 몇 개의 유적에서 사리탑이 있었던 증거도 발견되었다. 八連城 제1

---

12) 리준걸, 〈함경남북도 일대의 발해 유적 유물에 대한 조사 보고〉(《조선고고연구》 1986-1), 34쪽.

13) 《經國集》 권 10, 聞渤海客禮佛感而賦之.

14) 田島公, 〈海外との交渉〉(《古文書の語る日本史》 2-平安, 筑摩書房, 1991), 256~258쪽.

15) 邵春華, 〈長白靈光塔〉(《博物館硏究》 1983-1).
吉林省文物志編委會, 《長白朝鮮族自治縣文物志》(1988), 72쪽.

절터에서 사리 장치의 일부로 보이는 心礎石이 발견된 바 있다.[16] 大城子古城에서는 1972년 金銅製 사리함이 발견되었는데, 그 안의 작은 銀盒에 6顆의 사리가 들어 있었다.[17] 또 상경성 土台子에서도 1975년에 7겹으로 싸여 있는 사리함이 발견되었는데,[18] 가운데에 있는 漆匣은 가는 銀絲로 꽃무늬가 상감되어 있고 은합에는 구름무늬와 四天王像이 새겨져 있어서 불교 예술의 수준을 가늠하게 해준다. 마지막 함에는 유리병 속에 사리 5과가 들어 있었다. 이 사리함은 발해 中·晚期의 것으로 추정되고 있다. 그 밖에 黑龍江省 渤海 상경 유적에는 용암으로 만든 높이 6m의 거대한 石燈이 지금도 제자리를 지키고 있다.

유물로서 가장 대표적인 것이 불상이다. 이들은 지금까지 1천 개 가까이 발견되었는데, 재료에 따라 石佛·鐵佛·金銅佛·塼佛(泥佛, 陶佛)·塑造佛·漆佛 등으로 나뉜다. 그리고 814년에 발해 사신 高禮進 일행이 당나라에 금불상과 은불상을 각기 하나씩 바친 기록도 보인다.[19]

불상 가운데에서 가장 대표적인 것이 전불이다. 전불은 틀빼기를 하여 구워 만든 것으로서 상경과 동경에서 대량으로 출토되었고, 연해주의 아브리코스(Abrikos)절터에서도 발견되었다. 불상 아래에는 못이 박혀 있던 원형 구멍이 있어서 벽에 꽂았던 것으로 보인다. 연해주에서 출토되는 금동불상들에는 아래에 구멍 대신에 막대가 달려 있어 역시 같은 용도로 사용되었음을 보여준다.

이러한 형태의 전불이 중국이나 일본에서도 발견된 예가 있지만, 발해 것이 둥글고 입체적인 데 비해서 중국이나 일본 것들은 모두 납작한 판 모양으로 되어 있다. 이와 같은 발해 전불은 고구려 元五里 절터에서 출토된 것과 비슷한 것이어서 발해의 전불이 고구려 전통을 계승한 것임을 확인할 수 있다.[20]

석불로서는 興隆寺에 안치된 것이 가장 규모가 크고 대표적이지만, 청나라 때에 개조되면서 원래의 모습을 상실하고 말았다.[21] 현재의 높이는 대좌를

16) 齋藤甚兵衛, 《半拉城－渤海の遺蹟調査－》(琿春縣公署, 1942), 21쪽.
17) 張太湘, 〈大城子古城調査記〉(《文物資料叢刊》 4, 1981), 225쪽.
18) 丹化沙, 〈黑龍江省寧安縣出土的舍利函〉(《文物資料叢刊》 2, 1978).
19) 《冊府元龜》 권 972, 外臣部, 朝貢 5, 元和 9년 정월.
20) 原田淑人, 〈渤海の佛像〉(《文化》 2-11, 1935; 《東亞古文化研究》, 1940, 370쪽).

포함하여 3.3m에 이른다. 팔련성의 절터에서도 여러 구의 석불이 발견되었다. 또 일본의 大原美術館에는 碑像形 五尊像이 소장되어 있다. 여기에는 咸和 4년(834)에 趙文休의 어머니 李씨가 아미타불과 관음보살, 大勢至菩薩 등을 조성하였다는 연기가 적혀 있다.[22]

불상의 양식면에서 볼 때 상경지역은 觀音像이 주류를 이루고, 서경과 동경지역은 석가모니불과 다보불을 병좌시킨 이불병좌상이 중심을 이루고 있다. 그런데 전자는 관음신앙과 연관된 것이고, 후자는 法華信仰과 결부된 것이다. 이러한 신앙형태의 지역적 차이는 과거에 고구려 영역이었던 곳과 그렇지 않은 곳이라는 역사적 배경에서 연유한 것으로 보인다.

일부 불상에서는 세부적인 면에서 발해 고유의 양식이 눈에 뜨인다. 중요한 것으로서 塼佛思惟觀音菩薩立像과 이불병좌상이 있다. 관음보살입상 중에는 사유상이 포함되어 있는데, 사유상의 경우 생각에 잠긴 모습을 나타내기 위해서 앉아 있는 반가상으로 만들어지는 것이 일반적인 데에 비해서 발해에서는 서있는 모습으로 표현되어 특색을 이루고 있다.[23] 또한 이불병좌상은 왼쪽 부처의 오른손을 오른쪽 부처의 왼손 위에 올려놓고 있으며, 두 불상이 서로 팔을 맞대어 나란히 결가부좌하고 있다. 또한 두 개의 頭光이 서로 겹쳐져 하나의 커다란 擧身光의 광배 속에 함께 들어가 있으며, 양쪽에 협시불이 있는 경우가 있는 것 등도 독특한 것이다.[24] 이 밖에 거의 모든 불상들이 通肩衣를 하고 있는 것도 하나의 특징이다.

발해의 불상들은 대부분이 北魏에서 隋나라에 이르는 시기의 양식을 따르고 있고, 이 중에서도 북위 양식이 주를 이루고 있다.[25] 발해와 같은 시대의 당나라 양식이 거의 눈에 뜨이지 않는 것은 동일한 시기에 통일신라가 당나

---

21) 丹化沙, 〈關于興隆寺與渤海大石佛〉(《北方論叢》 1980-6).

22) 宋基豪・全虎兌, 〈咸和四年銘 발해 碑像 검토〉(《西巖趙恒來敎授華甲紀念 韓國史學論叢》, 亞細亞文化社, 1992).

23) 車玉信, 〈渤海 佛像에 관한 연구〉(梨花女大 美術史學科 碩士學位論文, 1990), 55~56쪽.

24) 駒井和愛, 〈渤海國の二佛並座石像〉(《學海》 3-4, 1946 ; 《中國都城・渤海硏究》, 雄山閣, 1977), 173쪽.
車玉信, 위의 글, 69쪽.

25) 車玉信, 위의 글, 78쪽.

라 양식을 적극적으로 받아들였던 것과는 대조적이다. 이것은 결과적으로 발해의 불상 양식이 같은 시대에 주변국가로부터 받아들인 것이 아니고, 전 시대로부터 이어받은 것임을 보여준다. 그렇다면 말갈이나 고구려로부터 계승된 것이 되는 셈인데, 이미 앞에서 언급한 바와 같이 고구려에 그 연원을 두어야 할 것이다. 그러나 오랜 기간 왜 고집스럽게 古式을 고수하였는지는 수수께끼라 하지 않을 수 없다.

926년에 발해가 멸망하자 많은 유민들이 고려로 망명해 왔다. 이러한 유민 가운데에는 載雄과 같은 승려도 포함되어 있는데, 망명 이후의 그의 행적에 대해서는 전혀 남아 있지 않다. 한편 발해 불교는 요동지방에서 명맥이 유지되었다. 928년에 거란이 발해유민들을 요동지방으로 강제 이주시키면서 상경성을 불태웠을 때에 그 곳에 있던 절들은 모두 불에 타버렸다. 이에 따라 遼陽을 중심으로 한 요동지방에 옮겨진 유민들 사이에 불교의 맥이 이어지게 되었다. 그러나 거란이 통치하던 시기의 불교 양상은 전해지는 것이 없고, 2백여 년이 지난 금나라 시기의 것만이 전해지고 있다.[26]

우선 금나라에서 활동한 趙崇德에 관한 기록이 있다.[27] 그는 금나라에서 벼슬을 하였던 발해유민으로서, 벼슬을 그만 둔 뒤 스스로 승려가 되어 큰 절을 짓고 燕京 竹林寺에 있던 慧日을 청하여 住持하도록 하였다고 한다. 그 시기는 대체로 12세기 전반에 해당된다.

그리고 금나라 蒲路虎(宗雋, ?~1139)에게 죽임을 당한 발해 승려에 관한 기록이 있다.[28] 그는 원래 술이 과하여 東京留守로 임지에 부임하기 전에 황제로부터 금주령이 내려진 바 있다. 그런데 도중에서 술을 권하는 발해 승려를 만나자 그를 죽였고, 다시 길에서 승려 5명이 輦을 타고 가는 것을 보고 이들마저 죽였다고 한다. 뒤의 승려들도 발해인들일 가능성이 크다.

한편 張浩(?~1162)는 요양 출신의 발해인으로 원래의 성은 고구려계의 高씨였다고 한다.[29] 그는 금나라 태조로부터 세종까지 5대에 걸쳐 벼슬을 하였

---

26) 금나라 때의 불교에 대해서는 다음의 글이 참고된다.
外山軍治, 〈金代遼陽の渤海人と佛教〉(《塚本博士頌壽記念佛教史學論集》, 1961).

27) 洪皓, 《松漠紀聞》 권 上, 渤海國.

28) 洪皓, 《松漠紀聞》 권 上, 蒲路虎.

29) 《金史》 권 83, 列傳 21, 張浩.

고, 특히 海陵王 이후로는 재상의 지위에 올라 요양지방의 발해유민으로서는 가장 현달하였던 인물로 부귀영화를 누렸다. 그런데 그의 집안도 불교와 관계가 깊었다. 자신이 磁州의 승려 法寶를 만날 때마다 大臣의 지위에도 불구하고 아랫자리에 앉았다고 하여 1155년 3월에 해릉왕으로부터 杖 20대의 형벌을 받기도 하였다. 또한 그의 형과 여동생도 승려가 되었다고 한다.[30]

한편 금나라 초기에는 황실의 后妃에 요양 출신의 발해인들이 적지 않았다. 이들 중에는 睿宗妃로 世宗의 생모였던 貞懿皇后 李씨(?~1161)와 顯宗妃인 昭聖皇后 劉씨(1139~1163)처럼 불교에 심취하였던 인물도 있었다. 이씨는 예종이 사망하자 여진의 풍습을 따르지 않고 比丘尼가 되어 고향인 요양에 돌아와 淸安禪寺를 세우고 따로 尼院인 垂慶寺를 세워 그 곳에 머물렀다. 그리고 유씨는 어려서 불교 서적을 아주 좋아하였다고 한다.

그런데 중요한 사실은 금나라 황실에서 불교를 받아들일 때에 이들의 역할이 컸다는 점이다. 금나라 황실에 불교가 받아들여진 것은 熙宗 때인데, 그는 직접 燕京에 가서 불교가 성행하던 모습을 보고 명승 海慧 등을 알게 되어 불교를 적극적으로 받아들이게 되었다고 한다. 그렇지만 한편으로는 금나라 황실 안에 있었던 이들 후비들의 역할도 무시할 수 없다고 한다.[31] 따라서 금나라의 불교사에서 발해유민들이 커다란 역할을 하였다고 할 수 있다.

지금까지 발해 불교의 전개 과정을 살펴보았다. 이제 발해 불교에 나타난 몇 가지 특징에 대해서 정리해 볼 차례이다.

첫째, 발해 불교의 원류와 성격에 관한 문제이다. 우선 발해 불교의 뿌리는 말갈이나 당나라에 있지 않고 고구려에 있다는 점이다. 이것은 현재까지 발견된 불상들이 모두 북위에서 수나라에 이르는 고식을 취하고 있다는 데에서 증명이 된다. 그러므로 발해 불교는 같은 시대에 주변국으로부터 유입된 것이 아니라 고구려로부터 계승된 것이 그 모태를 이루었고, 그것이 끝까지 고수되었음을 확인할 수 있다. 또한 가장 흔하게 발견되는 塼佛들이 고구

外山軍治, 〈金代遼陽の張氏と熊岳の王氏について〉(《橋本博士古希記念東洋學論叢》, 1960).

30) 羅福頤, 〈光祿大夫張行願墓誌〉(《滿洲金石志》 권 3 ; 《石刻史料新編》 1집 23책, 臺北 ; 新文豊出版公司, 1982).

31) 外山軍治, 앞의 글(1961), 499~500쪽.

려식이고, 사원 건축에 이용된 와당이 고구려식 蓮花文이라는 사실도 이를 증명해 준다.

물론 고구려 영역이었다가 커다란 변동을 겪지 않고 발해 영역으로 편입되었던 남경과 동경지역에서는 고구려 불교가 발해로 거의 그대로 이어졌으리라는 것은 자명하다. 동경을 중심으로 퍼져 있었던 법화신앙이라든가, 新浦市 梧梅里 절골유적에서 발견된 금동판은 바로 그러한 사실을 확인시켜 준다.

그러나 발해 불교에는 고구려적 요소만 있었던 것은 아니다. 시간이 지남에 따라 당나라로부터 새로 유입된 요소, 그리고 자신의 독창적인 요소가 점차 가미되기 시작하였다. 예컨대 탑은 분명히 당나라 벽돌탑 양식을 채용하고 있으나, 탑의 운용면에서 승려의 사리탑이 아닌 권력자의 무덤탑으로 이용되기도 한 점은 두드러진 예이다. 그리고 불상 양식면에서 사유상이 서있는 모습으로 표현된 것이 있고, 이불병좌상의 세부 양식면에서 중국 것과 다른 점들이 나타나고 있다. 또한 불상들이 통일신라의 경우와 달리 당나라 양식이 아닌 그 이전의 고식을 고수하였다는 점도 발해 불교의 특징이라 하겠다.

둘째, 신앙의 형태에 관한 문제이다. 비록 어떤 종파가 발해에 전해져 성행하였는지는 알 수 없지만, 신앙면에서 볼 때 관음신앙, 법화신앙, 아미타불신앙 그리고 密敎的 요소들이 발견된다. 그리고 이 중에서도 관음신앙과 법화신앙이 발해에서 성행하였던 것으로 짐작된다. 그러면서도 지역적으로 구분되어 나타나는 점도 주목된다. 상경지역에는 관음신앙이 중심을 이루었고, 동경지역에는 법화신앙이 중심을 이루었다. 이것은 시기적인 차이의 결과라기보다는 불교 전통의 지역적 차이에서 기인하는 것이다.

셋째, 지배층 특히 왕권과의 관련성 문제이다. 발해 불교 역시 지배층 중심으로 융성하였으며, 특히 왕실과 밀접한 관련을 맺고 있었다. 이러한 사실은 불교 유적이 도성이었던 상경·중경·동경지역에 집중적으로 나타나는 것을 통하여 유추할 수 있다. 그리고 왕실과 밀접한 관련을 맺고 있었다는 점은 문왕 때의 전륜성왕 표방이나, 정효공주의 무덤탑 양식과 이 무덤에 능사를 조성한 사실 등에서 알 수 있으며, 그 밖에 영광탑에 도안된 문구도 그러한 사실을 보여준다

한편 발해에는 불교 이외에도 景教(네스토리우스교)와 샤머니즘의 흔적도

보인다. 팔련성 제2절터에서 발견된 三尊佛에는 십자가같은 것을 매단 목걸이가 보이고,[32] 러시아 연해주의 아브리코스절터에서도 경교 십자가가 새겨진 점토판이 발견되었다.[33] 이들은 발해에 경교가 전래되었을 가능성을 보여주지만, 아직은 확증하기 어렵다.

상경성이나 우수리이스크에서 발견된 소형의 騎馬人物像들은 샤머니즘의 신을 표현한 것이라는 견해가 있다.[34] 아마 일반인들의 신앙은 이러한 샤머니즘이 중심을 이루었을 것이다.

〈宋基豪〉

2. 유학과 한문학

발해는 당나라와 가장 활발하게 교섭하였다. 중국과의 빈번한 교류는 冊封을 받고 國喪을 알리고자 하는 정치적 목적이나, 교역과 같은 경제적 목적을 달성하기 위한 것이었다. 그렇지만 이에 못지 않게 커다란 비중을 차지하고 있었던 것이 선진 문화의 수입이었다. 중국 문화를 수입하던 창구로는 장기간 현지에 머물렀던 유학생·宿衛 王族 등을 주로 이용하였을 것이지만, 일시적으로 파견되었던 사신들도 여기에 한몫을 하였다.

문헌에는 발해에서 당에 학생을 파견한 기록이 세 군데 보인다. 첫째는 714년에 발해 학생 6인과 신라 학생 7인이 당의 國子監에 입학하였다는 기록이다.[1] 이로부터 100여 년을 뛰어 넘어 830년대에 학생을 파견한 기록이 다시 보인다.[2] 당나라에 갔던 발해 사신 高寶英(高賞英)이 833년 정월

32) 齋藤甚兵衛, 앞의 책, 도판 7-1.
33) E.V. Shavkunov 著·宋基豪 譯, 〈沿海州의 발해 문화 유적〉(《白山學報》 30·31, 1985), 457쪽.
34) E.V. Shavkunov·L.E. Semenichenko 著·宋基豪 譯, 〈소련 연해주의 발해 문화 연구〉(《韓國史論》 23, 서울大, 1990), 566~567쪽.

1) 《玉海》 권 153, 朝貢 外夷來朝 唐渤海遣子入侍.
2) 《冊府元龜》 권 999, 外臣部, 請求.

에 학생들을 교체할 수 있도록 당나라 조정에 요청하여 허락을 받았다고 한다. 이리하여 이미 파견되어 있던 李居正·朱承朝·高壽海 3인을 새로 보낸 解楚卿·趙孝明·劉寶俊 3인으로 교체하였다. 셋째는 837년 3월의 기사이다.[3] 발해 왕자 大俊明이 賀正使로 당나라에 갔을 때에 16명의 학생이 동행하였는데, 6명의 학생만 입학을 허락 받고 10명은 되돌려 보내졌다고 한다.

당나라 賓貢科에 급제한 발해인들도 역시 국자감에 입학하였던 학생들임에 틀림없다. 당나라는 9세기에 들어와 외국에서 유학온 학생들을 위해서 특별히 빈공과란 과거를 개설하였다. 여기에 합격한 발해인은 10명에 가까운 것으로 추산되는데,[4] 이름이 알려진 것은 세 사람이다. 872년에 급제한 烏昭度(烏炤度),[5] 892년에 급제한 高元固,[6] 906년에 급제한 오소도의 아들 烏光贊[7]이 그들이다.

이상의 사료로 보아 발해는 초기부터 말기까지 지속적으로 학생들을 파견하였음을 알 수 있다. 이러한 학생의 파견은 발해 문화를 꽃 피우는 밑거름이 되었는데, 이 사실은 다음 기록에 잘 나타나 있다.

> 처음에 발해 왕이 자주 학생들을 파견하여 京師의 太學에서 고금의 제도들을 익히게 하니 이 때에 이르러 마침내 海東盛國이 되었다(《新唐書》 권 219, 列傳 144, 渤海).

즉 발해가 9세기에 해동성국이라는 영예의 칭호를 얻을 수 있었던 것도 바로 이와 같은 노력이 뒷받침되었기 때문이었다.

학생 외에도 장기간 당나라에 머물면서 선진 문물을 습득하였던 사례로서 宿衛로 보내진 왕족들도 고려해야 한다. 발해에서 王子나 王弟를 숙위로 파

《舊唐書》 권 199 下, 列傳 149 下, 北狄 渤海靺鞨.

3) 《唐會要》 권 36, 附學讀書.

4) 宋基豪, 〈唐 賓貢科에 급제한 渤海人〉(《李基白先生古稀紀念 韓國史學論叢》 上, 一潮閣, 1994), 443쪽.

5) 《孤雲集》 권 1, 新羅王與唐江西高大夫湘狀 및 與禮部裴尙書瓚狀.
《高麗史》 권 92, 列傳 5, 崔彦撝.

6) 《全唐詩》 11函 1冊, 徐夤.

7) 《高麗史》 권 92, 列傳 5, 崔彦撝.

견한 것은 12회가 확인된다.[8] 이들뿐만 아니라 朝貢使나 賀正使와 같이 그때그때 파견되었던 사신들도 이러한 역할을 하였다. 이들을 통해서 국가에서 필요한 문물들을 수집해 오도록 하였던 사례들이 보이기 때문이다.

학생이나 숙위 왕족·사신들을 통하여 당나라로부터 수입된 문물들은 여러 면에서 발해를 일신시켰다. 이렇게 수입된 당나라 문화로서 발해사회를 이끌어가는 데에 커다란 역할을 하였던 것이 儒學과 文學이라 할 수 있다. 유학은 국가를 운영하는 기본 질서를 마련해 주었고, 문학은 국가를 이끌어 가던 귀족들의 소양을 한껏 높여 주었다.

1) 유 학

유학이 발해에 커다란 영향을 끼치기 시작한 것은 文王 때부터일 것이다. 714년에 학생을 파견하였다는 기록으로 보아 건국 초기부터 유학의 영향이 있었음이 분명하다. 그러나 유학 교육이 활발히 이루어지고 이에 따라 유학이 발해사회에 뿌리를 깊이 내리게 된 것은 대체로 문왕의 文治에 힘입은 것으로 여겨진다.

문왕이 당나라 문물을 적극적으로 받아들여 내부 정비를 추진함에 따라 각종 정치제도·都城구조·무덤양식 등에서 중국적 모습이 드러나게 되었다.[9] 이와 궤를 같이 하면서 문왕은 사상면에서 유학과 불교를 진흥시키는 데에 주력하였는데, 여기서는 유학에 한정하여 살펴보도록 하겠다.

문왕은 즉위한 다음해인 738년 6월 당나라에 사신을 보내어 《唐禮》·《三國志》·《晋書》·《三十六國春秋》를 구하고자 하여 玄宗의 허락을 받았다.[10] 여기서 《당례》는 유교에 입각한 국가규범인 五禮를 담고 있던 《大唐開元禮》를 가리키는데, 이것은 종전에 사용하던 貞觀禮와 顯慶禮를 정비하여 蕭嵩

8) 宋基豪, 앞의 글, 431쪽 표 참조.

9) 宋基豪, 〈발해 文王代의 개혁과 사회변동〉(《韓國古代史硏究》 6, 한국고대사연구회, 1993), 66~69쪽.

10) 《唐會要》 권 36, 蕃夷請經史.
《冊府元龜》 권 999, 外臣部 請求.
《玉海》 권 153, 朝貢 外夷來朝 唐渤海遣子入侍 참조.

등이 당의 玄宗 開元 20년(732)에 완성한 것이다.[11] 반포된 지 6년만에 문왕이 이를 수입하고자 하였던 것으로 보아 유교적 도덕규범과 사회규범을 토대로 발해사회를 이끌어 나아가고자 하였음을 유추해 볼 수 있다.

이러한 서적들은 궁중 도서를 관장하던 文籍院에 소장되었을 것이고, 胄子監에서는 이를 교재로 삼아 교육을 하였을 것이다. 주자감은 당나라의 국자감에 상응하는 교육기관으로서, 이곳에는 책임자로 監長을 두었다.[12] 胄子란 말은 《書經》 舜典에서 따온 것으로 '卿大夫 이상의 맏아들'을 의미한다고 한다. 따라서 명칭만으로도 주자감이 왕족과 귀족의 자제들을 교육시키던 곳임을 짐작할 수 있다.

한편 발해의 여러 제도를 살펴보면 유학과 관련된 명칭들이 다수 보인다. 궁중에서 후궁의 업무를 담당하던 巷伯局의 항백은 《詩經》에서 따온 것이라고 한다. 그리고 문왕의 尊號인 "大興寶曆孝感金輪聖法大王"에도 불교 용어와 함께 孝感이란 유교적 단어가 들어 있다.

무엇보다도 忠·仁·義·智·禮·信이라는 유교덕목을 6부의 명칭으로 삼은 것은 독창적인 것으로서 발해사회에 유학이 얼마나 깊숙이 침투해 있었는가를 실증해 주고 있다. 8세기 중반에 일본의 仲麻呂정권이 官號와 官制 등을 개혁하면서 이 6부의 명칭을 모방한 것도 눈 여겨 볼 만하다.[13]

발해 지배층에 유학이 깊이 자리잡고 있었던 사실은 貞惠公主와 貞孝公主의 두 墓誌를 통해서도 알 수 있다.[14] 이 묘지는 중국의 유교 경전과 역사서들을 두루 섭렵하여 변려체 문장을 구사하고 있어서 당시 발해 지식인의 소양을 엿보게 한다.[15] 인용된 경전만 하더라도 《尙書》·《春秋》·《左傳》·《詩經》·《易經》·《禮記》·《孟子》·《論語》 등이 있다. 유교적인 수사를 사용하

11) 《舊唐書》 권 21, 志 1, 禮儀 1.
12) 監長을 하나의 직책으로 이해하여 당나라 祭酒에 상당하는 것으로 보는 견해가 있고(鳥山喜一 著·船木勝馬 編, 《渤海史上の諸問題》, 風間書房, 1968, 77쪽), 監과 長의 두 개 직책으로 이해하여 각기 祭酒와 司業에 해당하는 것으로 보는 견해도 있다(金毓黻, 《渤海國志長編》 권 15, 職官考, 華文書局, 1934).
13) 鈴木靖民, 《古代對外關係史の硏究》(吉川弘文館, 1985), 38쪽.
14) 鄒秀玉, 〈貞孝公主墓志反映出的儒家思想〉(《博物館硏究》 1983 - 3).
15) 王承禮, 〈唐代渤海"貞惠公主墓志"和"貞孝公主墓志"的比較硏究〉(《社會科學戰線》 1982 - 1), 185~186쪽.

여 국왕과 공주의 덕을 기리고 있는 몇 구절을 정효공주묘지에서 인용하면 다음과 같다.16)

① 무릇 오래 전에 읽었던 《尙書》를 돌이켜 보건대, 堯임금은 두 딸을 嬀水의 물굽이에 내려보내 舜임금에게 시집보냈고, 《左傳》을 널리 상세히 보건대 周 天子가 딸을 齊나라에 시집보낼 때에 魯 莊公이 魯館을 지어 그 혼례를 주관하였다. 그러니 부녀자로서 갖추어진 덕이 밝고 밝으면 명예로운 이름이 어찌 후세에 전해지지 않을 것이며, 어머니로서 갖추어진 규범이 아름답고 아름다우면 先人들이 쌓은 은혜가 어찌 무궁하게 전해지지 않으리오.

② 생각건대 高王·武王의 조상들과 아버지 文王은 王道를 일으키고 武功에서 커다란 업적을 남겼다고 능히 말할 수 있으니, 만일 이들이 때를 맞추어 政事를 처리하면 그 밝기가 日月이 내려 비치는 것과 같고, 기강을 세워 정권을 장악하면 그 어진 것이 천지가 만물을 포용하는 것과 같았다. 이들이야말로 우·순임금과 짝할 만하고 夏·禹임금과 닮았으며, 商 湯王과 같은 지혜를 배양하고 周 文王과 같은 韜略을 갖추었다.

③ (공주는) 일찍이 女師에게서 가르침을 받아 능히 그와 같아지려 하였고, 매번 漢 班昭를 사모하여 詩書를 좋아하고 禮樂을 즐겼다.…六行을 크게 갖추고 三從을 지켰다. 衛 共伯의 처 共姜의 맹세를 배웠고, 齊 杞梁의 처와 같은 애처러움을 품었다. 父王에게서 은혜받아 스스로 婦德을 품고 살았다(〈貞孝公主墓誌幷序〉).

그렇지만 정효공주를 칭송하기 위해서 漢代의 고사를 잘못 인용한 예가 보이고 있고, 첫머리에 "貞孝公主墓誌銘" 또는 "貞孝公主墓銘幷序"라고 해야 할 것을 "貞孝公主墓誌幷序"라고 잘못 표기하고 있어서 미숙하였던 일면을 보여주기도 한다.17)

문왕 이후로 발해사회는 유학이 널리 보급되었고, 지속적인 선진 문화의 유입에 따라 마침내 9세기에는 해동성국으로까지 불리게 되었다. 그러나 구체적인 정황을 보여주는 사료는 없다. 다만 다음의 두 가지 사례를 통하여 유학이 발해인에게 얼마나 영향을 미쳤는가를 가늠해 볼 수 있을 따름이다.

우선 발해인의 姓名이다. 왕의 이름인 大元義·大言義·大明忠·大仁秀,

---

16) 韓國古代社會硏究所 編, 《譯註 韓國古代金石文》 Ⅲ(駕洛國史蹟開發硏究院, 1992), 451~465쪽 참조.

17) 鄒秀玉, 〈渤海貞孝公主墓志幷序考釋〉(《延邊文物資料匯編》, 1983), 68쪽·81쪽.

공주 이름인 貞惠와 貞孝, 귀족 이름인 大義信·大誠慶·大誠愼·大昭順·大禹謨·謁德·高仁·辛文德·高文信·烏孝愼·李居正·楊成規 등에는 추상적이고 유교적 덕목들인 충·인·의·신·효 등이 포함되어 있다.

다음은 외국에 오고간 國書이다. 국서는 비록 의례적이고 추상적이며 상투적인 말들로 가득 차있기는 하지만, 각각의 왕에 대한 평가는 어느 정도 실상을 보여주는 면이 있다. 특히 宣王이나 大彛震에 대한 평가는 주목할 만한 것이다. 선왕은 일본으로부터 "信義로 본성을 이루고, 禮儀로 立身하였다"[18] "세속에는 禮樂을 전하고, 가문에는 衣冠을 이었다"[19] "믿음은 金石과 같이 확고하고 절개는 소나무·대나무처럼 곧다"[20]는 말을 들었다. 그리고 대이진은 중국으로부터 "대대로 忠貞을 이어받았고, 사람 됨됨이는 仁厚에 바탕을 두었다"[21]는 평가를 받았다.

2) 한문학

발해인이 남긴 문학작품들은 중국과 일본의 여기저기에 흩어져 수록되어 있었기 때문에 전체적으로 접근하기가 어려웠지만, 금세기에 들어서 金毓黻이 대부분을 수집하여 놓았기 때문에,[22] 그 뒤의 연구에서 많이 활용되었다.[23]

발해인들이 얼마나 문학에 대해 관심을 가지고 있었는가는 高元固와 관련

---

18) 《日本逸史》 권 28, 嵯峨天皇 弘仁 11년 정월 갑오.
19) 《日本逸史》 권 30, 嵯峨天皇 弘仁 13년 정월 계축.
20) 《日本逸史》 권 34, 淳和天皇 天長 3년 5월 신사.
21) 《文苑英華》 권 471, 與渤海王大彛震書.
22) 金毓黻, 《渤海國志長編》 권 18, 文徵.
23) 발해 문학에 대해서는 다음의 글들이 참조된다.
朱國忱·張泰湘·吳文銜·魏國忠, 〈關于唐代渤海國的文學藝術〉(《求是學刊》 1980-3).
조동일, 《한국문학통사》 1(지식산업사, 1982), 214~229쪽.
鄧偉, 〈論渤海文學〉(《學習與探索》 1984-3).
王承禮 저·宋基豪 역, 《발해의 역사》(翰林大 아시아文化硏究所, 1987), 236~246쪽.
사회과학원 력사연구소, 《조선전사》 5(제2판, 과학백과사전종합출판사, 1991), 164~168쪽.
金武植, 〈渤海 文學 硏究〉(韓國精神文化硏究院 碩士學位論文, 1992).

된 글에서 조금이나마 더듬어 볼 수 있다.[24] 그가 중국을 방문하였을 때에 같은 시기에 과거에 급제한 徐夤을 만나러 閩中(福建省 福州)지방을 방문한 적이 있었다. 이 때 서인을 만나서 그가 지은 〈斬蛇劍賦〉·〈御溝水賦〉·〈人生幾何賦〉를 발해 사람들이 집집마다 금으로 써서 병풍을 만들어 놓았다는 말을 전하였다. 이들이 급제한 것이 892년이므로 그 시기는 10세기 초가 아니었을까 여겨진다. 이러한 발해인들의 취향으로 보아서 많은 문학작품들이 만들어졌을 것으로 추정되지만, 지금은 극소수만이 전해지고 있을 따름이다.

발해인의 문학작품으로 文章과 詩가 남아 있는데, 우선 문장부터 살펴보겠다. 문장은 私的인 것보다는 외교관계와 관련하여 국가 사이에 오고간 공식 문서들이 중심을 이루고 있다. 문장형식은 당나라에서 크게 유행하던 騈驪文이 대부분이지만 때로는 散文도 있다. 발해는 당·일본·신라·거란·돌궐 등의 이웃 나라들과 외교 교섭이 있었지만 전해지는 문서들은 당 또는 일본과 오간 것들뿐이다. 그 숫자를 보면 발해에서 당나라에 보낸 것이 1편, 당나라에서 발해에 보낸 것이 10편이 된다. 그리고 발해에서 일본에 보낸 것이 23편, 일본에서 발해에 보낸 것이 28편이다.

발해가 당나라에 사신을 파견한 것이 160차례 이상이 되지만, 발해가 당나라에 보낸 문서는 연대를 확인할 수 없는 賀正表 1편만이 남아 있다.[25] 이 글은 4·6句의 변려문 형식을 띠고 있고, 한 해의 시작을 축복하는 내용을 담고 있다.

발해에서 일본에 보낸 23편의 문서 가운데에서 발해 국왕이 보낸 것이 16편이고, 발해 中臺省이 일본 太政官에 보낸 관청문서가 7편이다.[26] 앞의 것은 일본 사료에서 書·啓·啓狀·別狀 등으로 칭해지는 것들이고, 뒤의 것은 牒으로 칭해지는 것들이다. 이들은 외교문서에 속하기 때문에 일정한 격식을 갖추고 있고 대부분 상투적인 어구로 채워져 있다. 따라서 이러한 문서들을 통해서는 작자의 의중을 파악하기가 어렵다. 다만 이들을 분석해 보면 발해 초기에는 변려문의 형식을 충실히 따르고 있지만, 후기로 갈수록 對句가 적

24) 《全唐詩》 11函 1冊, 徐夤.
25) 洪皓, 《松漠紀聞》 권 下.
26) 宋基豪, 〈渤·日 國書를 중심으로 본 9세기의 발해사회〉(《汕耘史學》 7, 1993), 7~9쪽 표 참조.

어지고 문장의 호흡이 자유로워지는 경향이 나타나는데,[27] 이것은 발해 문학의 전반적 흐름을 보여주는 것으로 여겨진다.

이 밖에 裴璆가 東丹國의 사신으로 일본에 갔다가 일본조정에 사과하는 글을 올린 것이 있다.[28] 이 때는 발해가 멸망한 지 4년이 되는 930년에 해당하므로 엄밀한 의미에서는 遺民의 문장에 속하는 것이지만, 그가 주로 멸망 전에 활동하였으므로 발해 문학에 넣어도 큰 문제는 없을 것이다. 이 글에서 그는 典故를 끌어들이면서 四六(文)과 對句를 구사하여 훌륭한 문학적 재질을 보여주고 있다.[29]

이상은 외교와 관련된 문장들이지만 개인적 목적을 위해서 쓰인 문장도 없지는 않다. 첫째는 발해 승려인 貞素가 靈仙의 죽음을 애도하여 지은 시에 붙여진 序가 있다.[30] 이 글은 산문으로 쓰여 있다. 둘째는 貞惠公主와 貞孝公主의 墓誌이다. 이들은 序와 銘을 갖추어 당나라의 전형적인 墓誌文 형식을 따르고 있다.

정효공주묘지는 전형적인 변려체 문장으로서, 12행의 서문과 5행의 銘文으로 구성되어 있다. 그런데 정혜공주묘지와 비교해 보면 두 사람의 행적을 기록한 부분만 다르고 거의 대부분이 일치한다. 이 점으로 보아 당시에 文籍院과 같은 곳에 원본을 작성해 두었다가 개인적 신상에 관한 부분만 수정하여 문장을 작성하였던 것으로 생각된다. 이 사실은 문왕 때에 당나라의 수준높은 문화를 습득하여 자기의 것으로 완전히 만들지 못하고 아직은 모방의 단계에 머물러 있었던 사실을 반영하는 듯하다.

이제 漢詩로 눈을 돌려보자. 발해인의 시는 貞素가 중국에서 지은 1수를 제외하고는 모두 일본에 파견된 사신들이 지은 것이다. 일본 문인들과 시문을 교환하였던 발해 사신으로는 758년에 파견된 副使 楊泰師, 814년에 파견된 大使 王孝廉과 부사 高景秀[31] 및 錄事 釋仁貞, 858년에 파견된 부사 周元伯, 871년에 파견된 대사 楊成規와 부사 李興晟, 882년에 파견된 대사 裴頲,

27) 金武植, 앞의 글, 26쪽.
28) 《本朝文粹》 권 12.
29) 金武植, 앞의 글, 31쪽.
30) 圓仁, 《入唐求法巡禮行記》 권 3, 開成 5년 7월 3일.
31) 《文華秀麗集》 권 上, 和渤海入覲副使公賜對龍顏之作.

894년에 파견된 대사 배정과 이름이 알려지지 않은 부사,[32] 907·919·929년에 파견된 대사 裴璆가 있다.

일본에서는 이들 문인을 대하는 데에 대단한 신경을 썼다. 주원백이 파견되었을 때에 문장에 능한 嶋田忠臣을 加賀權掾으로 삼아 응대하도록 조처하였고,[33] 양태사 일행을 접대하기 위해 掌渤海客使로 임명된 都言道가 조정의 허락을 받아서 자신의 이름을 都良香으로 개명하였다.[34] 자신의 이름이 발해 사신을 접대하기에 적당하지 않다고 생각하였기 때문에 雅化시킨 것이다. 또한 '七步之才'[35]를 지녔다고 할 정도로 즉흥시에 능한 배정이 사신으로 갔을 때에도 일본조정에서는 임시로 菅原道眞을 治部大輔로 삼고, 嶋田忠臣을 玄蕃頭로 삼아 응대하도록 하였고,[36] 문장에 능하지 못한 藤原良積이 연회 도중에 퇴장해 버리는 사건도 있었다.[37] 이 때 그는 强仕(40세)가 채 되지 않았던 젊은 나이였다.[38] 12년 후 그가 다시 사신으로 일본에 갔을 때에 관원도진은 뛰어난 재주에도 불구하고 宰相에 오르지 못한 것을 안타까워하는 시를 지어주기도 하였다.[39]

이들 문인들이 파견된 시기는 양태사를 제외하고 모두 9세기였다. 특히 왕효렴 일행마저 제외한다면 9세기 중반 이후가 된다. 그리고 일본에서 발해 문인들을 대하는 데에 특별히 신경을 썼던 것도 9세기 중반 이후의 일로서, 이 무렵에 발해 사신의 문장에 대한 식견이 상당히 높았음을 보여준다.

현재까지 전해지는 시는 양태사 2수, 왕효렴 5수, 석인정 1수, 석정소 1수로서 모두 9수가 있다. 시의 제목을 보면 양태사의 〈夜聽擣衣〉·〈奉和紀朝臣公詠雪〉, 왕효렴의 〈奉勅陪內宴〉·〈春日對雨得情字〉·〈在邊亭賦得山花戲寄兩箇領客使幷滋三〉·〈和坂領客對月思鄉見贈之作〉·〈從出雲州書情寄兩箇勅使〉,

---

32) 《菅家文草》 권 5, 客館書懷同賦交字寄渤海副使大夫 및 和副使見詶之作.
33) 《日本三代實錄》 권 2, 淸和天皇 貞觀 원년 3월 13일.
34) 《日本三代實錄》 권 21, 淸和天皇 貞觀 14년 5월 7일.
35) 《菅家文草》 권 7, 鴻臚贈答詩序.
36) 《日本三代實錄》 권 43, 陽成天皇 元慶 7년 4월 21일.
37) 《日本三代實錄》 권 43, 陽成天皇 元慶 7년 5월 10일.
38) 繼和渤海裴使頭見酬菅侍郎紀典客行字詩의 "多才實是丹心使 少壯猶爲白面郞" 구절 다음에 "大使年未及强仕故云"이란 주가 달려 있다(《田氏家集》 권 中).
39) 《菅家文草》 권 5, 客館書懷同賦交字呈渤海裴令大使.

석인정의 〈七日禁中陪宴〉, 석정소의 〈哭日本國內供奉大德靈仙和尙詩幷序〉이다. 이 밖에 배정이 지은 시의 한 구절이 전해지고 있다. 이들의 시는 五言律詩 2수, 七言古詩 1수, 七言絶句 6수로 되어 있어서 발해인들이 7언시를 즐겨 사용하였음을 볼 수 있다. 내용으로는 일본조정으로부터 환대를 받아 즐거운 마음을 표현한 것이 있는가 하면, 멀리 타국에서 고국을 그리는 향수를 그린 것도 있다.

고국을 그리는 시로서 대표적인 것으로 손꼽히는 것이 양태사의 〈밤에 다듬이 소리를 듣고〉라는 서정시이다.[40] 이 시의 전문은 다음과 같다.

서리 기운 가득한 하늘에 달빛 비치니 은하수도 밝은데
나그네 돌아갈 일 생각하니 감회가 새롭네
홀로 앉아 지새는 긴긴 밤 근심에 젖어 마음 아픈데
홀연히 들리누나 이웃집 아낙네 다듬이질 소리
바람결에 그 소리 끊기는 듯 이어지는 듯
밤 깊어 별빛 기우는데 잠시도 쉬지 않네
나라 떠나온 뒤로 아무 소리 듣지 못하더니
이제 타향에서 고향 소리 듣는구나
방망이 무거운지 가벼운지
다듬잇돌 평평한지 아니한지
멀리서 가녀린 몸에 땀흘리는 모습 측은히 여기며
밤 깊도록 옥 같은 팔로 다듬이질하는 모습 보는 듯하네
나그네에게 따뜻한 옷 지어 보내려고 하는 일이지만
그대 있는 방 찬 것이 먼저 걱정이구려
비록 예의 잊어 묻기 어렵지만
속절없이 원망하는 그대 마음 모를 리야 있겠는가
먼 이역에 가 있네 그래도 새로 사귄 사람 없지
한 마음이기를 원하네 그러면서 길게 탄식하네
이 때 홀로 규중으로부터 탄식소리 들리니
이 밤 아름다운 눈동자에 눈물 고이는 것 그 누가 알리
생각하고 또 생각하네 마음은 이미 그대에 젖어 있는데
또 들리누나 괴로운 이 마음

40) 《日本詩紀》 권 6. 이 시는 《經國集》 권 13에도 실려 있지만, 滋野貞主의 시와 뒤섞여서 잘못 편집되어 있다.

차라리 잠들어 꿈속에서 소리 찾아가고 싶은데
다만 근심으로 잠 못드누나(〈夜聽擣衣〉)

이 시는 일본에서 가을밤에 다듬이질 소리를 듣고 고국의 부인을 그리워하는 내용을 담고 있다. 여섯 번에 걸쳐 운을 바꾸면서 상념의 변화를 자유롭게 표현하고 있어서 높은 수준의 서정성을 드러내고 있다.

일본 조정에서 환대를 받아 즐거운 마음을 표현한 것으로는 왕효렴의 〈봄날에 비를 보고 情字를 얻어 지음〉이란 시를 들 수 있다.

주인이 邊廳에서 잔치를 여니
上京에서처럼 심히 취하였네
아마 雨師도 聖意를 안 듯
단비가 촉촉이 내려 나그네 마음 적시네(〈春日對雨得情字〉)

이상으로 발해 문학을 개관하여 보았다. 이 밖에도 발해遺民으로서 문학작품을 남긴 인물도 적지 않다. 이러한 인물로서 遼나라 때의 天祚帝 文妃大氏, 金나라 때의 王遵古·王庭堅·王庭筠·王萬慶 집안, 高衎·高憲 집안, 張汝爲·張汝能 형제 등을 열거할 수 있지만, 이들은 이미 발해 문학의 범주에서는 벗어난 것이다.

마지막으로 발해에 한자 이외에 고유 문자가 있었는지 간단히 검토해 볼 필요가 있다. 《舊唐書》 渤海靺鞨傳에 "文字와 書記가 있다"고 한 기록과 기와에 찍혀 있는 판독하기 어려운 글자들을 근거로 발해에 고유 문자가 있었다는 주장이 자주 제기되곤 한다. 그러나 고유 문자로 표기된 문장은 전혀 확인되지 않고 있다. 오히려 발해인이 남긴 두 공주의 묘지나 詩文을 보면 이들은 한자를 일상적으로 사용하였음을 알 수 있다. 따라서 현재로서는 발해에 고유 문자가 있었다는 사실을 증명할 만한 자료가 없다고 보는 것이 타당할 것이다.

〈宋基豪〉

3. 예　술

1) 건　축

발해의 건축물에는 궁궐이나 관청·살림집·寺院과 같은 것들이 있지만, 이들은 터만 남아 있을 뿐이지 원래의 모습을 유지하고 있는 것이 하나도 없다. 범위를 좀더 넓게 잡아서 성곽이나 무덤, 탑과 석등까지 포함할 경우에 원상을 유지하고 있는 것을 겨우 몇 개 확인할 수 있을 따름이다. 따라서 발해의 건축물에 대한 언급은 그만큼 제한적일 수밖에 없다.[1)]

(1) 성곽과 건물지

발해 성터에 대해서는 1933년과 그 이듬해에 일본의 東亞考古學會가 東京城(上京城)을 발굴하면서 체계적인 학술조사가 시작되었다. 그 뒤로 발해시대에 사용되었던 것으로 추정되는 城이나 堡壘들이 상당수 조사되었는데, 만주지역에서 80개 이상, 북한에서 20여 개, 연해주에서 28개 정도여서 전체 숫자가 120개를 넘는다.[2)]

이들 성터는 발해 때에만 사용된 것이 있는가 하면, 그 이전에 만들어져

---

1) 발해 건축에 대한 전반적인 내용은 다음 글들이 참조된다.
魏存成, 〈渤海的建築〉(《黑龍江文物叢刊》 1984 - 4).
李殿福, 〈渤海國的建築與造形藝術〉(《淸溪史學》 6, 1989).
장상렬, 〈발해건축의 력사적위치〉(《고고민속론문집》 3, 사회과학출판사, 1971).
———, 〈발해의 건축〉(《발해사연구론문집》 1, 과학백과사전종합출판사, 1992).

2) 宋基豪, 〈발해 城址의 조사와 연구〉(《韓國史論》 19, 國史編纂委員會, 1989), 410~413쪽.
엄장록, 〈연변지구 발해시기의 옛성터에 관한 고찰〉(《발해사연구》 1, 연변대학출판사, 1990), 120~121쪽.
송기호, 〈北韓의 渤海史·統一新羅史 硏究〉(《北韓의 古代史硏究》 歷史學會 編, 一潮閣, 1991), 194~195쪽.
에.붸. 샤브꾸노프, 〈沿海州의 渤海遺蹟〉(《中國 東北地方 및 沿海州에서의 韓民族史의 再構成》 제7회 韓國民族史 國際學術 심포지엄, 1994), 48쪽.
에.붸. 샤브꾸노프 엮음·송기호·정석배 옮김, 《러시아 연해주와 발해 역사》(민음사, 1996), 84~101쪽.

발해 때에 계속 사용된 것도 있다. 발해가 멸망하고 나서 요·금나라 때에 수리되어 다시 사용된 것도 많다. 따라서 발해에서 사용된 것으로 확정하기 위해서는 면밀한 조사와 검토가 필요하지만 아직은 초보적 단계에 머물러 있는 실정이다.

현재 편년 기준으로는 성의 구조와 출토 유물의 양식이라는 두 가지가 이용되고 있는데, 앞의 경우에 성벽에 시설된 雉나 甕城 등의 유무가 주로 고려되고 있고, 뒤의 경우에는 기와와 陶器 양식이 주로 고려되고 있다. 그러나 이런 기준들이 통일되지 않아 중국·북한·러시아에서 각기 다르게 적용되는 면도 보인다.

발해의 성은 입지 조건에 따라 平地城과 山城으로 분류된다. 예를 들면 上京城·八連城·西古城 등은 평지성에 속하고, 城山子山城·城墻砬子山城 등은 산성에 속한다. 기능에 따라서는 中心城과 이를 호위하는 衛城으로 분류되고 위성은 다시 堡壘·遮斷城 등으로 나누어진다. 성산자산성과 永勝遺蹟 주변에는 石湖古城·黑石古城·馬圈子古城·通溝嶺山城 등이 둘러싸고 있고, 강을 방어하기 위한 南臺子古城堡·大甸子古城堡·孫家船口古城堡 등의 보루도 있다. 서고성 주위에는 獐項古城·龍泉古城·紅星古城·河南屯古城 등의 위성이 자리를 잡고 있다.[3] 함경도지역의 성을 예를 들면 青海土城(北青土城)은 중심성이고, 강미봉 보루나 노루목 보루 등은 강가에 축조된 보루에 속하며, 새덕 차단성이나 지방리 차단성은 차단성에 속한다.

축성 재료를 기준으로 발해의 성곽을 분류하면 토성·석성·토석 혼축성이 있다. 평지성은 토성이 대다수를 차지하지만, 산성은 석성과 토석 혼축성이 많고 그 중에서도 석성이 주류를 이루고 있다. 또 평면 형태에 따라 크게 長方形·正方形·不定形 등으로 나눌 수 있다. 평지성은 계획적으로 축조되어서 여러 형태로 분류가 가능하지만,[4] 산성은 대체로 지형에 따르기 때문에 대부분 부정형에 속한다. 장방형에 속하는 것에는 상경성·팔련성이나 서

3) 嚴長錄, 〈和龍縣西古城及其附近渤海遺迹調查〉(《博物館硏究》 1984 - 1).

4) 60여 개의 평지성에 대한 상세한 분류는 다음의 글이 참조된다.
리정봉, 〈발해국 평원성의 류형, 시기획분 및 그 특점〉(《발해사연구》 4, 연변대학출판사, 1993).

고성이 대표적이고, 정방형에 속하는 것에는 연길시 北大古城(延吉街 北土城)·돈화시 石湖古城 등이 있다. 연해주 크라스키노성터는 원형에 가까운 형태를 하고 있어 부정형에 속한다.

발해는 전국에 5京·15府·62州 및 그 아래의 縣을 두어 다스렸고, 이러한 소재지마다 성을 쌓아 통치의 거점으로 삼았다. 이 기준에 따라 발해 성들을 都城·府城·州城·縣城으로 분류해 볼 수도 있다. 이 밖에 교통로의 요충지에 쌓은 성도 있다.

도성에는 성산자산성과 영승유적·상경성(동경성)·서고성·팔련성이 있다. 성산자산성과 영승유적은 吉林省 敦化市에 있는 초기 도읍지이다. 성산자산성은 大祚榮이 성을 쌓고 도읍을 정했다고 하는 東牟山으로 추정되는 곳이다. 그리고 영승유적은 발해 건국집단이 동모산에서 얼마간 머물다가 안정을 찾은 뒤에 평지로 내려와 중심지로 삼았던 장소로 유력시되고 있다. 그러나 이곳에는 성터가 확인되지 않고 있어서인지 종래에 지목하였던 敖東城으로 비정하기도 한다.

상경성은 黑龍江省 寧安縣 동경성에 위치하고 있다. 756년초에 이곳에 도읍을 정하면서 가장 오랫동안 수도가 되었던 곳이다. 서고성은 길림성 和龍縣에 있는데, 8세기 전반기에 일시적으로 도읍을 삼았던 곳이며, 팔련성은 길림성 琿春市에 있는데 8세기 후반기에 10여 년간 도읍으로 정했던 곳이다.

이러한 도성 가운데서 가장 대표적인 것이 상경성이다. 이 성은 당나라 長安城을 본떠서 外城·宮城·皇城으로 구성되어 있다. 외성은 동서로 긴 橫長方形의 평면을 하고 있고 북쪽 벽은 가운데가 밖으로 튀어 나와 있어서 전체적으로 ㅗ자형을 이루고 있다. 외성의 총 둘레는 16,296.5m이고, 10개의 성문이 시설되어 있으며, 성벽 밖으로는 垓字를 돌렸다. 외성 안에는 11개의 도로가 종횡으로 연결되어 있어서 도시 전체가 바둑판 모양의 坊을 이루고 있었다. 방의 전체 숫자는 81개 이상으로 추정되며, 4개의 방이 한 단위를 이루어 田자 모양을 하고 있다. 이곳에는 일반 주택뿐 아니라 시장이나 절이 자리잡고 있었다.

궁성은 북쪽에 치우쳐 있고 4개의 구역으로 나뉘어져 있다. 지금도 五鳳樓라 불리는 궁성의 정문자리가 잘 남아 있는데, 그 뒤로 이어지는 중심구역에는 7개의 궁전이 자리잡고 있다. 황성은 궁성 남쪽에 도로 하나를 사이에 두고 있으며 3개의 구역으로 나뉘어 있는데, 중앙의 관청들이 있던 곳이다.

府城으로 지목되는 것으로는 청해토성·蘇密城·大城子古城·유즈노 우수리이스크(Iuzhno Ussuriisk)성터 등이 있다. 南京 南海府의 소재지로 추정되는 청해토성은 함경남도 北青郡에 있는데, 肅愼古城 또는 북청토성이라고도 칭해진다. 소밀성은 길림성 樺甸縣에 있고, 長嶺府의 소재지로 여겨지고 있다. 率賓府의 소재지로는 대성자고성 또는 유즈노 우수리이스크성터가 지목되고 있다.

청해토성은 5경에도 속하던 곳으로서 전체 둘레가 1,342m인 방형 토성이다. 네 벽의 가운데에 성문이 서로 대칭되게 있고 성 안에는 이 문들을 연결하면서 十자 모양의 도로가 나 있다. 성벽에는 角樓와 옹성, 치가 설치되어 있다. 소밀성은 輝發河 남쪽 강가에 있으며 외성과 내성으로 구성되어 있다. 외성은 내각이 직각을 이루지 않는 장방형으로서 둘레가 2,600m이고, 옹성과 각루가 시설되어 있지만 치는 없다. 외성 밖에는 해자가 두 겹으로 둘려져 있다.

州城으로는 크라스키노(Kraskino)성터·溫特赫部城·薩其城·南城子古城·南湖頭古城 등이 거론되고 있다. 연해주 하산(Khasan)구역에 있는 크라스키노성은 동경 관할의 鹽州 소재지로 비정된다. 성 옆을 흐르는 강이 얼마 전까지만 해도 얀치헤(Ianchikhe), 즉 鹽州河로 불렸기 때문이다. 혼춘시에 있는 온특혁부성이나 살기성도 역시 동경 관할의 慶州·穆州·賀州 등의 소재지로 추정되고 있다. 남성자고성은 獨奏州의 하나인 涑州의 소재지로 비정되고 있고, 남호두고성은 상경에 속하였던 湖州의 소재지로 거론되고 있다.

크라스키노성은 불규칙한 원형 또는 반타원형에 가까운데 남북 400m, 동서 300m 정도이고 전체 면적이 14ha쯤 된다. 북·동·남벽에 각기 1개의 성문이 나 있고, 성문마다 장방형의 옹성이 설치되어 있다. 지금은 습지로 변해 있어서 접근하기가 어려운데, 성 안에서는 절터와 기와 가마터 등이 발굴되었다. 이곳은 일본으로 파견되던 사신들이 배를 타던 항구 도시였다.

縣城으로 비정되는 것은 거의 없다. 다만 흑룡강성 영안현 城東鄕 土城子村에 있는 土城子古城이 상경 龍州 관할의 長平縣으로 보는 견해가 있을 정도이다.

발해에는 5개의 중요한 대외교통로가 있었다. 당나라로 가던 營州道·朝貢

道, 신라로 가던 新羅道, 일본으로 가던 日本道, 거란으로 가던 契丹道가 그 것이다. 5京과 같은 주요 거점들을 서로 연결하던 내부 간선 교통로도 이러한 도로와 대체로 연계되어 있다. 동경에서 신라 국경지역까지 39개의 驛이 있었던 점으로 보아 주요 교통로에는 역을 설치하였고, 교통로를 보호하기 위해서 요충지에는 城을 쌓았음을 알 수 있다. 근년에 이러한 성들에 대한 조사가 상당수 이루어짐으로써 구체적인 경로가 확인되고 있다.5)

발해 성터에 대한 연구로서는 고구려 및 당나라 성과 비교하여 발해 성의 변화과정을 언급한 것이 주목된다.6) 발해 성은 성산자산성과 영승유적처럼 초기에는 평지성과 산성이 결합된 방어체계를 보여주고 있다. 이것은 集安의 丸都山城과 國內城의 예에서 볼 수 있듯이 고구려의 전통을 계승한 것이다. 그러다가 문왕이 8세기 중반에 상경으로 천도하고 당나라 문화를 적극적으로 받아들이면서 長安城을 모방하여 평지성 중심의 방어체계로 전환하게 된다. 상경성이나 서고성과 팔련성은 이러한 계통에 속한다. 따라서 전체적인 변화과정을 보면 발해의 성은 건국기에 고구려식을 계승하다가 문왕 시기쯤부터 당나라식으로 전환하였음을 확인할 수 있다.

성 내외에 건축되었던 건물들에 대해서는 그다지 많이 조사되지는 않았다. 발해시대의 건물로서 궁전이나 관청자리·성문·정원·교량·우물 등이 조사되었고, 절과 탑자리도 많이 확인되었으며 평민 주거지도 조사되었다. 그리고 특이하게도 무덤 위에서 건물터가 확인되고 있고, 건물 성격에 대해서 논란이 있는 24개석 주춧돌 유적도 여러 곳에서 10여 개가 발견되었다.

궁전과 관청자리는 상경성에서 조사된 것이 대표적이다. 궁전은 모두 7개인데, 이 중에서 5개의 궁전은 일직선상에 놓여 있고, 건물들은 회랑으로 연결되어 있다. 제1궁전지는 속칭 金鑾殿이라고 하는데, 궁전의 기단은 높

---

5) 李健才·陳相偉, 〈渤海的中京和朝貢道〉(《北方論叢》 1982-1).
王俠, 〈琿春的渤海遺迹與日本道〉(《學習與探索》 1982-4).
延邊朝鮮族自治州博物館, 〈吉林汪淸考古調査〉(《北方文物》 1985-4).
張殿甲, 〈渾江地區渤海遺迹與遺物〉(《博物館研究》 1988-1).
劉曉東·祖延笭 저·박룡연 역, 〈남성자고성, 목단강변성과 발해의 흑수도〉(《발해사연구》 1, 연변대학출판사, 1990).

6) 주영헌, 〈발해 중경 현덕부에 대하여〉(《고고민속》 1966-2), 3쪽.
魏存成, 〈渤海城址的發現與分期〉(《東北考古與歷史》 1, 1982).

이 2.7m, 동서 길이 55.5m, 남북 너비 24m 정도이다. 그 뒤로 궁전들이 이어지는데, 제2궁전지 옆에는 八寶琉璃井이라 불리는 발해시대의 우물이 잘 남아 있다. 제4궁전지와 그 서쪽 건물에는 ㄱ자형의 온돌장치가 시설되어 있어서 寢殿址로 보이는데, 이러한 온돌장치는 궁성의 서쪽 구역에서도 하나가 발견되었다. 그러나 관청자리는 거의 발굴되지 않아서 면모를 확인하기가 어렵다.

이 밖에 궁성의 동쪽 구역에는 속칭 御花園이라 불리는 禁苑址가 있는데, 이 곳에는 인공으로 만든 못과 산이 있고 정자터도 확인되었다. 상경성 부근의 牡丹江에서는 발해시대에 사용되었던 五孔橋, 七孔橋 등과 같은 교량 유적이 여러 개 남아 있다. 한편 성에서 벗어난 지역에서도 주거 유적들이 발견되고 있는데, 평민 주택으로 보이는 반지하식 건물지들이 東寧縣 團結유적에서 발굴되었고, 연해주 일대에서도 성 안팎에서 화덕자리나 온돌장치가 딸린 반지하식 또는 지상식 주거지들이 조사되었다. 그리고 琿春市 甩灣子村과 東六洞, 林口縣 烟筒砬子에서는 교통로에 위치한 특수한 용도의 기와 건물터가 조사되었다. 건물 축조에 사용되었던 기와와 벽돌을 굽던 窯址도 상경성 부근의 杏山과 크라스키노성터 등지에서 확인되었다.

이상의 유적들은 주춧돌이나 기단만 남아 있기 때문에 상층구조를 알아내기가 어렵다. 다만 상경성 제2 절터에 있는 석등의 火舍石과 屋蓋石에 표현된 기둥, 枓栱, 기와 지붕과 같은 목조건물 양식은 건물 복원에 중요한 자료를 제공해주고 있다. 그리고 1987년에 연해주 하산구역에서 발견된 佛板에도 불상이 안치된 목조건물이 잘 표현되어 있어서 이 방면의 연구에 도움을 줄 수 있을 것이다.[7] 鴟尾나 鬼面瓦, 그 밖의 기와 출토 현상을 통하여 건물 양식을 추정하기도 하고, 주춧돌의 평면 각도와 배열상태를 바탕으로 각기 기둥의 안쏠림과 안휘임의 존재를 확인할 수 있으며, 제2 절터의 석등 竿柱石 형태에서 기둥에 배흘림을 하였음을 짐작할 수 있다. 그리고 바닥에는 寶相華文塼과 같은 벽돌을 깔아 장식하였고, 발해에서 독특하게 기둥이 썩지 않도록 기둥밑 장식기와(柱礎裝飾瓦)를 기둥 둘레에 돌렸음을 발견할 수 있다.

7) E.V. Sharvkunov, A.L. Ivliev 著·宋基豪 譯, 〈연해주에서 출토된 발해 佛板〉(《美術資料》 50, 국립중앙박물관, 1992).

이러한 일련의 자료를 토대로 건물 원형을 복원해보려는 시도가 다각도로 행해지고 있다.[8] 이 밖에 건축에 사용된 자(尺)가 고구려 자를 기본으로 하였는지 아니면 당나라 자였는지에 관해서도 논의되었다.[9]

(2) 사원과 탑

발해에는 불교 신앙이 광범위하게 유포되어 있었으므로, 사원도 많이 조성되었다. 발해시대의 절터는 대체로 40여 곳이 확인되었다.[10] 첫 도읍지가 있던 敦化지역에서 廟屯절터 1개, 上京의 성 안팎에서 10여 개, 中京지역에서 高産절터・龍海절터・仲坪절터 등 13개, 東京지역에서 馬滴達절터・新生절터 등 9개, 南京지역에서 梧梅里절터・開心寺절터의 2개, 연해주지역에서 아브리코스(Abrikos)절터・코프이토(Kopyto)절터 등 5개가 조사・발굴되었다. 이 밖에도 西古城과 大城子古城 등에도 사원이 있었을 것으로 추정되고 있다.

이 가운데에서 대표적인 절터를 몇 개 들어보겠다. 상경성에서 발견된 절터는 성밖에서 발견된 2개를 제외하고 나머지는 성 안에 자리잡고 있는데, 도성의 중앙대로를 중심으로 좌우대칭에 가깝게 배치되어 있다. 1933년과 이듬해 이 곳에서 6개의 절터를 발견하고 4개를 발굴하였다.[11] 그리고 1963년과 이듬해에 중국과 북한학자들이 공동으로 도합 9개의 절터를 조사하였고,[12] 그 뒤에 몇 군데의 절터를 추가로 확인하였다.

---

8) 장상렬, 앞의 글(1971) 및 〈부록 : 몇 개의 발해건축에 대한 외관복원〉.
張鐵寧, 〈渤海上京龍泉府宮殿建築復原〉(《文物》 1994 - 6).

9) 村田治郎, 〈渤海王國の造營尺〉(《日本建築學會硏究報告》 15, 1952).
장상렬, 위의 글, 149~160쪽.

10) 宋基豪, 〈渤海佛敎의 展開過程과 몇 가지 特徵〉(《伽山李智冠스님華甲紀念論叢 韓國佛敎文化思想史》 上, 1992), 713~714쪽.
박룡연, 〈고고학방면으로부터 본 발해의 불교문화〉(《발해사연구》 4, 연변대학출판사, 1993), 239~242쪽.
에.웨. 샤브꾸노프, 앞의 글(1994), 48쪽.

11) 東亞考古學會, 《東京城－渤海國上京龍泉府址の發掘調査－》(東方考古學叢刊 甲種 第五冊, 1939), 31~38쪽.

12) 조중공동고고학발굴대, 《중국 동북지방의 유적 발굴 보고(1963~1965)》(사회과학원출판사, 1966), 179~181쪽과 194~198쪽.
《東京城》 보고서의 절터 편호와 이 책의 편호가 서로 달라 혼동하기 쉬운데, 각각의 대응표는 다음과 같다. 이 글에서는 뒤의 것을 따랐다.

상경성 1호 절터를 보면 본전과 좌우의 곁채가 회랑으로 연결된 구조를 하고 있다. 이렇게 본전 좌우에 곁채를 두고 있는 것은 기후가 추운 곳에서 승려들의 動線을 최대한 짧게 하고, 외부 동선을 내부로 끌어들이기 위한 공간 구성으로 여겨진다.[13] 본채는 우리 나라의 일반 사찰과 마찬가지로 안칸과 바깥칸으로 구분되면서 안칸에 凹자형의 불단이 만들어져 있는데 불단에는 9개의 불상을 안치하였던 받침돌이 있다. 본채의 주변에서 綠釉를 칠한 치미와 8개의 귀면와가 발견되어 본전의 건물 양식이 팔작집이었음을 반영하고 있다.

현지에서 南大廟로 불리는 상경성 2호 절터에는 청나라 때에 지은 興隆寺가 들어서 있어서 구체적인 구조를 알기는 어렵다. 그러나 이 곳에는 발해 석등이 남아 있고, 석등 뒤의 三聖殿 안에는 발해시대의 석불이 전해지고 있어서 중요하다.

상경성 9호 절터는 외성의 북쪽 벽 밖에서 발견되었다. 이 곳에서는 본전만 발굴되었는데 역시 안칸과 바깥칸으로 구분되면서 凹자형 불단이 만들어져 있다. 불단 위에는 5개의 불상 받침돌이 있다. 이 절터에서도 귀면와 8개와 치미 등이 출토된 것으로 보아 1호 절터의 본전과 마찬가지로 팔작집 구조를 하고 있었음을 알 수 있다.

중경이 있던 서고성 부근의 東南山에도 발해시기의 것으로 보이는 절터가 있는데 이 절터도 안칸과 바깥칸으로 구성되어 있다고 한다. 和龍縣 德化鄉 高産村에서도 단일 건물로 된 8각형 정자 모양의 절터가 발견되었다.[14]

함경남도 신포시 오매리 절골유적에서 발견된 건축지는 고구려 문화층과 발해 문화층으로 나뉘어져 있다.[15] 그리고 발해시대의 건물들은 두 차례에 걸쳐 축조된 것이다. 절골 절터유적으로 불리고 있는 1차 건물들은 동서 중

《東京城》	《유적 발굴 보고》
1호 절터	2호 절터
2호 절터	6호 절터
3호 절터	3호 절터
4호 절터	5호 절터

13) 이병건, 〈발해시대 사찰건축 연구〉(建國大 建築工學科 碩士學位論文, 1991), 22쪽.
14) 何明, 〈吉林和龍高産渤海寺廟址〉(《北方文物》 1985 - 4).
15) 장상렬, 앞의 글(1992), 256~257쪽.

심축을 따라 배치되어 있는 것이 확인되었다. 그렇지만 2차 건물들로는 몇 개의 온돌장치만이 알려졌을 뿐이다. 절터유적에 속하는 것으로는 북쪽 1호 건물지와 금산 건물지가 대표적이다. 앞의 것은 동쪽의 본채와 서쪽의 부속 건물로 이루어졌는데 온돌장치가 시설되어 있었다. 뒤의 것은 이 유적에서 조금 떨어진 금산 중턱에 자리잡고 있는데, 온돌장치와 함께 무기류가 발견되어 초소 역할을 하였던 곳으로 추정되고 있다.

연해주에서 발굴된 코프이토절터와 아브리코스절터는 크로우노브카(Krounovka)강을 사이에 두고 좌우에 솟아 있는 얕은 야산에 각각 위치하고 있다.[16] 강의 오른쪽에 있는 코프이토절터는 산 정상 부근에 있는데, 건물은 거의 직사각형 평면을 띠고 있다. 절 밖에는 건물에 바짝 붙여서 판석으로 쌓은 낮은 벽이 돌려져 있다. 완만한 경사를 이루는 북쪽과 동쪽에는 낮은 돌담으로 둘러싸인 정원이 조성되어 있고, 북서쪽 모퉁이에 입구가 있었다.

강의 왼쪽에 있는 아브리코스절터는 산의 북쪽 경사면에 형성된 낮은 대지 위에 있다. 두 절의 거리는 500m~700m 정도 떨어져 있다. 건물터는 한 변이 7m인 정사각형으로 정면은 북서쪽을 바라보고 있다. 주춧돌은 5개씩 5열로 모두 25개가 있었던 것으로 추정된다. 절 주위에는 돌담이 돌려져 있었다.

크라스키노성터 안에서 발견된 절터는 건물터의 크기가 12m×11m로서 정면은 남쪽을 향하고 있다. 이 곳에는 주춧돌이 6개씩 5열로 배치되어 모두 30개가 놓여 있었다. 1994년에는 이 절터에서 탑자리가 조사되기도 하였다.

이상의 분포 상황에서 알 수 있듯이 발해 절터는 통치의 중심지였던 5경에 집중되어 있다. 그리고 이러한 사원 중에는 왕실이나 귀족의 무덤에 딸린 절도 있는데, 龍海절터는 貞孝公主무덤 아래에 위치하고 있고, 馬滴達절터도 마적달塔墓 부근에 자리잡고 있다.

그러나 절터에 대한 정밀조사가 진행되지 않아서 이들 절터의 절대연대를 확정하기가 어렵다. 다만 최근에 조사된 함경북도 명천군 開心寺절터에서는 宣王 9년(826)에 세워졌다는 명문이 발견되었다고 한다.[17] 그리고 아브리코스

16) 연해주의 절터에 대해서는 다음 글에 정리되어 있다.
에.볘. 샤브꾸노프 엮음·송기호·정석배 옮김, 앞의 책, 123~138쪽.

17) 리준걸, 〈함경남북도 일대의 발해 유적 유물에 대한 조사 보고〉(《조선고고연

사원은 이미 폐기된 코프이토사원의 기와를 가져다가 다시 사용하여 건축한 것이 확인됨으로써 두 절의 선후 관계가 밝혀졌다.[18]

한편 탑자리도 여러 군데에서 발견되었다. 잘 알려진 것으로는 정효공주무덤탑, 馬滴達塔, 靈光塔의 3개가 있다. 이 밖에 八連城 제1절터, 上京城 안의 土臺子, 東寧縣 大城子고성, 신포시 오매리 절골, 크라스키노절터 등에서도 탑자리가 발견되었다.

탑 가운데에는 영광탑만이 제대로 남아 있다. 이 탑은 길림성 長白朝鮮族自治縣 縣城 서북쪽의 塔山 정상에 있다. 5층의 벽돌탑으로서 제일 아래층의 높이가 약 2.8m, 둘레가 12.4m이고 전체 높이는 13m 정도이다. 탑의 내부는 상하로 통하도록 되어 있다. 마적달탑은 7층의 벽돌탑이었지만 1921년에 무너졌다고 한다. 정효공주무덤탑도 역시 벽돌탑이었다. 그런데 이 탑들은 승려의 舍利를 안치하는 탑이 아니라 일반인의 시신을 매장한 墓塔의 성격을 띠고 있는 것이 특징이다. 탑 아래에 玄室을 만들고, 그 곳에 시신을 안치한 것이다. 그리고 정효공주무덤의 예로 보아 이 탑의 주인공들은 불교와 밀접한 왕실 내지 귀족들이었을 것이다.

그렇지만 사리탑도 발견되었다. 팔련성 제1절터에서 사리장치의 일부로 보이는 心礎石이 발견된 적이 있다. 대성자고성에서는 1972년에 금동제 사리함이 발견되었는데, 그 안의 작은 銀盒에 6顆의 사리가 들어 있었다. 상경성 토대자에서도 1975년에 은합에서 시작하여 石函까지 모두 7겹으로 싸여 있는 사리함이 발견되었다. 이 중에서 漆匣은 가는 銀絲로 꽃무늬가 상감되어 있고, 은합에는 구름무늬와 四天王像이 새겨져 있었으며, 마지막 함에는 유리병 속에 사리 5과가 들어 있었다.

(3) 고 분

발해 고분들은 舊國의 소재지였던 중국 길림성 敦化市를 비롯하여 상경성·서고성·팔련성 주변에서 집중적으로 발견되고 있다. 그리고 서경의 관내

究》 1986-1), 34쪽.

18) E.V. Shavkunov 著·宋基豪 譯, 〈沿海州의 발해 문화 유적〉(《白山學報》 30·31, 1985), 462쪽.

였던 길림성 通化지구, 남경의 관내였던 함경도지역을 비롯하여 변방에 해당하는 吉林市지역·綏芬河유역·沿海州 일대에서도 고분들이 조사되었다.

중국에서는 50여 곳에서 2천 기 가까이 발견되었고, 이 중에서 150기 이상이 발굴되었다. 북한에서는 1980년대 이후에 함경남북도 일대에서 발해 고분들을 집중적으로 조사하여 20여 곳에서 2천 기 가까이 확인하였고, 100여 기를 발굴하였다. 러시아 연해주에서는 2~3곳에서 10기 미만의 극히 적은 숫자의 고분만이 발견되었는데 성터나 주거지·절터유적에 비해서 상대적으로 조사가 부진한 실정이다.

주요한 고분군으로는 다음과 같은 것을 들 수 있다. 돈화시에 있는 六頂山고분군에는 모두 80여 기의 무덤이 있으며, 이 중에서 32기의 무덤이 발굴되었다. 특히 1949년에 정혜공주무덤이 발견됨으로써, 이곳에 발해 초기의 왕족과 귀족들이 묻혀 있음이 밝혀졌다.[19]

정혜공주무덤은 대형 石室封土墓로서 무덤 방향은 서쪽으로 약간 치우친 남향이다. 무덤 앞에 벽돌을 깐 11m 길이의 墓道가 있고, 여기서 羨道를 통하여 무덤 안으로 들어가게 되어 있다. 연도의 길이는 1.74m, 너비는 1.10m이다. 무덤 안에는 4면에 현무암 돌을 쌓아 반지하식의 玄室을 만들었고, 천정은 고구려 무덤에서 흔히 볼 수 있는 抹角藻井천정을 하였다. 현실은 남북 길이 2.80m~2.94m, 동서 너비 2.66m~2.84m이며, 전체 높이는 2.68m이다. 지상에는 1.5m 높이의 원형 봉토를 하였다. 이러한 무덤 양식은 발해 왕실이 건국 초기에 고구려 전통을 강하게 계승하고 있었음을 보여준다. 이 무덤에서는 墓誌 1점을 비롯하여 木棺 조각들, 암수의 돌사자 조각 각 1점, 도금된 구리못 4점 등이 출토되었다.

다음으로 서고성에 가까운 화룡현 龍頭山고분군에서도 1980년에 정효공주무덤이 발견되어, 이 고분군에 있는 10여 기의 무덤이 역시 발해 왕실과 귀족들의 것임이 밝혀졌다.[20]

정효공주무덤은 남향인데 무덤 전체 크기는 남북 길이 약 15m, 동서 너비 약 7m이다. 벽돌과 판석으로 쌓았는데 현실·연도·墓門·묘도·탑의 다섯

---

19) 王承禮, 〈敦化六頂山渤海墓淸理發掘記〉(《社會科學戰線》 1979 - 3).
20) 延邊朝鮮族自治州博物館, 〈渤海貞孝公主墓發掘淸理簡報〉(《社會科學戰線》 1982 - 1).

부분으로 구성되어 있다. 7.10m 길이의 계단식 묘도는 두 차례에 걸쳐 수축되었는데, 안으로 들어갈수록 점차 폭이 좁아지고 끝 부분에 벽돌을 쌓아 무덤을 막았다. 그 뒤에는 石門이 있고 연도가 이어진다. 연도는 1.90m로서 바닥에 벽돌을 깔았고 墓誌를 세워 놓았다. 현실은 길이 3.10m, 너비 2.10m, 높이 1.90m로서 지면에서 약 4m되는 지하에 만들었고, 벽돌로 棺臺를 쌓았다. 현실 벽은 검은 벽돌로 쌓았고 그 위에 1~2단의 평행고임을 하고 다시 한 번 2단의 평행고임을 한 뒤에 큰 판석을 덮었다. 현실 위에 쌓은 탑은 이미 무너져 한 변의 길이가 5.60m인 방형의 기초만 남아 있었다. 무덤 양식은 벽돌로 쌓는 당나라 방식과 돌로 공간을 줄여 나가면서 천정을 쌓는 고구려 방식이 결합되어 있다. 그리고 무덤 위에 탑을 쌓았는데 이는 발해의 독창적 방식이다. 무덤 앞에는 무덤을 관리하던 사람들이 기거하던 건물터가 있고, 산 아래에는 陵寺로 보이는 龍海절터가 있다. 무덤에서 남녀 각 1인의 유골이 수습되어 공주 부부의 합장 무덤임이 확인되었고, 이 밖에 벽화와 묘지·陶俑 조각·글씨가 새겨진 벽돌 등이 출토되었다.

1971년에는 화룡현 八家子에 있는 河南屯古城 안에서 부부 무덤이 발굴되었다.[21] 동서로 4.5m의 거리를 두고 나란히 있는 두 무덤은 長方形 塼築墳에 해당한다. 둘 다 남향으로서 크기는 길이 2.4m, 너비 1.4m, 높이 0.47m로 거의 동일하다. 현실 바닥에는 정방형 벽돌을 깔았고, 네 벽은 장방형 벽돌로 쌓아 백회로 틈을 메웠다. 발굴할 때 이미 파괴되어 있었는데, 주민들에 따르면 무덤 위에는 8개의 판석을 두 층으로 덮고 그 위에 동서 길이 약 28m, 남북 너비 약 20m, 높이 약 2m되는 커다란 봉토가 있었으며, 이 봉토 위에는 30여 개의 주춧돌이 동서 방향으로 줄지어 있었다고 한다. 주변에는 기와 조각들이 널려 있어서 무덤 위에 건물이 있었음을 알 수 있다. 무덤 주위에는 길이 500m되는 방형의 담이 쳐져 있어서 墓域을 이루고 있었다. 이 무덤에서는 순금제 허리띠를 비롯한 각종 화려한 장식물들이 출토되었다.

상경 부근의 三陵鄕 三星村에서 확인된 三陵屯고분군도 주목할 필요가 있

21) 郭文魁, 〈和龍渤海古墓出土的幾件金飾〉(《文物》 1973-8).

다.[22] 고분군 주위에는 길이가 약 450m되는 日자형의 土壁이 둘러싸고 있고, 3기의 무덤이 북쪽 구역에 삼각형을 이루면서 배치되어 있다. 이 가운데 1호묘는 일제시대에 조사가 이루어졌고, 2호묘는 1991년과 이듬해에 발굴되었다. 이 무덤들은 대체로 왕릉으로 추정되고 있다.

1호묘는 반지하식으로 쌓았고 남향하고 있으며, 현실·연도·묘도로 구성되어 있다. 묘도는 약 7m로서 바닥을 경사지게 만들었고 길 좌우는 돌로 쌓았다. 현실 남벽 가운데에 낸 연도는 길이가 4m이다. 현무암을 정교하게 가공하여 서로 맞물리게 하면서 남북으로 긴 장방형의 현실을 쌓았는데 벽의 표면에는 회칠한 흔적이 있다. 현실 크기는 길이 3.9m, 너비 2.1m, 높이 2.4m이다. 천정은 꺾음식 천정을 하고 있고, 봉토 위에는 주춧돌이 동서로 길게 줄지어 각각 4개씩 있고 주변에 기와조각들이 널려 있어서 건물이 있었음을 알 수 있다.

2호묘는 지하식으로서 남향하고 있고 역시 현실·연도·묘도로 구성되었다. 묘도는 13단의 흙 계단으로 되어 있는데 길이가 9.8m이고 너비는 2m이다. 연도는 현실 남벽 가운데에 있고 바닥에는 현무암 판석을 깔았으며 길이는 2.7m이다. 현실은 현무암으로 7층 정도를 쌓았는데 길이 3.90m, 너비 3.30m, 높이 2.45m이다. 현실 천정은 3층의 말각천정으로 하였고 연도는 1층의 평행고임천정을 하였다. 이 무덤에는 모두 15인의 인골이 출토되었고, 현실과 연도의 벽 및 천정에는 인물과 꽃그림이 그려져 있다.

이상은 대형의 석실봉토묘나 전축묘로서 왕실이나 상층 귀족들의 것으로 여겨지고 있다. 이보다 낮은 계층의 무덤은 중형이나 소형의 석실묘·석곽묘·석관묘 등이 중심을 이루고 있다. 그런데 이러한 계층에 속하는 것으로서 지방 세력가의 무덤으로 추정되는 것이 安圖縣 東淸고분군이다.

이 고분군은 1990년과 이듬해에 결쳐 모두 13기가 발굴되었다.[23] 여기에

---

22) 鄭永振, 〈1991年에 發掘한 三陵屯渤海壁畵墓와 高句麗壁畵墓와의 關係〉(《韓國上古史學報》 16, 1994).

23) 鄭永振, 〈최근년간 중국동북지역에서의 발해유적 조사 발굴과 발해사연구동향〉(《韓國上古史學報》 9, 1992), 186~188쪽.
박윤무, 〈안도동청발해무덤〉(《발해사연구》 2, 연변대학출판사, 1991).
연변박물관, 〈동청발해무덤발굴보고〉(《발해사연구》 3, 연변대학출판사, 1992).

는 土壙墓·積石墓·石壙墓(石槨墓)·石室墓 등의 여러 형식이 존재하고, 方壙積石墓·方壇石壙墓·方壇階梯積石墓·方壇階梯石室墓 등과 같은 새로운 유형도 조사되었다. 매장 습속에서도 1인장과 多人合葬이 있고, 1·2次葬이 모두 있으며, 火葬도 있어서 다양성을 보이고 있다. 이 고분군이 있는 곳은 발해의 중심지에서 벗어나 있으면서 상경에서 당나라로 가는 중간 경유지에 해당하므로, 중앙 귀족보다는 지방 세력가의 무덤으로 추정되고 있다.

한편 永吉縣 楊屯 大海猛유적이나 楡樹縣 老河深유적 등에서는 발해시대의 수혈식 토광묘들이 발굴되었다.[24] 이러한 무덤들은 말갈적 전통을 강하게 지니고 있었던 사실을 반영하는 것으로서, 발해에 편입되었던 말갈족의 고분 양식을 보여주고 있다.

이상에서 살펴본 바와 같이 발해 무덤에는 흙무덤·돌무덤·벽돌무덤 등이 있다.[25] 흙무덤은 발해 건국 이전부터 유행하던 양식으로 발해 초기까지 지속되었다. 돌무덤은 다시 석실묘·석곽묘·석관묘로 나눌 수 있는데, 석실봉토묘가 발해 고분의 주축을 이루고 있다. 돌을 이용하여 무덤을 쌓는 방식은 기본적으로 고구려적인 것으로서, 특히 석실봉토묘는 고구려 후기의 양식을 거의 그대로 계승하고 있다. 이러한 것으로 정혜공주무덤이 대표적이다. 벽돌무덤은 당나라로부터 영향을 받은 것으로 발해 중기 이후에 왕실에서 일부 받아들여졌지만 그 숫자는 많지 않다. 이러한 것으로는 정효공주무덤과 마적달무덤이 대표적이다. 특히 정효공주무덤의 벽은 벽돌로 쌓았으면서 천정은 돌로 평행고임을 하여 당나라 양식과 고구려 양식이 결합된 양상을 보여준다. 이 밖에 상경 부근의 삼릉둔 1호묘는 돌을 벽돌처럼 깎아서 축조하였다.

---

24) 吉林省文物考古硏究所 編, 《楡樹老河深》(文物出版社, 1987), 119~121쪽.
吉林市博物館, 〈吉林永吉楊屯大海猛遺址〉(《考古學集刊》 5, 1987).
吉林省文物工作隊·吉林市博物館·永吉縣文化局, 〈吉林永吉楊屯遺址第三次發掘〉(《考古學集刊》 7, 1991).
鄭永振, 〈高句麗·渤海·靺鞨 墓葬形制 比較硏究〉(《百濟硏究》 22, 1991), 187~188쪽.

25) 발해 무덤에 대한 자세한 형식 분류에 대해서는 다음 글들이 참조된다.
주영헌, 《발해문화》(사회과학출판사, 1971), 65~75쪽.
정영진, 〈발해무덤연구〉(《발해사연구》 1, 연변대학출판사, 1990).
박윤무, 〈발해석실봉토무덤에 대한 고찰〉(《발해사연구》 2, 연변대학출판사, 1991).

매장방식으로는 單人葬·二人合葬·多人合葬이 모두 보인다. 2인합장은 부부합장의 경우가 대부분이다. 다인합장은 발해 매장습속의 특색인데, 大城子 고분이나 大朱屯 고분에서처럼 주인공과 陪葬者가 뚜렷하게 구별되는 예도 있다. 배장자는 적게는 1인에서 많게는 16인에 이른다. 이러한 배장자에는 주인공과 혈연관계에 있었던 가족뿐만 아니라, 그에 딸린 奴婢나 部曲들도 포함되어 있을 것이다. 따라서 이를 殉葬의 한 遺風으로 보는 것이 옳을 듯하다.[26]

무덤에서 출토된 인골의 배치상태로 보아 1차장과 2차장이 모두 존재하며, 하나의 무덤에서 두 가지가 혼재되어 있는 경우가 많다. 이 경우에 2차장 인골은 대체로 追加葬에 의한 것이다. 1차장의 경우에는 木棺을 사용한 것이 대부분이지만 목관없이 직접 묻은 예도 보인다.

발해 초기에는 육정산고분군에서처럼 火葬도 유행하였다. 이것은 시신을 관에 넣은 채 무덤 안에서 불에 태우는 방식이다. 이러한 풍습은 중기 이후에 점차 사라진다. 이 밖에 육정산고분군에서는 사람뼈와 함께 동물뼈들도 출토되었다. 동물뼈로는 말·소·개의 뼈들이 있다. 이것은 다른 나라의 고분들에서는 별로 보이지 않는 특이한 현상으로서 발해 초기에 유행하였다.

한편 발해에서는 무덤 위에 건물을 짓던 풍습도 있었다. 삼릉둔 1호묘와 하남둔고분에서는 봉토 위에서 주춧돌이 발견되었고, 육정산고분군과 용두산고분군에서는 봉토에서 기와들이 다수 노출되었다. 이러한 방식은 불교가 성행하면서 탑으로 대체되었는데, 정효공주무덤과 마적달무덤은 승려의 무덤이 아닌 데도 그 위에 벽돌로 만든 탑이 세워져 있었다. 이러한 전통은 중국학자들이 말갈의 풍속을 계승한 것으로 주장하고 있으나, 이보다는 고구려적인 것으로 보아야 할 것이다. 고구려나 백제고분에서 기와가 다수 발견되었고, 將軍塚 정상부에 있는 건물 난간의 흔적 같은 것들이 이를 증명해준다고 볼 수 있기 때문이다.

26) 宋基豪, 〈발해의 多人葬에 대한 연구〉(《韓國史論》 11, 서울大, 1984).
엄장록·박룡연, 〈북대발해무덤연구〉(《발해사연구》 2, 연변대학출판사, 1991), 82~85쪽.

2) 미 술

(1) 회 화

발해의 繪畫에 대해서는 元나라 때에 편찬된《圖繪寶鑑》에 大簡之가 松石과 小景을 잘 그렸다는 기록이 있다. 그런데 이 책에서는 대간지를 渤海人이라 하면서도 金나라 항목에 넣은 점으로 보아 그는 금나라 때에 활동한 발해유민으로 보인다. 따라서 발해시대의 회화와는 거리가 있다.

그림으로는 정효공주무덤과 삼릉둔 2호묘의 벽화가 대표적이다. 정효공주무덤에는 연도와 현실의 3면의 벽에 모두 12명의 인물이 그려져 있다.[27] 비록 공주의 모습은 보이지 않지만 여기에 그려진 武士·侍衛·內侍·樂師(樂伎)·侍從을 통하여 공주의 궁중생활을 엿볼 수 있다. 현실의 棺臺 남쪽 측면에도 백회 위에 그린 사자머리 같은 모습이 희미하게 남아 있으나 손상이 심하여 원상을 파악하기 어렵다.

정효공주무덤에 그려진 벽화의 구체적 내용은 다음과 같다. 연도에는 양쪽에서 서로 마주보면서 문을 지키고 서 있는 무사 2명이 그려져 있다. 두 사람의 키는 98cm로서, 칼을 잡고 철퇴를 메고 투구를 쓰고 갑옷을 입고 검은 가죽신을 신고 있다.

현실의 동쪽과 서쪽 벽에는 키가 113cm~117cm되는 인물들이 각각 4명씩 그려져 있다. 서쪽 벽에는 시위 1명을 앞세우고 악사 3명이 문 쪽을 향하여 뒤를 따르고 있다. 시위는 상투를 높이 틀고 붉은색 抹額(帕首)을 썼으며, 깃이 둥글고 소매가 좁고 옷자락이 긴 갈색 團領袍를 입고 검은 가죽신을 신었다. 허리에는 劍과 활을 차고 어깨에는 철퇴를 메고 있다. 그 뒤로 이어지는 악사들은 모두 幞頭를 썼고 깃이 둥글고 소매가 넓고 옷자락이 긴 단령

27) 정효공주무덤 벽화에 대해서는 다음의 글들이 참조된다.
延邊朝鮮族自治州博物館, 앞의 글.
池升元, 〈淺談渤海貞孝公主墓壁畫〉(《延邊文物資料滙編》, 1983).
李殿福, 〈唐代渤海貞孝公主墓壁畫與高句麗壁畫比較硏究〉(《黑龍江文物叢刊》 1983 - 2).
방학봉, 〈정효공주무덤의 벽화에 대하여〉(《발해문화연구》, 이론과실천, 1991).

포를 입고 있다. 단령포의 색깔은 앞에서부터 붉은색, 질푸른색, 흰색으로 서로 다르다. 허리에는 가죽띠를 띠었고 악기를 싼 보자기를 하나씩 들고 있다. 발에는 미투리(麻鞋)를 신었다.

동쪽 벽에도 역시 시위 한 명을 앞세우고 공주를 시중들던 3명의 내시가 그려져 있다. 첫 번째 인물이 시위로서 서쪽 벽과 모습이 거의 같다. 그 뒤에 보이는 3명의 내시도 악사들처럼 복두를 쓰고 깃이 둥글고 소매가 넓고 옷자락이 긴 단령포를 입고 있다. 단령포는 악사들처럼 앞에서부터 붉은색, 질푸른색, 흰색이다. 허리에는 가죽띠를 띠고, 발에는 미투리를 신었다. 두 손으로 물건을 잡고 역시 문 쪽을 향해 서 있다.

북쪽 벽에는 키가 117cm되는 侍從 두 사람이 얼굴을 서로 마주보면서도 약간 문 쪽으로 고개를 돌리고 있다. 두 사람 모두 복두를 쓰고, 깃이 둥글고 소매가 넓고 옷자락이 긴 단령포를 입고 있으며, 검은색 가죽띠를 띠고 미투리를 신고 있다. 둘 다 등 뒤로 활을 메고 있다. 서쪽 인물은 흰색의 단령포를 입고 두 손에 雙頭의 지팡이를 잡고 있으며, 동쪽 인물은 紫色 단령포를 입고 두 손으로는 日傘같은 것을 들고 있다. 왼쪽 허리에 찬 화살통(箭囊) 중간에는 머리를 뒤로 돌리고 앞다리를 들면서 도망하는 황토색 사슴 한 마리가 그려져 있어서 하나의 독립된 그림을 이루고 있다.

벽화를 그리는 방법으로 밑그림을 붙이고 그 위에 침으로 찔러가면서 윤곽선을 만드는 針刺法보다는 鐵線描를 택하였던 듯하다.[28] 현실의 벽 위에 백회를 바르고 다시 석회물을 칠한 다음에 그 위에 그림을 그렸다. 먼저 먹으로 윤곽선을 그리고 나서 다홍색(紅)·붉은색(朱)·적갈색(赭)·푸른색·검은색·녹색·흰색 등으로 바탕색을 칠하고, 다시 먹으로 그림을 완성하였고 마지막으로 옷에 문양을 그려 넣었다.

인물 표현을 보면 하얗게 칠한 얼굴은 둥글고 크며 살이 쪄서 풍만하다. 눈은 작고 눈썹은 가늘며 코가 낮고 뺨은 둥글며 붉은 입술은 작고 동그랗게 표현되어 있다. 이러한 인물 표현은 대체로 당나라 풍격을 지니고 있

28) 엄장록, 〈정효공주무덤의 몇 개 특점에 대한 탐구〉(《발해사연구》 3, 연변대학출판사, 1992), 164~166쪽.
鄭永振, 앞의 글(1994), 376~377쪽.

다.[29] 그리고 이들이 비록 남자옷을 입고는 있지만 여성적으로 표현되어 있는 것으로 보아 공주를 시중들던 남장한 여성들로 여겨진다. 이러한 예는 당나라 벽화에서 많이 찾아볼 수 있다.[30]

이 벽화는 발해인의 服飾도 엿볼 수 있다.[31] 머리는 높은 상투를 틀고 복두나 抹額·투구를 썼고, 몸에는 단령포나 갑옷을 입었다. 단령포는 깃이 밭아서 목둘레선에서는 속옷이 보이지 않으나, 허리 아래에서 옆으로 트인 옆트임을 통하여 속에 입은 中單·內衣·袴가 드러난다. 소매에는 넓은 것과 좁은 것이 있고, 옷자락이 발등까지 내려올 정도로 길다. 겉옷에는 여러 가지 무늬가 장식되어 있다. 겉옷의 색깔에는 갈색·붉은색·짙푸른색·흰색·자색 등이 있는데, 동일한 직분인 데에도 옷 색깔이 각기 다른 점으로 보아서 관복 규정에 따른 것은 아닌 듯하다.[32] 다음으로 허리에는 가죽띠를 띠었고 신발은 검은 가죽신이나 미투리를 신었다.

삼릉둔 2호묘의 현실과 연도의 벽 및 천정에도 백회를 바르고 벽화를 그렸다.[33] 이 무덤에는 정효공주무덤 벽화와 비교가 되는 인물과 함께 꽃그림이 그려져 있다. 인물 그림은 현실 동·서벽에 각각 4명, 북벽에 3명, 남쪽 연도 입구 좌우에 각각 1명, 연도 동·서벽에 각각 무사 1명씩 도합 15명이 그려져 있지만, 그림의 보존상태는 아주 나쁘다. 여기에 그려진 인물들도 역시 얼굴이 풍만한 여성들이라고 한다.

현실 천정에는 꽃그림이 있다. 삼각으로 고임한 천정에는 흰색 바탕에 노란색 꽃이 가득 그려져 있다. 천정 한가운데에는 6개의 꽃잎이 3겹으로 된 큰 꽃을 그리고, 그 둘레를 6개의 꽃잎이 2겹으로 된 여섯 송이의 꽃으로 싸

---

29) 당나라 벽화에 대해서는 다음 글들이 참고가 된다.
賀梓城, 〈唐墓壁畵〉(《文物》 1959-8).
宿白, 〈西安地區唐墓壁畵的布局和內容〉(《考古學報》 1982-2).
秦浩, 《隋唐考古》(南京大學出版社, 1992), 196~201쪽.

30) 宿白, 위의 글, 150~153쪽의 附表 참조.

31) 김민지·이순원, 〈발해의 복식에 관한 연구(I)-정효공주묘 벽화를 중심으로-〉(《生活科學硏究》 18, 서울大 家政大, 1993).

32) 《新唐書》 渤海傳에는 관복 색깔이 3품 이상은 紫色, 4·5품은 緋色, 6·7품은 옅은 緋色, 8품은 綠色으로 규정되어 있다.

33) 鄭永振, 앞의 글(1994), 373~374쪽.

서 아주 커다란 꽃뭉치를 이루고 있다. 고임돌의 아래쪽과 옆에도 각기 다른 꽃무늬로 꽃이 그려져 있다. 현실 천정의 꽃그림들은 二方連續團花圖案을 기본으로 하고 있다. 연도 천정에도 동일한 그림으로 채워져 있다. 이렇게 꽃으로만 채워진 그림은 처음으로 발견된 것이다.

한편 돈화 육정산 6호분(IM6)에서 검은 선과 주홍색·청회색·붉은색으로 칠해져 있는 벽화조각이 발견되었고,[34] 화룡 하남둔고분 부근에서도 꽃그림이 있는 벽화 파편이 발견되었으나,[35] 워낙 작아서 전모를 파악하기 어렵다. 그리고 상경성에서 조사된 절터들에서도 꽃이나 千佛圖가 그려진 아주 작은 벽화 파편들이 발견되었고,[36] 아브리코스절터에서도 번개무늬와 직물무늬가 복합된 벽화 파편이 발견되었다.[37] 또 상경성에서 출토된 벼루 위에 복두를 쓴 인물의 얼굴이 좌우로 납작하게 그려진 예도 있다.[38]

(2) 공 예

발해의 공예품으로는 조각, 도자기, 기와·벽돌, 금속 세공품 등이 있다.[39] 조각품으로서 불상·석등·石獅子像 등이 대표적인데, 불상은 불교 항목에서 다루었으므로 여기서는 생략한다.

상경성 2호 절터에는 현무암으로 만든 높이 6m의 거대한 석등이 지금도 원래의 위치에 남아 있다. 이 석등은 上·下臺石, 竿柱, 火舍石, 屋蓋石, 相輪이 제대로 갖추어져 있다. 하대석과 화사석은 8각형이고 간주는 배가 부른 둥근 기둥 모양이다. 상륜부에는 寶輪, 寶蓋, 寶珠가 잘 남아 있다. 옥개석과 화사석에는 목조건축 양식이 잘 표현되어 있어서 당시의 건물 형태를 엿볼

34) 王承禮, 앞의 글, 206쪽.
35) 郭文魁, 앞의 글.
36) 東亞考古學會, 앞의 책, 76쪽.
37) E.V. Shavkunov 著·宋基豪 譯, 앞의 글(1985), 450쪽.
38) 조중공동고고학발굴대, 앞의 책, 211쪽.
조선유적유물도감편찬위원회, 《조선유적유물도감》 8 발해편(평양 ; 외국문종합출판사, 1991), 275쪽.
39) 발해 공예 전반에 대해서는 다음의 글이 참조된다.
주영헌, 〈발해의 공예〉(《고고민속》 1967 - 1).
조대일, 〈발해의 공예〉(《발해사연구론문집》 1, 과학백과사전종합출판사, 1992).

수 있게 해준다. 상·하대석에 새겨진 연꽃은 부조가 강하여 힘찬 느낌을 준다. 하대석의 基臺面에는 眼象이 뚜렷하게 부조되어 있다.

돌사자상으로 대표적인 것은 정혜공주무덤의 연도에서 출토된 것이다.[40] 화강암으로 만든 것으로 두 마리가 출토되었다. 하나는 높이 64cm로서 머리는 치켜들고 눈을 부릅뜨고 있으며 입을 벌리고 혀를 말고 있다. 가슴을 불쑥 앞으로 내밀어서 강한 힘을 느끼게 한다. 앞다리는 가슴 앞에서 버티어 세우고 뒷다리는 구부려서 받침돌 위에 쭈그리고 앉아 있으며, 목 갈기는 둥글게 말고 있다. 당나라의 돌사자보다 크기가 아주 작지만 강한 힘을 표현한 조각수법이 돋보인다. 다른 하나는 높이 60cm로서 자세는 거의 같으나 크기가 약간 작고 입은 반쯤 벌리고 있는데 조각수법이 조금 뒤떨어진다.

1958년 돈화지방을 지표조사할 때에도 돌사자상 하나를 습득하였는데 그 모습은 이들과 거의 같다고 한다.[41] 그리고 육정산 6호분을 발굴할 때에도 돌사자의 귀 부분이 출토되었다. 1988년에 三靈屯(三陵屯) 1호 무덤을 정리하면서 무덤 위에서 화강암으로 만든 돌사자상 하나를 또 발견하였다. 일부가 손상되었으나 남아 있는 높이가 39cm이고 위의 사자들과는 달리 뒷다리를 펴고 서 있는 모습을 하고 있다.[42]

상경성 제1궁전지(보고서의 제2궁전지)에서도 섬록암 또는 현무암으로 만든 7마리의 돌사자상 머리가 출토되었는데,[43] 머리 뒤쪽은 기단에 끼울 수 있도록 방추형 모양으로 깎았고 이곳에 고정시키기 위한 구멍이 나 있다. 이들은 입이 귀 밑까지 찢어지면서 이빨을 드러내고 있고 눈망울이 크게 표현되어 있지만 다소 형식화된 느낌을 준다. 상경성과 팔련성에서 각각 綠釉를 바른 사자상 머리도 출토되었다.[44]

조각품에 속하는 것으로는 이 밖에 龜趺·그릇 다리·墓誌石 등이 있다.

---

40) 王承禮, 앞의 글, 205쪽.
41) 李殿福·孫玉良, 《渤海國》(文物出版社, 1987), 130쪽.
42) 왕림안·황림계 저·방학봉 역, 〈새로 발견한 발해시기의 돌사자〉(《발해사연구》 3, 연변대학출판사, 1992).
43) 東亞考古學會, 앞의 책, 62~64쪽.
44) 齋藤甚兵衛, 《半拉城－渤海の遺蹟調査－》(琿春縣公署, 1942), 34쪽.
주영헌, 앞의 책, 142~144쪽.

현무암으로 만든 귀부는 1976년에 상경성 궁성에서 남쪽으로 조금 떨어진 곳에서 발견되었다.[45] 몸은 거북이이고 머리는 용의 형태를 띠고 있으며 30cm 높이의 받침대 위에 올려져 있었다. 전체 길이는 206cm이고 몸통 길이는 131cm이다. 또한 상경성에서 출토된 그릇의 다리에 짐승 머리가 조각된 것도 있다. 그것은 높이가 8cm에 불과하지만 길게 내민 혀가 바닥에 닿고 머리로 그릇의 몸을 떠받들도록 되어 있는데 발해 예술품의 하나로 삼을 수 있다.

정혜공주와 정효공주 묘지석은 모두 화강암으로 만든 것으로서 위가 뾰족하고 아래가 네모진 圭形이다. 앞 면에는 楷書體로 묘지문이 음각되어 있다. 정혜공주의 경우에는 비문 주위에 唐草文을 두르고 윗 부분에 구름무늬를 새겨 넣었으나, 정효공주의 경우에는 주위에 선을 음각하는 데에 그쳤다.

발해시대에 사용되었던 그릇으로 陶器와 磁器가 있다. 도기에는 유약을 바른 것과 바르지 않은 것이 있는데 발해인들이 주로 사용한 것은 유약을 바르지 않은 도기이다. 도기는 크게 육정산고분군에서 출토된 초기의 것과 상경성·서고성·팔련성·和龍 北大고분군 등지에서 출토된 중·후기의 것으로 구분된다.[46] 초기에 만들어진 도기들은 바탕흙이 거칠고 모래가 많이 섞여 있으며, 홍갈색·회갈색·황갈색이 많고 색깔이 고르지 못하다. 그리고 손으로 빚은 것이 대부분이다. 도기 형태로는 작은 접시(碟)·사발(碗)·바리(鉢)·배 깊은 단지(長腹罐)·배부른 단지(鼓腹罐)·목 긴 병(長頸甁) 등이 있다. 이 중에서도 입술이 두 겹이고 배가 깊은 단지(重脣長腹罐)가 발해 초기의 전형적인 그릇으로서, 말갈의 전통을 강하게 지니고 있다.

중·후기에 만들어진 도기들에는 바탕흙에 모래가 섞인 것이 줄어들고 물레를 사용한 것이 많아지며 회색이 주류를 이룬다. 유약을 바른 도기도 이때에 출현한다. 회색 도기는 다시 泥質의 흑회색 도기와 모래가 섞인 회갈색 도기의 두 가지로 나뉜다. 앞의 것은 물레로 만든 것으로서 구운 온도가 높

---

45) 왕림안 저·방학봉 역, 〈발해 상경귀부에 관한 두가지 문제〉(《발해사연구》 4, 연변대학출판사, 1993).

46) 이보다 자세한 시기구분을 하려는 시도도 있다.
김태순 저·마성길 역, 〈발해 질그릇의 시기획분에 대하여〉(《발해사연구》 3, 연변대학출판사, 1992).

아서 단단하고 표면을 갈아서 빛이 나는데, 표면에 銀을 입힌 것도 있다. 회갈색 도기는 상대적으로 거칠며 구운 온도가 낮다. 손으로 빚은 것이 많고 바탕흙에 가는 모래가 섞여 있다. 이 시기에 들어서면 도기 형태들이 다양해지는데, 작은 접시·사발·바리·단지(罐)·독(甕)·시루·그릇 뚜껑·다리가 달린 그릇·벼루 등등이 있다. 이들 그릇에는 줄·그물·새끼줄·마름모·물결·忍冬·寶相花 등과 같은 다양한 문양들을 누르고·찍고·새기고·덧붙여서 장식하였고, 일부에는 中·信·禳見·章 등과 같은 글자들을 새기거나 찍었다.

이 가운데에서 아가리를 구름무늬와 인동무늬로 표현한 흑회색의 큰 접시(盤)는 길이 86cm, 너비 64cm, 높이 10cm 크기로서 뛰어난 예술적 감각을 보여주고 있다. 그리고 입이 나팔꽃처럼 활짝 벌어지고 목이 긴 병은 높이가 39.7cm로서 몸통에 두 개의 손잡이가 달려 있고 입과 목에 띠가 돌려져 있는데, 고구려 유적에서 특징적으로 발견되는 四耳壺의 전통을 그대로 계승하고 있다.

유약을 바른 도기는 구운 온도가 높고 바탕이 희고 단단하다. 유약으로 三彩를 즐겨 사용하였는데, 삼채로서 노란색·갈색·녹색·자색 등이 사용되었다. 이러한 삼채를 생활 용기로 많이 사용한 것은 통일신라보다 더 적극적이었다. 유약을 바른 도기에는 큰 접시·단지·분·병·사발·세 발 달린 그릇·벼루·그릇 뚜껑 등이 있다. 이 중에서 대표적인 것이 1988년에 화룡 북대고분군 7호 무덤에서 출토된 삼채 병과 삼채 사발이다.[47] 이들은 거의 완전한 형태로 발굴되었다. 삼채 병은 높이가 18.1cm로서 고령토로 된 흰 바탕흙을 물레를 사용하여 성형하였고, 삼채 사발은 높이가 5.4cm, 입 지름이 11.6cm되는 크기로서, 고령토와 노란 진흙을 섞어 물레를 사용하여 만들었다. 조사 결과 이들은 당나라에서 유입된 것이 아니라 발해에서 독자적으로 만들어진 것으로 밝혀졌다.

磁器는 수량이 아주 적고 그마저 조각난 상태로 발견되었다. 상경성에서

---

47) 정영진, 〈1988년에 발굴한 북대발해무덤 및 3채그릇〉(《발해사연구》 2, 연변대학출판사, 1991).
延邊博物館·和龍縣文物管理所, 〈吉林省和龍縣北大渤海墓葬〉(《文物》 1994 - 1).

출토된 것으로 白磁 사발과 紫色 단지가 있다. 이러한 발해 자기는 우리 나라에서 가장 오래된 것이다.48) 외국에 소장되어 있는 것으로 絞釉 호리병(葫蘆甁)도 있다. 이 병은 높이가 24.5cm로 갈색 교유를 흐르는 구름이 에워싸 듯이 생동감 있게 발랐다.49) 위에는 도금한 구리 뚜껑을 덮었고 바닥에는 먹으로 '咸和'라는 발해 연호가 쓰여 있어서 9세기 중반에 만들어진 것임을 알 수 있다.

발해 그릇은 중국에도 알려져 있었는데 당나라 蘇鶚이 지은 《杜陽雜編》에 다음과 같은 구절이 전해진다.

> 武宗皇帝 會昌 원년(841)에…발해가 馬瑙櫃와 紫瓷盆을 바쳤는데, 마노궤는 사방이 3척으로 꼭두서니처럼 짙은 붉은 색이었고, 공교하게 만든 것이 어디에도 비할 바가 없어, 神仙에 관한 책을 담아 장막 옆에 두었다. 자자분은 半斛 정도 들어갈 크기로 안팎이 투명하고 그 색은 純紫色이었다. 두께가 한치 정도 되어 이를 들어보면 마치 기러기 깃털을 드는 것 같았다. 임금이 이 그릇의 빛깔이 고결한 것을 좋아하여 仙臺秘府에 두어 약과 음식을 담도록 하였다. 후에 왕의 才人이 玉環을 던지다가 잘못하여 그릇을 조금 깼더니, 임금이 오랫동안 탄식하였다(《杜陽雜編》 권 下).

이 기록을 통해서 발해의 도자기 생산기술이 상당하였음을 추정할 수 있다. 발해에서 제작된 그릇의 우수성은 일본측 기록에도 보인다. 일본 조정은 876년말에 도착한 楊中遠 일행을 入京시키지 않고 이듬해 6월에 出雲國에서 귀국시키면서 발해에서 보내온 노리개와 玳瑁 술잔을 되돌려 보냈는데, 이를 본 通事 春日宅成이 과거에 당나라에 갔을 때에도 이렇게 진기한 것을 보지 못하였다고 평을 하였다.50)

이상의 도기에는 대체로 3가지 전통이 엿보인다. 첫째는 말갈 전통을 담고 있는 것으로서 입술이 두 겹이고 몸통이 긴 단지가 대표적이다. 이러한 계통의 단지에는 일반적으로 톱날같은 隆起文이 돌려져 있다. 둘째는 고구려

48) 金元龍·安輝濬, 〈渤海의 美術〉(《新版 韓國美術史》, 서울大 出版部, 1993), 207쪽.
49) 李汝寬 著·井垣春雄 譯, 〈渤海絞釉葫蘆酒甁〉(《中國青花瓷器の源流》, 雄山閣, 1982).
50) 《日本三代實錄》 권 31, 陽成天皇 元慶 원년 6월 25일.

풍격을 지닌 것으로서 상경성에서 발견된 입이 나팔꽃처럼 벌어지고 몸통에 가로띠 손잡이가 달린 병이 여기에 속한다. 마지막으로 화룡 북대무덤에서 발견된 삼채 그릇들은 唐三彩를 본받은 것들이다.

다음으로 기와와 벽돌 생산을 살펴보자. 발해 기와에는 암키와·수키와·치미·귀면와·기둥밑 장식기와(柱礎裝飾瓦) 등이 있다. 이들 기와에는 유약을 바른 것과 바르지 않은 것이 있는데 유약은 녹유를 바른 것이 대부분이고 紫色 유약을 바른 것도 일부 있다. 유약을 바르지 않은 것은 대부분이 회색이다. 암키와의 겉에는 새끼줄무늬·그물무늬·마름모꼴무늬 등이 장식되어 있고, 안쪽에는 布目무늬가 많으며, 가장자리에는 손가락으로 누른 무늬나 連珠紋 또는 톱날무늬가 특징적으로 나타난다.[51)]

수키와는 막새 기와(瓦當)가 대표적이다. 수막새의 문양으로는 연꽃잎무늬가 주종을 이룬다는 점에서 고구려 계승성을 강하게 나타내고 있다. 그렇지만 세부적인 면에서는 고구려 막새 기와에서 보이지 않는 문양들도 나타나고 있다. 연꽃잎은 대체로 양식화되어 있는데 4잎에서 8잎 사이로서 6잎 짜리가 기본을 이루고 있다.[52)] 연꽃잎 사이에는 十자무늬·구슬무늬·V자형무늬·삼각무늬·고사리무늬·꽃망울무늬·文字 등이 자리잡고 있는 경우가 많으며, 연해주 코르사코브카(Korsakovka)절터에서 출토된 것처럼 봉황새를 부조해 넣은 예도 있다.[53)]

발해 기와에는 문자를 찍거나 새긴 것이 다수 발견되어 주목된다.[54)] 이들은 주로 상경성·팔련성·서고성에서 출토된 것들로서, 숫자는 400개 정도에

51) 嚴長錄·楊再林, 〈延邊地區高句麗渤海時期的紋飾板瓦初探〉(《博物館硏究》 1988-2).
52) 李殿福, 앞의 글(1989), 272~275쪽.
류병홍, 〈발해유적에서 드러난 기와막새무늬에 대한 고찰〉(《조선고고연구》 1992-4).
53) E.V. Shavkunov 著·宋基豪 譯, 〈不死鳥문양이 있는 발해의 막새기와〉(《美術資料》 50, 국립중앙박물관, 1992).
문명대, 〈코르사코프카 불교사원지 발굴조사〉(《러시아 연해주 발해유적》, 대륙연구소, 1994), 72~80쪽.
54) 孫秀仁, 〈唐代渤海的文字和文字瓦〉(《黑龍江古代文物》, 黑龍江人民出版社, 1979).
李强, 〈論渤海文字〉(《學習與探索》 1982-5).
韓國古代社會硏究所 編, 《譯註 韓國古代金石文》 Ⅲ(駕洛國史蹟開發硏究院, 1992), 473~480쪽.

달하고 문자의 종류는 250종 이상이 된다. 발해 주변국에서는 이렇게 많은 문자 기와가 발견되지 않고 있어서 발해문화의 한 특색을 이루고 있다. 문자는 한 글자가 대부분이지만 두 글자 이상 되는 것도 있다. 문자의 종류에는 一·三·九 등과 같은 숫자, 乙·丙·卯 등과 같은 干支, 王·尹·金·高 등과 같은 성씨, 昌·福·計·卯仁·俳刀 등과 같은 이름이 있는데, 이들은 기와 제작과 관련된 사항들을 적은 것으로 보인다. 절반에 가까운 글자는 한자로 되어 있고, 나머지 절반은 정식 한자가 아니라 別體字나 판독이 잘 되지 않는 글자이다. 이를 근거로 하여 종래에는 이들을 발해의 고유 문자로 보는 견해가 있었으나, 다른 자료가 발견되지 않는 한 이것만을 토대로 발해에 고유 문자가 있었다고 주장하는 것은 문제가 있다.

건물에 장식적 효과를 더해 주는 기와에는 치미·귀면와·기둥밑 장식기와 등이 있다. 치미는 지붕 용마루 양 끝에 올려 놓은 새 모양의 기와로서 吉祥과 辟邪의 의미를 지니고 있다. 이들은 상경성·서고성·연해주 아브리코스절터 등에서 발견되었다. 상경성 제1절터에서 출토된 것은 길이 97cm, 높이 87cm의 크기로서 표면에 옅은 녹유를 칠하였다. 두 날개 부분에 각각 16개의 깃털을 표현하고, 몸통에는 인동무늬로 돋을새김을 하였으며, 날개와 몸통 사이에는 5개의 작은 구슬무늬를 꽃잎처럼 장식하였다. 제9절터에서 출토된 것은 길이 91cm, 높이 91.5cm로서 짙은 녹유를 칠하였는데, 몸통에 무늬가 없고 세부적인 면에서 다른 부분이 있지만 기본 형태는 대체로 제1절터의 것과 동일하다. 아브리코스절터에서 출토된 것은 길이 75cm, 높이 80cm로서 유약을 바르지 않았다. 기본 형태는 상경성에서 출토된 것들과 통하지만 머리 부분에 龍을 새겨 넣은 것이 특색을 이룬다. 연해주 하산구역에서 발견된 佛板에 불상이 안치된 목조 건물이 나타나는데, 기와골이 잘 표현된 지붕의 양 끝에 치미가 표현되어 있다. 여기서는 송곳니를 드러내고 있는 용으로 표현되어 있어서 아브리코스절터에서 출토된 것과 서로 통하는 면이 있다.

귀면와는 내림마루나 귀마루 끝에 달던 것으로서 악귀를 쫓으려는 벽사의 의미를 지니고 있다. 이러한 기와는 상경성·서고성 등지에서 발견되었다. 상경성에서는 제1절터와 제9절터 그리고 제1궁전지와 제3궁전지 등에서 출토되었다. 복원된 것들을 보면 여러 가지 녹유를 발랐고 크기가 길이 33~43cm, 높이 23~27cm 정도이다. 기본 형태는 커다란 눈망울을 부라리고 있고, 입을 크게 벌려서 길다란 혓바닥과 툭 튀어나온 이빨이 드러나 있다. 코는 입 위에 뭉툭하게 드러나 있고, 귀는 큰 고리처럼 표현되어 있으며, 뒤쪽으로 뿔처럼 생긴 갈기가 돋아 있다. 전체적으로 귀신을 쫓으려는 사나운 모습을 잘 표현하고 있지만, 안압지에서 출토된 통일신라 귀면와보다는 덜 세련되고 덜 양식화된 모습을 보여주고 있다.

기둥밑 장식기와는 발해에서 독특하게 발견되는 것이다. 커다란 고리 모양을 하여 기둥과 주춧돌이 만나는 부분을 씌워서 기둥을 장식하면서 비가 들이쳐 기둥이 썩는 것을 방지하였다. 이 기와는 몇 개의 조각으로 나뉘어 조립식으로 되어 있다. 겉에 연꽃잎을 새기기도 하였고, 녹유를 바른 것이 많다.

발해시대에 기와나 벽돌을 굽던 가마터가 발견된 사실은 앞에서 이미 언급하였다. 발해인들은 무덤이나 건축에 사용하기 위해서 여러 가지 벽돌을 만들었다. 특히 바닥에 깔기 위해서 만든 방형이나 장방형 벽돌에는 보상화무늬·인동무늬가 화려하게 장식된 것이 있는데, 통일신라에서 발견되는 것들과 아주 유사하다. 이 밖에 상경성 성문 자리에서는 鬼面을 새긴 벽돌이 발견된 예가 있고, 정효공주무덤과 마적달무덤에서는 문자가 새겨진 벽돌도 출토되었다.

금속 공예품에는 쇠나 구리 또는 은이나 금으로 만든 것들이 많다. 중경 관할의 鐵州에 속하였던 位城縣(지금의 茂山 지방)은 철의 생산지로 유명하였다. 발해가 멸망한 뒤에는 거란이 冶鐵 장인들을 중심지로 강제 이주시켜 이용하였는데 이에 관해서는 송나라 王曾이 지은 글에 다음과 같이 보인다.

> 芹菜嶺을 지나 70리를 가면 柳河館에 이르는데, 그 옆에 柳河가 흐른다. 서북쪽에는 冶鐵하는 곳이 있어 발해인들이 많이 사는데, 유하에서 모래와 돌을 걸러서 제련하여 철을 만든다(《契丹國志》 권 24, 王沂公行程錄).

814년에는 발해 사신이 당나라에 금과 은으로 만든 불상을 바쳤고,[55] 836

년에는 발해에서 당나라의 허락을 얻어서 登州에 熟銅을 가져가 교역하였다.[56] 연해주 아누치노(Anuchino)구역에 있는 노보고르데예브카(Novogordeevka) 산성은 조사 결과 발해시대에 커다란 수공업 중심지였음이 밝혀졌다. 이 곳에서는 흙으로 구운 거푸집・도가니・주물용 국자・쇳물 찌꺼기(슬래그)・送風管 등이 발견되었는데, 도가니에는 청동 주물이 늘어붙어 있었다.

금속 공예품에는 쇠로 만든 것이 제일 많다. 여기에는 그릇・가위・자물쇠・삽・낫 등과 같은 일상 용품들, 투구・창・화살촉 등과 같은 무기들, 風鐸과 같이 절에서 사용되던 것들이 있다. 구리로 만든 제품에는 불상・거울・못・팔찌 등으로 도금한 것도 많다. 순금으로 만든 것에는 허리띠・귀걸이 등이 있다.

금속 공예품으로 특징적인 것이 허리띠이다. 허리띠는 여러 곳에서 출토되었는데, 和龍 河南屯에서는 순금제 허리띠와 귀걸이・팔찌・꽃장식 등이 발견되었고, 화룡 북대 2・9・28호 무덤 등에서 비교적 완전한 형태의 청동 허리띠가 발견되었다. 특히 하남둔에서 발견된 순금 세공품은 금 알갱이를 촘촘하게 붙인 鏤金 수법이 뛰어나다. 허리띠에서 특징적인 것은 띠꾸미개(銙板)이다. 발해 유적에서 발견되는 띠꾸미개에는 주변국에서 공통적으로 보이는 D자형・사각형 외에도 작은 구멍이 많이 뚫린 것이 있다. 이러한 종류는 종래에 연해주 일대에서 많이 발견되었지만, 근래에 들어 만주지역에서도 종종 출토되고 있는데 발해 띠꾸미개의 특색을 이루고 있다.

연해주 크라스키노성터 부근의 강가에서 발견된 青銅俑은 발해인의 얼굴과 의상을 자세히 보여주고 있다.[57] 이 인물은 두 갈래로 상투를 틀고 둥근 깃의 저고리와 길이가 발등까지 내려오는 긴치마를 입고 있다. 布帛으로 만든 띠를 가슴 아래에서 매어 길게 늘어뜨렸고, 그 위에는 종아리까지 내려오는 袍를 입었다. 포 위에는 雲肩을 걸쳤고 발끝이 올라가 둘로 갈라진 형태의 신을 신었으며, 손에는 원통 같은 물건을 들고 있다. 이를 보고한 러시아 학

55) 《冊府元龜》 권 972, 外臣部, 朝貢 5, 元和 9년 정월.

56) 《冊府元龜》 권 999, 外臣部, 互市 開成 원년 6월.

57) 김민지, 〈발해의 복식에 관한 연구(II)－러시아 연해주에서 발견된 청동용(青銅俑)을 중심으로－〉(《韓國服飾學會誌》 22, 1994).

자는 관리의 모습으로 보았으나, 전체적으로는 여성의 모습을 나타내고 있다.

청동으로 만든 騎馬人物像은 상경성에서 2개, 연해주 우수리이스크에서 1개가 출토되었으며, 대단히 양식화된 모습을 보여주고 있다. 연해주의 노보고르데예브카성터 등에서는 아주 작은 소형 장식물들이 다수 출토되고 있다.

1975년에 상경성 土臺子에서 발견된 사리함에 새겨진 四天王像도 주목된다.[58] 방형의 銀盒 4면에 양각한 것으로 선이 가늘고 유려하게 표현되어 있다. 사천왕의 머리에는 頭光이 나타나 있고 몸에는 戰袍를 입고 손으로는 持物을 들고 있으며 발로는 마귀를 두 마리씩 밟고 있다. 천왕의 좌우에는 각각 두 명의 권속을 거느리고 있다. 여러 겹으로 된 이 사리함에는 銀絲로 상감하여 인동무늬를 표현한 漆匣도 포함되어 있다.

3) 음악과 무용

발해의 중앙 관청에 禮儀와 祭祀를 관장하던 太常寺가 있다. 이곳에서 음악과 무용을 관장하였을 것으로 여겨지지만, 구체적인 내용은 알 길이 없다.[59] 다만 정효공주무덤의 서쪽 벽에는 3명의 樂師(樂伎)가 그려져 있어서 발해 악사의 모습을 살펴볼 수 있다.

발해 음악은 일본 기록에 많이 보인다. 사신으로 갔던 己珍蒙 일행이 740년 정월에 聖武天皇 앞에서 '본국의 음악'을 연주한 것이 발해 음악에 관한 최초의 기록이다.[60] 사신 일행이 음악을 연주한 것으로 보아서 일행 중에 악사들이 포함되어 있었던 것으로 보이는데, 이 연주를 계기로 발해 음악이 일본에 처음으로 알려졌을 것이다. 발해 음악이 일본 조정에 전해져 최초로 연주된 것은 749년에 東大寺에서 개최된 법회에서 大唐樂·吳樂과 함께 渤海

---

58) 丹化沙, 〈黑龍江省寧安縣出土的舍利函〉(《文物資料叢刊》 2, 1978).

59) 발해 음악에 대해서는 다음의 글이 참조된다.
宋芳松, 〈渤海樂 小考〉(《東洋學》 14, 檀國大, 1984).
宋芳松, 〈渤海樂의 音樂史學的 再照明-日本 六國史를 중심으로-〉(《韓國學報》 53, 一志社, 1988).

60) 《續日本紀》 권 13, 聖武天皇 天平 12년 정월 정사.

樂이 연주되었을 때이다. 이 무렵에 발해 음악이 정식으로 일본 궁중 음악의 하나에 속하게 되었음을 짐작할 수 있다.

그 뒤로 일본 조정에서는 발해 음악을 직접 배워올 필요성을 느끼게 됨에 따라 유학생 內雄을 파견하여 音聲(음악)을 배워오도록 하였는데,[61] 이 사람은 763년에 귀국한 高內弓과 같은 인물로 추측된다.[62] 이로부터 발해 음악은 일본 궁중음악에 포함되어 발해 사신들을 접대할 때에 수시로 연주되었다. 발해 사신을 위해서 763년에 東國樂을 연주하고, 772년에 '세 가지 음악'을 연주하였고, 777년에는 발해 사신들이 '본국의 음악'을 연주하였다. 그렇지만 기록에는 제대로 나타나 있지 않지만, 발해 사신들이 파견되었을 때마다 아마 발해 음악이 연주되었을 것이다.

그런데 731년 7월에 雅樂寮의 雜樂生 인원수를 정할 때에 백제·고려·신라 음악은 있으나 발해 음악이 포함되어 있지 않았고 809년 3월에도 역시 그러하였던 사실로 보아, 아악료에 있던 高麗樂師와 樂生들이 발해 음악을 연주한 것으로 짐작된다. 일본 平安시대 중기에 외래 음악을 개편할 때에 중국과 인도 계통의 음악을 左方의 樂, 삼국과 발해 음악을 右方의 樂으로 편제하여 앞의 것을 唐樂, 뒤의 것을 高麗樂(狛樂)이라고 불렀는데,[63] 여기서의 고려악은 한반도 계통의 음악을 총칭하는 말로 사용되었다. 따라서 861년 3월에 개최된 동대사 법회와 874년 3월에 개최된 貞觀寺 大齋會에서 연주된 고려악이나 863년 5월에 개최된 神泉苑 靈會에서 춘 高麗舞에는 발해 음악과 춤이 포함되어 있었을 것이다. 그리고 928년(延長 6)에 太平樂의 답무로서 渤海樂이 연주되었다고 하는데,[64] 이것도 역시 이에 속하는 것으로 여겨진다. 아울러 지금까지 일본에서 연주되고 있는 雅樂曲에 들어 있는 新靺鞨은 발해에서 전래된 것이라고 한다.[65]

발해가 멸망한 뒤에 발해 음악은 중국의 宋나라와 金나라에도 이어졌다.

---

61) 《續日本紀》 권 32, 光仁天皇 寶龜 4년 6월 병진.
62) 《續日本紀》 권 24, 淳仁天皇 天平寶字 7년 10월 을해.
63) 吉川英史, 《日本音樂の歷史》(創元社, 1965), 66~67쪽.
64) 《歌儛品目》 권 1, 異域樂名.
65) 酒寄雅志, 〈雅樂"新靺鞨"與渤海國〉(《走向國際化的日本》 國際學術討論會論文集, 天津人民出版社, 1995).

송나라에서는 孝宗 12년(1185) 3월에 발해 음악을 금지하는 조치를 내린 예가 있고, 송나라 陳暘이 지은《樂書》胡部에 나오는 靺鞨舞란 것도 발해로부터 전해진 것으로 보인다. 또 금나라 때에는 渤海敎坊이 있어서 발해 음악이 제도적으로 계속 명맥을 유지하고 있었다.

발해 악기로는 송나라 때에도 사용된 渤海琴이 있지만 실물은 전해지지 않는다. 정효공주무덤의 서쪽 벽에 그려진 3명의 악사 그림을 보면 각기 보자기에 싼 악기를 들고 있다. 보자기에 들어 있기 때문에 어떠한 악기인지 구체적으로 알기는 어렵지만, 대체적인 외형으로 보아서 앞에서부터 拍板, 箜篌, 琵琶를 들고 있는 것으로 생각된다. 특히 공후의 경우에는 보자기 밖으로 갈색의 길다란 자루가 나와 있고, 자루 위에는 꽃잎 모양의 매듭이 져 있으며 두 개의 매듭 끈이 아래로 늘어뜨려져 있다.

지금까지 살펴본 바와 같이 발해 음악은 고구려 음악과 말갈 음악을 모두 흡수하였던 것으로 생각된다. 그런데 음악이 연주될 때에는 춤과 노래도 함께 따르기 때문에 음악과 무용은 불가분의 관계에 있다. 따라서 지금까지 설명한 발해 음악에는 노래 및 악기 연주와 함께 춤도 포함되어 있는 것이다.

이 밖에 발해인들 사이에는 踏鎚라고 하는 춤이 유행하였다. 이러한 사실은 거란의 柳河館 근처에서 발해유민들이 춤을 추는 모습을 묘사한 다음과 같은 기록에 보인다.

> 발해 풍속에 歲時 때마다 사람들이 모여 노래를 부르며 논다. 먼저 노래와 춤을 잘 하는 사람을 여러 명 앞에 내세우고 그 뒤를 남녀가 따르면서 서로 화답하여 노래부르며 빙빙 돌고 구르고 하는데 이를 踏鎚라 한다(《契丹國志》 권 24, 王沂公行程錄).

이는 발해에서 일반인들 사이에 춤추고 노래부르는 일종의 집단 무용이 있었음을 보여주는 것이다.

〈宋基豪〉

4. 발해사 인식의 변천

발해는 전성기에 그 영역이 동쪽으로 沿海州, 서쪽으로 遼東地方, 북쪽으로 松花江까지 미쳤고, 남쪽으로 大同江과 龍興江(金野江)을 잇는 선을 경계로 신라와 이웃하고 있었다. 국가로 따진다면 오늘날의 중국, 북한, 러시아에 걸쳐 있었던 광대한 나라였다. 따라서 발해의 역사는 한국에서 뿐 아니라 중국과 러시아에서도 활발히 연구되고 있다. 이와 함께 발해가 빈번하게 사신을 파견하였던 일본에서도 많은 연구가 이루어지고 있다.

이런 의미에서 발해사는 단순히 한국사의 한 부분에 그치지 않고, 국제적 관심과 연구의 대상이 되어 왔다. 금세기로부터 1994년 전반기까지 발표된 글들을 망라하면 1,500여 편이 되는데, 이를 국가별로 분류하면, 중국이 전체의 45%, 일본이 24%, 남한이 16%, 북한이 5%, 러시아가 10%를 각기 차지하고 있다.

〈발해사 연구 현황표〉

	남 한	북 한	일 본	중 국	러시아	계
1949년 이전	10		124	18	19	171
1950~1959	2	0	24	7	9	42
1960~1969	6	10	39	15	22	92
1970~1979	18	8	44	31	33	134
1980~1989	80	17	78	432	48	655
1990~1994전반	131	46	51	184	20	432
계	247	81	360	687	151	1,526
비 율	16%	5%	24%	45%	10%	100%

이런 사정이기 때문에 연구사를 정리할 때에 어느 한 나라에만 비중을 두기가 어렵다. 따라서 여기서는 한국에서의 발해사 인식을 중심으로 하면서도, 중국·일본·러시아에 관한 것도 함께 다루도록 하겠다.[1]

---

1) 연구 경향을 국가별로 개관한 것으로 다음 글들이 있다.
李龍範, 〈渤海史硏究의 回顧와 國史〉(《韓國思想》 1964 - 7).
浜田耕策, 〈渤海史をめぐる朝鮮史學界の動向－共和國と韓國の南北國時代論につ

1) 국내의 발해사 인식과 연구

먼저 국내에서 발해사 인식이 어떻게 변천되어 왔는가를 살펴보겠다.[2] 크게 보면 신라시대에서 고려시대까지는 발해를 兩面的으로 認識해 왔다. 그러나 조선 초기에는 한국사에서 제외하였다가 후기에 와서 발해의 역사를 재발견하는 커다란 전환이 있었다. 이 때에 발해에 대한 인식과 연구가 높은 수준에 도달하였지만 미완성인 채로 중단되었다. 일제강점기에 발해사에 대한 관심이 다시 고조되었으나 구체적 연구로 이어지지 못하였고, 실증적 연구는 1960년대부터 시작되어 80년대부터 급속히 증가하였다. 이러한 흐름을 보면 비록 시대적 배경은 다르다고 할지라도 한국에서 북방 영토에 대한 관심이 지대하던 시기에 발해에 대한 인식과 연구도 고조되었음을 알 수 있다. 이제 이러한 사실을 염두에 두면서 그 흐름을 구체적으로 살펴보겠다. 신라인들은 발해를 高句麗系 국가로 인식하였는가 하면 靺鞨系 국가로도 인식하였다.[3] 이러한 인식은 崔致遠의 글 속에서도 뒤섞여 나타나고 있다. 그는 "옛날의 고구려가 지금의 발해가 되었다"[4]고 하였고, "고구려 殘孽들이 모여서 발해를 세웠다"[5]고 하였다. 여기에는 신라인 자신들이 멸망시킨 고구려의 잔당이 세웠다고 하여 발해를 낮추어 보려는 의도가 담겨 있는 것이기도 하

いて－〉(《朝鮮學報》 86, 1978).

薛虹, 〈外國的渤海史硏究〉(《學習與探索》 1982 - 6).

西川宏, 〈渤海考古學の成果と民族問題〉(《山陰考古學の諸問題》, 山本清先生喜壽記念論文刊行會, 1986).

李成市, 〈渤海史硏究における國家と民族－'南北國時代'論の檢討を中心に－〉(《朝鮮史硏究會論文集》 25, 1988).

宋基豪, 〈渤海史 硏究 動向〉(《韓國上古史學報》 1, 1988).

송기호, 〈발해사, 남북한・중・일・러의 자국중심 해석〉(《역사비평》 18, 1992).

2) 국내에서의 발해사 인식을 通時代的으로 개관한 것으로 다음의 연구가 있다.

石井正敏, 〈朝鮮における渤海觀の變遷－新羅～李朝－〉(《朝鮮史硏究會論文集》 15, 1978).

한규철, 〈고려에서 독립운동기까지의 발해사 인식〉(《역사비평》 18, 1992).

3) 宋基豪, 〈발해에 대한 신라의 양면적 인식과 그 배경〉(《韓國史論》 19, 서울大, 1988).

4) 《孤雲集》 권 1, 新羅王與唐江西高大夫湘狀 및 與禮部裵尙書瓚狀.

5) 《孤雲集》 권 1, 上太師侍中狀.

지만, 이들이 발해를 고구려 계승국가로 인정하고 있었던 것도 엄연한 사실이다. 반면에 그가 지은 다른 글에서 "발해는 말갈족이 번성하여 세운 나라"[6]라고 하여, 다른 한편으로는 발해가 말갈계 국가임을 천명하는 모순된 양상을 보이고 있다. 이러한 양면적 인식은 비록 명확하게 드러나는 것은 아니지만《三國史記》나《三國遺事》에도 반영되어 있다. 두 사서에는 발해를 靺鞨渤海, 渤海靺鞨, 靺鞨, 狄國, 北狄 등으로 표현하여 적대감을 나타낸 곳이 있는가 하면, 北國이나 渤海로 표현하여 다소 중립적 표현을 사용한 곳도 있어서 역시 발해를 대하는 태도에 편차를 보이고 있는 것이다.

발해가 존재하던 당시에 이미 신라인들이 양면적으로 인식하고 있었던 이유는 몇 가지 역사적 사실에서 찾을 수 있다. 첫째는 발해사회의 이중적 구조이다. 발해사회는 크게 고구려인과 말갈인들로 구성되어 있었음은 잘 알려져 있는 사실이다. 둘째는 발해의 건국자인 大祚榮의 출신이 모호하다는 점이다. 아마 그는 말갈인의 혈통을 가지고 고구려 장수의 직책에 있었던 靺鞨系 高句麗人이 아니었나 생각된다. 셋째는 양국 사이의 외교관계를 들 수 있다. 발해에는 두 가지로 인식할 수 있는 요소들이 내재되어 있었지만 신라인들이 어느 쪽을 택하느냐 하는 것은 두 나라가 적대적인 때였느냐 우호적인 때였느냐 하는 외교적 상황이 직접적인 계기가 되었을 것이다.

후삼국 통일을 기반으로 성립된 高麗는 기본적으로 신라 계승의식이 주축을 이루고 있었으나, 때로는 같은 고구려 계승국가라는 점에서 발해가 주목되기도 하였다.[7] 고려 초기에 발해유민을 지속적으로 받아들였고, 934년에는 발해 세자 大光顯을 왕족으로 우대하였다. 이로부터 고려는 발해를 '婚姻한 나라' 또는 '親戚의 나라'라고 부르는 동질의식을 가지게 되었다.[8] 그리고 936년에 후삼국을 통일한 왕건은 서역 승려를 後晋에 보내어 거란을 함께 쳐서 사로잡혀 있던 발해 왕을 구출하자고 제의하였고, 太祖 25년(942)에는 고려에 온 거란 사신을 붙잡아 유배시키기도 하였다.

---

6)《孤雲集》권 1, 謝不許北國居上表.

7) 趙仁成, 〈高麗 初・中期의 歷史繼承意識과 渤海史 認識〉(《李基白先生古稀紀念韓國史學論叢》上, 一潮閣, 1994).

8)《資治通鑑》권 285, 後晋紀 6, 齊王 下, 開運 2년 10월.

고려 중기에도 尹彦頤의 表文이나 《高麗圖經》에서처럼 발해에 대한 관심이 표명되었다. 윤언이가 고려 인종에게 稱帝建元할 것을 청하자, 金富軾은 금나라를 격노시켜 고려를 치는 빌미를 마련하는 일이라고 매도하였다. 이에 대해서 그는 다만 임금을 높이고자 하는 일이며, 신라와 발해가 연호를 사용하였지만 중국이 군사를 동원한 적이 없다고 주장하였다.[9] 여기에서 그는 발해를 신라와 함께 중국과는 다른 존재로 파악하였음을 보여준다. 徐兢이 1124년에 지은 《고려도경》도 비록 중국인이 쓴 것이지만 당시 고려인의 역사인식을 반영하고 있는 것으로 보이는데,[10] 이 책에서는 발해를 고구려의 계승국가로 다루었다. 그러나 고려 중기인 인종 23년(1145)에 金富軾이 지은 《삼국사기》에는 발해를 서술 대상에서 제외하는 신라 중심의 역사인식이 주축을 이루고 있다.

그러다가 후기에 들어서면서 발해에 대한 관심이 점차 고조되어, 《삼국유사》나 《帝王韻紀》에서와 같이 발해사가 한국사의 한 부분으로 자리를 차지하기 시작하였다. 一然이 忠烈王 7년(1281)경 찬술한 《삼국유사》는 신라 중심의 역사서로서 王曆篇에는 발해가 배려되어 있지 않지만, 본문에는 靺鞨渤海條가 설정되어 있다. 이러한 불완전성은 李承休가 충렬왕 13년(1287)에 지은 《제왕운기》에서 해소되었으니, 여기서는 발해사가 분명히 한국사의 한 줄기로 파악되어 있다. 이 밖에 일연이 충렬왕 4년(1278)에 지은 《歷代年表》[11]나 14세기에 나온 鄭夢周의 《圃隱集》에도 발해에 대한 언급이 있지만, 한편으로는 13세기 후반과 14세기 전반에 활동했던 崔瀣의 《拙藁千百》에서처럼 신라 계승의식을 고수하는 흐름도 보인다.

조선시대에는 초기에 두 가지 흐름이 하나로 정리되면서 발해사가 배제되어 주변국의 역사로 전락하였지만, 그 후에 점차 인식이 바뀌면서 발해사를 재발견하게 되는 과정을 겪었다.[12] 대체로 이 과정은 세 단계를 거쳐 이루어졌다.

---

9) 《高麗史》 권 96, 列傳 9, 尹瓘 附 尹彦頤.

10) 李佑成, 〈南北國時代와 崔致遠〉(《韓國의 歷史像》, 創作과批評社, 1983), 150쪽. 韓永愚, 〈高麗圖經에 나타난 徐兢의 韓國史體系〉(《奎章閣》 7, 서울大, 1983).

11) 蔡尙植, 〈至元 15年 仁興寺刊 歷代年表와 三國遺事〉(《高麗後期佛敎史硏究》, 一潮閣, 1991), 165~166쪽.

12) 李萬烈, 〈朝鮮後期의 渤海史認識〉(《韓沽劤博士停年紀念 史學論叢》, 지식산업

첫째 단계는 成宗 15년(1484)에 간행된 《東國通鑑》의 역사인식으로서, 여기서는 발해사를 한국사의 일부로 인정하지 않고 단지 신라에 이웃하였던 역사로 파악하였다. 고려 태조가 거란에 대해 행한 정책을 두고 "거란이 발해에 신의를 저버린 것이 우리와 무슨 상관이 있기에 발해를 위하여 보복을 한다고 하는가"[13]라는 史論을 달아 비판하였는데 바로 이 책이 반영하고 있는 역사의식이라고 하겠다. 그러면서도 이 책에는 발해사가 간단히 언급되어 있는데, 이것은 어디까지나 우리와 이웃하였던 인접국가의 역사로서 다루어진 것이다. 이러한 인식은 15·6세기를 지나 17세기까지 근간을 이루고 있었으며 《東國史略》(朴祥, 16세기초)을 비롯하여 《東史纂要》(吳澐, 1606), 《東史補遺》(趙挺, 1646), 《東國通鑑提綱》(洪汝河, 1672), 《東國歷代總目》(洪萬宗, 1705) 등에 거의 그대로 계승되었다. 그리고 정도의 차이가 있기는 하지만, 《新增東國輿地勝覽》 (1530), 《歷代紀年》(鄭逑, 17세기초), 《東史會綱》(林象德, 1711), 《同文廣考》(李敦仲, 18세기 후반) 등도 이러한 계열에 속한다. 따라서 조선 후기에 새로이 나타나는 발해사 인식은 이러한 기존의 인식을 수정하면서 극복해 나가는 과정이었다.

이러한 과정이 시작되는 둘째 단계는 전기와 후기로 다시 나누어 볼 수 있다. 전기에는 고구려 영토를 계승하였던 나라로 발해를 인식하였으니, 《東國地理誌》(韓百謙, 1615)가 그 선구를 이루었다. 한백겸이 이 책을 저술한 동기 중의 하나가 조선이 왜 약한 나라가 되어 끊임없이 외적의 침입을 받게 되었는가 하는 역사적 원인을 찾는 데에 있었다. 이에 따라 그는 그 원인을 고구려 영토의 상실에서 찾게 되었고, 이러한 관심 속에서 발해가 고구려 영토를 계승한 나라임을 발견하게 되었다. 그 결과 발해가 신라에 부속된 역사가 아니라 고구려에 부속된 역사로 파악되어 발해사가 처음으로 고구려 역사 뒤에 붙여져서 설명되었다. 이러한 인식은 《東事》(許穆, 1667), 《星湖僿說》(李瀷, 1720년대~1750년대), 《東史綱目》(安鼎福, 1754~1759) 등으로 계승되었다.

사, 1981).

宋基豪, 〈조선시대 史書에 나타난 발해관〉(《韓國史硏究》 72, 1991).

김혁철, 〈실학자들의 발해력사관〉(《발해사연구론문집》 1, 과학백과사전종합출판사, 1992).

13) 《東國通鑑》 권 13, 고려 태조 25년 史論.

그러나 전기에는 발해사가 우리 역사의 일부인지에 대해서는 아직도 부정적 시각을 많이 가지고 있었다. 그러다가 후기에 들어와 발해가 고구려 영토를 계승하였을 뿐만 아니라 그 건국자도 고구려유민이었다는 인식이 등장하면서 발해사를 적극적으로 한국사의 일부로 다루게 되었다. 이러한 인식에는 《疆界考》(申景濬, 1756)가 그 선구를 이루었다. 신경준은 新羅古記나 최치원의 글을 인용하여 乞四比羽는 말갈인이고 乞乞仲象은 고구려인이라 하였다. 또 고구려가 망한 지 10년 후에 대씨가 고구려유민을 불러일으켜 옛 땅을 회복하였고, 바다를 건너 당나라의 刺史를 죽임으로써 前王(고구려왕)의 치욕을 설욕하였으며, 忽汗州를 평양성이라 부른 것은 옛 도읍지를 못 잊어 하였기 때문이라고 하였다. 여기서 특히 고구려왕을 前王이라 표현한 것은 발해가 고구려 계승국가임을 분명히 한 것으로 매우 주목된다.

그의 역사인식은 《東國文獻備考》(신경준, 1770)의 〈輿地考〉를 집필하면서 더욱 구체화되었다. 그는 여기서 발해와 定安國을 扶餘·東沃沮·報德國 등과 함께 고구려 속국으로 다루었다. 여기서 속국이란 말은 服屬國과 繼承國의 이중적 의미를 담고 있는 것으로 발해가 고구려 계승국이었음을 보여주고 있다. 그러면서 대조영은 고구려 옛 장수로서 그 유민에서 일어나 전왕의 땅을 모두 회복하였으니, 그는 曠世의 호걸이라고도 하였다. 이와 같은 신경준의 발해사 인식은 《紀年兒覽》(李萬運, 1778), 《靑莊館全書》(李德懋, 18세기 후반), 《燃藜室記述》(李肯翊, 1797), 《大東掌攷》(洪敬謨, 憲宗代) 등으로 이어졌다.

마지막으로 셋째 단계에서는 앞 단계에서 주로 고구려 계승국에 초점을 맞추어 발해사를 인식하던 태도에서 한 걸음 더 나아가, 발해를 통일신라와 대등하였던 독립국으로 다루거나 발해가 신라보다 우위에 있었다고 인식하게 된다. 이 때에 두 가지 흐름이 나타나는데, 하나는 삼국이나 통일신라와 대등하게 世家, 世紀 등으로 취급하는 경우이고, 다른 하나는 南北國時代를 설정하는 경우이다.

전자는 《東史》(李種徽, 18세기 후반)에서 출발하였다. 이 책은 비록 완성된 형태는 아니지만 紀傳體의 형식으로 발해사를 서술한 최초의 역사서에 해당한다. 그 편목을 보면 삼국 이전의 역사는 本紀로 처리하였지만 삼국은 본기에 서술되지 않았으며, 부여·발해·가야의 역사가 세가로 다루어졌다. 따라서 여기서는 발해를 신라와 대등한 수준으로 인식하지 않았고, 종래와 같이 삼국보다 한 단계 아래인 부여·가야 등과 동등한 수준으로 이해하였던 것 같다. 그럼에도 불구하고 이제는 발해사를 고구려의 속국으로 인식하던 단계에서 나아가 독립된 나라의 역사로 서술하였다는 점에서 그 의의가 매우 크다고 하겠다.

더구나 이종휘는 우리 나라 땅이 발해시기에 최대 판도를 이루었다가 고려 이후에 축소되었다고 하면서, 우리 나라가 약한 나라로 전락한 것이 발해의 땅을 잃어버렸기 때문이라고 주장하였다. 이에 따라 우리가 찾고자 하는 대상이 고구려 옛 땅에서 발해 옛 땅으로 바뀌었다. 이것은 앞 시대에 한백겸·이익·신경준 등이 우리 나라가 약한 나라가 된 이유를 고구려 영토의 상실 때문으로 보고 발해의 건국을 가리켜 '고구려 영토를 잃었다'고 표현하였던 것과는 크게 다르다. 이들이 발해사에 많은 관심을 기울인 것은 사실이지만 이 문제에 대해서는 신라측 입장을 견지함으로써 이러한 설명이 나오게 된 것이다. 이에 따라 강한 나라가 되기 위해서는 고구려 땅을 되찾아야 한다는 高句麗故土 회복의식으로 나타났다. 그러나 이종휘는 이와 달리 발해 땅을 되찾아야 한다는 渤海故土 회복의식을 표명함으로써 발해사 인식면에서 커다란 전환점을 이루었다.

이종휘의 이러한 발해사 인식은 《東史世家》(洪奭周, 1820년대)에서 더욱 강화되어 나타났다. 홍석주는 발해사를 신라·고구려·백제의 역사와 함께 世家로 다루어 삼국과 발해를 동등하게 보았다. 《海東繹史》(韓致奫, 1814)와 《海東繹史續》(韓鎭書, 1823)도 역시 이러한 부류에 속한다. 한치윤은 발해사를 世紀로 다루어 신라사와 동등하게 취급하였고, 한진서도 〈古今疆域圖〉에서 삼국과 함께 발해를 그 대상으로 삼았다. 丁若鏞은 체계적인 역사서를 쓰지 않았기 때문에 그의 발해사 인식을 정확히 파악하기는 어렵다. 그러나 그는 과거시험에서 발해의 땅을 회복하여야 한다는 의식을 이미 피력한 바 있다. 그의 발해사 인식이 구체화된 것은 《疆域考》(1811, 1833)에서이다. 그는 한백겸의 설을 따라 한강을 경계로 하여 북쪽에는 고조선·4군·고구려·발해로 이어졌고, 남쪽에는 삼한이 백제·신라·가야로 이어진 것으로 파악함으로써, 북방 계열과 남방 계열의 역사를 거의 동등하게 다룬 것을 발견할 수 있다.

한편 후자는《渤海考》(柳得恭, 1784)가 선구적 역할을 하였다. 유득공은 서문에서 고려가 발해를 신라와 동등하게 다루어 남북국사를 썼어야 했는데 그렇게 하지 못한 것은 잘못이라고 지적하여 당시로서는 상당히 혁신적 의식을 담았다. 이러한 의식은《大東地志》(金正浩, 1864년경)로 이어졌다. 김정호는 단군조선에서 고려까지의 역사를 다룬 〈方輿總志〉에서 발해사를 독립된 항목으로 다루었으며, 〈渤海國〉에서는 삼한－삼국(신라·가야·백제)－삼국(고구려·신라·백제)－남북국(신라·발해)으로 이어지는 독특한 고대사 체계를 제시하였다.

이상의 두 흐름은 상호 보완적인 것이다. 그럼에도 불구하고 두 흐름이 한 사람에게서 동시에 나타나지 못하고 각기 독립적이었다는 것은 이 당시 발해사 인식의 한계를 보여주는 것이다. 장차 이 두 부류가 하나로 융합되어 고대사 체계가 완성되었어야 했는데, 19세기 초반을 지나면서 더 이상의 진전이 이루어지지 못한 채 중단되어 버렸던 것이다. 그런 의미에서 조선 후기의 발해사 인식은 미완의 형태로 끝나버림으로써 다음 세기로 과제가 넘겨지게 되었다.

조선 후기에 한껏 고조된 발해사 인식은 비로소 발해사에 대한 실증적 연구를 낳게 하였다. 발해사에 대한 관심이 주로 영토적인 데에서 출발하였기 때문에 이러한 연구는 자연히 地理考證으로 나타났다. 발해의 지리에 대해서는 이미《동국지리지》에서부터 독자적인 관심을 기울이기 시작하여《동사회강》·《동사강목》등으로 이어졌지만, 19세기초에 정약용·한치윤·한진서에 이르러서 탁월한 업적이 나오게 되었다. 특히《해동역사속》에 실린 지리고증은 후에 徐相雨를 통하여 중국에 소개되어《渤海疆域考》(서상우 輯, 1925)라는 이름으로 그 곳에서 간행됨으로써 중국 학자들의 관심을 끌었다.

지리고증의 주요 논점은 建國地 및 5京·15府의 위치, 발해의 서쪽 및 남쪽 경계문제였다. 건국지에 대해서는 太白山과 東牟山이 과연 어디인가 하는 점이었다. 이 문제에 대해서는 敦化市 부근의 額敦山으로 비정한 정약용의 견해가 탁견으로 현재의 통설에 가장 가깝다. 5경·15부의 위치 비정은《遼史》地理志나 이를 토대로 만들어진 明·淸시대의 문헌들을 어떻게 이해하는가 하는 점과 밀접하게 관련되어 있다. 이 책들은 발해가 마치 遼東지방에 있었던 것처럼 서술하였는데, 그러한 오류가 왜 발생하였는가를 규명하고 이들의 원래 위치를 역시 현재의 통설과 거의 비슷하게 비정한 것이 《강역고》와 《해동역사속》이다.

그리고 서쪽 경계문제와 관련해서는 요동지방이 과연 발해의 영토였는가 하는 점이었다. 또 남쪽 경계문제와 관련해서는 세 가지가 거론되었다. 첫째는 대동강 북쪽에서 압록강 남쪽까지가 과연 발해의 땅이었는가 하는 것이고, 둘째는 신라와의 경계를 이룬 *泥河*가 어디인가 하는 것이며, 셋째는 《新唐書》에 弁韓이 발해 땅이 되었다고 한 것이 옳은 것인가 하는 것이었다. 이들은 이상과 같은 지리고증에서 비교적 과학적인 연구 결과를 남길 수 있었다.

이렇게 발해사에 대한 인식의 차원을 넘어서 본격적인 학문연구의 대상으로 끌어올린 것은 중국을 비롯한 주변의 어느 나라보다도 시기적으로 앞선다. 특히 이들이 《遼史》 地理志의 기록에 오류가 많다는 것을 깨닫고 그 원인이 어디에 있는가를 밝힌 것은 당시 중국과 조선을 통틀어 처음으로, 발해의 지리고증에 획기적 전기를 마련하였다. 따라서 발해사 연구는 조선에서 본격적으로 시작되었다고 해도 과언이 아니다. 그러나 이러한 실증적 연구는 19세기 중반 이후에 소강상태에 접어들었다.

이상에서 본 것처럼 조선시대의 *渤海觀*은 15·6세기까지의 인식이 17세기 초반, 18세기 중·후반, 19세기 초반을 경계로 획을 그으면서 변화하다가 19세기 중반부터 퇴조해 버렸다. 각 시기마다 변화를 가져오게 된 직접적 계기는 대체로 다음과 같다. 17세기 초반의 경우 16세기말에서 17세기초에 걸친 여러 차례의 外亂 때문이었으며, 18세기 중·후반은 18세기 초반에 세워졌던 定界碑를 둘러싼 북방영토 문제 때문이었다. 특히 이 시기에 들어와 종래의 高句麗故土 회복의식이 *渤海故土* 회복의식으로 전환된 것은 발해사를 적극적으로 우리 역사로 인식한 결과로서 대단히 중요한 의미를 지니고 있다.

발해사 인식은 19세기 중반 이후부터 장기간 침체 상태를 면치 못하였다. 개화기의 교과서들은 三韓正統論의 영향을 크게 받아 삼국통일을 강조함으로써 발해사 인식은 크게 축소되었다. 이에 따라 발해사를 아예 언급하지 않거나 신라사에 덧붙여 간단히 언급하는 수준에 머물렀다.[14] 다만 《歷史輯略》(1905)을 편찬하면서 발해사를 비교적 상세히 서술하였던 金澤榮이 나중에 일본측의 발해 사료를 많이 인용하여 《韓國歷代小史》(1922)를 다시 간행한 것이 돋보인다.

한동안 침체되었던 발해사 인식이 다시 크게 고양된 것은 일제강점기 때의 일이다. 특히 민족주의 역사학자들을 중심으로 독립운동과 연계되면서 滿洲지역의 北方史에 커다란 관심을 보이게 되었는데,[15] 이러한 모습은 朴殷植·申采浩·張道斌·權悳圭 등에서 찾을 수 있다.

박은식은 《渤海太祖建國誌》(1911)를 발표하였으나 지금은 전해지지 않아서 그의 발해사 인식을 파악할 길이 없다. 신채호의 발해사 인식은 《讀史新論》(1908)과 《朝鮮上古史》(1931) 總論에 잘 나타나 있다. 그의 발해사 인식은 유득공과 이종휘의 영향을 크게 받았다. 그는 삼국통일의 역사적 의미를 격하시키고 발해를 단군·부여·고구려의 정통을 계승한 국가로 파악하여 '兩國時代'를 설정하였다. 그러나 이를 뒷받침할 만한 실증적 연구와 역사 서술로 이어지지 못하고 史論에 그치고 말았다. 그러나 그의 삼국통일 평가와 발해사 인식은 훗날 북한의 역사인식에 커다란 영향을 주었다.

그리고 신채호에게서 영향을 받아 국사 개설에서 남북국시대를 설정하는 예들도 보인다. 장도빈은 《國史》(1916·1946)에서 '南北國'을 설정하였고, 권덕규의 《朝鮮留記》(1924)와 黃義敦의 〈上古時代〉(1943)[16]에서 각기 '南北朝'를 설정하였다.

한편으로 大倧敎 계통에서는 남방사보다 북방사를 높이 평가하여 만주에서 일어난 단군조선·부여·고구려·발해 등을 중시하였으며, 발해 수도 東京城 부근에 1933년 渤海農場을 세워 운영하기도 하였다. 그러나 민족정신을 앙양한다는 목적의식에 사로잡혀 북방사를 지나치게 과장하는 면도 있었다.

일제강점기에는 발해에 대한 높은 관심에도 불구하고 이에 대한 실증적 연구는 제대로 이루어지지 못하였고, 다만 장도빈의 연구가 눈에 뜨일 뿐이다. 그는 일제강점기에 《渤海太祖》(1926)를 발표하였고, 해방 후에도 《大韓歷

---

14) 김영하, 〈한말·일제시기의 신라·발해사론〉(《한국고대사연구회 회보》 24, 1992), 7~9쪽.

15) 韓永愚, 《韓國民族主義歷史學》(一潮閣, 1994).

16) 黃義敦, 〈上古時代〉(《半島史話と樂土滿洲》, 新京 ; 滿鮮學海社, 1943).

史》(1959), 《國史槪論》(1959)에서 발해사를 지속적으로 비중있게 다루었다. 이러한 작업에는 신채호의 영향이 컸으며, 이와 함께 그가 망명지에서 유적을 직접 답사하였던 경험도 크게 작용하였다. 그는 1912년 경에 블라디보스토크로 망명한 뒤에 우수리이스크(송왕령)지역의 성터를 답사하여 이곳을 고구려 柵城 또는 발해 東京 소재지로 추정하였다. 이것은 현재의 통설과는 다르지만, 한국인 학자로서는 처음으로 연해주 유적을 답사하였다는 점에서 그 의의는 매우 큰 것이다.[17]

해방이 되면서 발해사 연구는 남·북한에서 각기 개별적으로 재개되었다. 남한에서는 1960년대부터 발해사 연구가 다시 시작되었는데, 60년대에 발표된 글들에서는 기왕의 연구 성과를 정리하면서 한국사와의 연결 가능성을 모색하였고, 발해 왕실을 고구려 桂婁部와 연결시켜 보기도 하였다. 그리고 70년대에 이르러 발해의 社會構成과 遺民史의 연구에 상당한 진척을 보았지만, 오히려 발해사를 한국사에 넣는 데에 주저하였던 면도 보인다.[18] 이 당시의 연구에는 과거 일본인들의 연구 성과가 주요한 토대가 되었다.

그러다가 1980년대에 들어서 다수의 학자들이 참여하였다.[19] 그리고 근년에는 일련의 석사논문들이 발표됨으로써 연구 인력이 점차 확대되어 가고 있으며, 이에 따라 연구 분야도 다양화되었다. 역사학 분야에서 대외관계·유민·사회구성 등에 관한 연구가 진척되었으며, 중국측의 고고학 자료도 직접 이용하기 시작하였다. 그리고 문학·음악·회화·조각·복식·건축 등의 인접학문으로까지 연구 범위가 확대되었다.[20]

아울러 이러한 성과들은 발해사가 한국사에서 어떠한 자리를 차지하여야 하는가 하는 南北國時代論이 더욱더 심층적으로 논의될 수 있는 바탕이 되었다.[21] 근년에 들어서 많은 개설서에서 남북국시대라는 용어를 채택하는 경

---

17) 宋基豪, 〈沿海州의 渤海遺蹟 硏究 動向〉(《韓國民族史의 再照明》, 제5회 韓國民族史 국제학술심포지엄, 1992), 32쪽.

18) 李龍範, 《中世東北亞細亞史硏究》(亞細亞文化社, 1976), 27~29쪽.

19) 宋基豪·韓圭哲·盧泰敦·金渭顯·徐炳國·崔茂藏 등이 참여하였고 林相先과 金恩國 등이 뒤를 잇고 있다.

20) 문학사에 趙東一·金武植, 음악사에 宋芳松, 미술사에 安輝濬, 불상연구에 車玉信·宋基豪·全虎兌, 사찰건축에 이병건, 복식사에 金玟志 등이 있다.

21) 1991년 11월 30일에 한국고대사연구회 주관으로 '南北時代論의 기초적 검토'라

향이 늘어나면서 발해사의 비중이 점차 높아져 가고 있다. 그렇지만 발해사는 한국사에서 아직도 확고한 자리를 잡지 못한 채로 있다. 이것은 삼국통일을 어떻게 평가할 것인가, 한국사에서 과연 신라와 발해를 동등하게 다룰 수 있겠는가 하는 점들과 직접적으로 관련되어 있기 때문이다. 따라서 앞으로도 이 문제들을 둘러싸고 논쟁이 지속적으로 벌어질 것으로 예상된다.

북한에서의 발해사 연구[22]도 1960년대에 시작되었다. 1962년에 발표된 글에서 발해가 모든 면에서 고구려를 계승하였다는 명제를 제시한 것이 최초의 본격적인 연구였다.[23] 문헌연구를 통한 이러한 주장은 고고학적으로 뒷받침함으로써 더욱 강화되었다.[24] 이러한 연구들은 발해사 연구의 방향을 제시하였다는 점에서 연구사적으로 커다란 의미를 지니고 있다. 이 연구를 통해서 발해사를 한국사와 연결시킬 수 있는 기본 틀을 마련하였기 때문이다. 이렇게 70년대초까지 문헌과 고고학의 두 방면에서 연구의 기본 틀이 마련됨으로써, 그 후의 연구들은 이들의 주장을 보강하는 차원에 머물고 있는 실정이다. 이 당시의 연구에는 문헌사에서 정약용과 金毓黻의 업적을 많이 수용하였고, 고고학 자료는 60년대 전반에 중국학자들과 공동으로 만주지역을 조사한 것이 바탕이 되었다.

북한에서는 다른 연구와 마찬가지로 발해사 연구도 1970년대에 침체를 보이다가 80년대 들어서 다시 활기를 띠기 시작하였다. 80년대 후반에는 발해사 연구 기구와 인력이 대폭 확충되어 연구 성과도 더욱 늘어났다.[25] 이 밖에 발해 건축사에 관한 논문이 60년대 이래 발표되어 주목을 받았다.[26]

는 토론회가 개최되었고, 이 때에 발표된 논문들이 이러한 논의를 대표하는 것이다. 그 내용은 《한국고대사연구회 회보》 24(1992) 참조.

22) 송기호, 〈北韓의 渤海史·統一新羅史 硏究〉(歷史學會 編, 《北韓의 古代史硏究》, 一潮閣, 1991).
한규철, 〈북한의 발해사 연구〉(《북한의 고대사 연구와 성과》, 대륙연구소 출판부, 1994).

23) 박시형, 〈발해사 연구를 위하여〉(《력사과학》 1962-1).

24) 주영헌, 《발해문화》(사회과학출판사, 1971).

25) 문헌학자로서 張國鍾·蔡泰亨·孫永鍾·김혁철·玄明浩 등과 고고학자로서 金宗赫·리준걸·金志哲 등이 80년대에 들어서 새로 가세하였다.

26) 이 방면에는 장상렬이 발표한 논문들이 대표적이다.

그러나 80년대에 주체사상이 유일사상으로 확고하게 자리를 잡으면서 고구려 계승의식, 그리고 고려에의 계승성에만 너무 집착하는 경향을 보여주고 있다. 이 방면의 연구는 아주 중요한 것이지만 여기에만 매달림으로써 논증에 무리를 범하고 있고, 발해사의 다른 측면에 대해서도 거의 무시하는 결과를 낳게 되었다. 그리고 최근에는 사료를 무비판적으로 받아들여 연구의 실증성에서 심각한 문제점을 드러내는 경우가 많다. 예를 들면 후대에 엮어진 《陜溪太氏族譜》의 〈渤海國王世畧史〉를 무비판적으로 받아들여 사료로 이용하고 있고, 심지어는 발해가 고려에 계승되었다는 근거로 삼기도 하였다.[27] 그리고 《동국여지승람》의 기록을 비판 없이 받아들여 '고려 후국'을 설정하고 성천에서 신의주로 도읍을 옮겼다고 주장하는 것도 볼 수 있다.[28]

이와 연관되는 것이지만 또 하나의 경향으로서 과거 조선 후기 실학자들의 연구 수준으로 회귀하려 하는 점이 눈에 뜨인다. 檀君陵을 둘러싼 논의에서도 이미 드러났듯이 금세기 들어와서의 과학적 연구 성과들을 포기하고 전근대 사학의 수준으로 되돌아가려는 경향이 강하게 나타나고 있는 것이다. 이에 따라 근래에 와서 실학자들에 대한 연구가 활발히 진행되고 있고, 심지어는 실학자들의 견해를 비판 없이 그대로 수용하여 입론의 근거로 삼는 모습을 보이곤 한다.

고고학에서는 만주의 자료에 대한 접근이 어려워지면서 1980년대 들어와 함경도지역에서 발해 유적을 찾는 작업이 집중적으로 이루어졌다.[29] 그 결과 상당수의 유적들을 새로이 확인하였고, 문헌사보다는 이와 같은 새로운 고고학 자료들이 우리들에게는 더 유용한 가치를 지니고 있는데, 咸鏡南道 新浦

27) 박영해, 〈발해의 대외관계에 대하여〉(《력사과학론문집》 12, 과학백과사전종합출판사, 1987), 197쪽.
채태형, 〈「협계태씨족보」에 실린 발해사관계 사료에 대하여〉(《발해사연구론문집》 1, 과학백과사전종합출판사, 1992).
김성호, 〈발해와 후기신라의 관계〉(위의 책).

28) 장국종, 〈발해의 '고려후국'의 존립과 그 수도에 대하여〉(《력사과학》 1992 - 2).

29) 리준걸, 〈함경남북도 일대의 발해 유적 유물에 대한 조사 보고〉(《조선고고연구》 1986 - 1).
박진욱, 〈최근년간 우리 나라 동해안일대에서 발굴된 발해유적들과 그 성격에 대하여〉(《연변대학조선학국제학술토론회론문집》, 1989).

市 梧梅里절터는 특히 주목되는 유적이다. 그러나 조사보고서가 너무 간략하여 유적에 대한 자세한 정보를 얻기가 어렵고, 고구려의 계승성을 설명하려는 데에 너무 집착한 나머지 고구려 유적과 구별되는 편년 기준을 명확히 제시하지 않은 문제점을 안고 있다.

2) 국외의 발해사 인식과 연구

이상으로 근년에까지 한국에서 전개되어 온 발해사 인식과 연구 경향을 살펴보았다. 이제 국외로 눈을 돌려보겠다. 중국에서의 발해사 인식은《舊唐書》渤海靺鞨傳과《新唐書》渤海傳을 기본으로 하여 전개되었다.《唐會要》·《冊府元龜》·《五代會要》·《資治通鑑》등은 전자를 따르고 있고,《玉海》·《文獻通考》·《金史》등은 후자를 따르고 있다. 그런데 두 역사서에서는 발해사의 성격을 명확히 규정하지 못한 채 靺鞨的 요소와 高句麗的 요소가 동시에 언급되고 있다. 그리고 그 이후의 문헌들도 이러한 서술을 답습함으로써 새로운 역사인식이 별로 형성되지 못하였다.

발해사 연구는 19세기에 曹廷杰, 景方昶 등이 지리고증을 하면서 단초를 열었다. 그러나 전문적 연구는 금세기 초에 들어와서 비롯되었다.[30] 특히 발해에 관한 거의 모든 문헌들을 망라하고 고증도 정밀하게 한 연구도 나와서 지금에 이르기까지 중국학자들의 발해사 연구에 커다란 영향을 끼치고 있다.[31] 해방 이후 1970년대 중반까지는 발해사 연구의 소강기였다. 이 기간에 貞惠公主무덤, 河南屯무덤과 같이 중요한 유적이 조사되기는 하였지만, 체계적이지 못하고 우발적인 것이었다.

문화혁명이 끝나고 개혁·개방정책이 실시되는 1970년대말부터 모든 학문 분야에서 활기를 띠기 시작하였고, 발해사도 예외는 아니었다. 1980년 이후에 발표된 글이 616편에 달하여 전체의 90%를 차지하는 것만 보아도 이를 짐작할 수 있다.[32]

---

30) 대표적인 연구자로는 唐宴, 黃維翰, 金毓黻 등이 있다.

31) 金毓黻,《渤海國志長編》(華文書局, 1934).

32) 주요 연구자로서는 王承禮·魏國忠·劉曉東·孫玉良·陳顯昌·朱國忱·張泰湘

전반적으로 볼 때 중요한 연구 주제로는 발해사의 귀속문제·대외관계·지리고증 등이 있고, 그에 못지 않게 고고학적 연구도 커다란 비중을 차지하고 있다.[33] 특히 성터·무덤·절터·窯址 등을 조사·발굴한 고고학 자료는 발해사의 실체를 규명하는 데에 크게 기여하고 있으며, 80년대 이후에 조사된 대표적 유적으로 貞孝公主무덤·三陵屯 2호무덤·北大고분군·東淸고분군·上京城 등을 들 수 있다.

일본에서의 발해사 연구는 특이한 점이 있다.[34] 한국이나 중국·러시아에서는 자기 역사의 일부로서 발해사를 다루고 있지만 일본에서는 그렇지 않다. 그런데도 수적으로 큰 비중을 차지하고 있는 것은 앞에서 언급한 일본의 대외관계사라는 측면 외에도 일제시대에 만주를 지배하였던 경험 때문이다. 이에 따라 근년보다도 오히려 일제시대에 발해사 연구가 활발하였음이 통계자료로도 확인된다.

과거 《續日本紀》를 비롯한 일본의 역사서들은 발해를 고구려계 국가로 보았다. 발해에 대한 실증적 연구는 19세기말에 시작되었고, 일제시대에 들어와 만주 침략과 연계되면서 주로 지리고증과 고고학적 조사에 연구의 중점이 두어졌다. 고고학 성과로서 東京城(上京城)·西古城·八連城(半拉城) 등을 조사하여 발해의 주요 수도들을 확인하였던 점은 주목할 만하다.[35] 그러나 해방이 되고 나서 1960년대까지는 소강 상태였다. 연구 내용에서 볼 때에 일제시대 연구의 연장선상에 있었으며, 앞 시기의 연구자들이 그대로 활동하던 시기였다[36].

1970년대 이르러 전후 세대로 구성된 새로운 연구자들이 등장하였다. 이

·鄭英德·孫進己·孫秀仁·王俠 등이 있고, 이 밖에 張高·王成國·羅繼祖·宋德胤·丹化沙도 여러 편의 글을 발표하였다. 조선족 학자로서 方學鳳·鄭永振·金香 등이 있다. 그리고 林樹山 등은 러시아 논문을 지속적으로 번역하여 소개하는 데에 공헌하고 있다.

33) 西川宏, 〈中國における渤海考古學の成果と課題〉(《青丘學術論集》 3, 1993).

34) 鈴木靖民, 〈日本における戰後の渤海史研究－研究の動向と課題－〉(《발해의 민족형성과 연구사》, 발해사 국제학술회의 발표요지, 1993).
酒寄雅志, 〈近代日本と渤海史研究〉(위의 책).

35) 이 시기에는 鳥山喜一·三上次男·駒井和愛·齋藤優·和田清·津田左右吉 등과 같은 연구자들이 주축을 이루었다.

36) 이들과 함께 日野開三郎, 新妻利久등이 활동하였다.

시기에 와서는 고고학 자료를 직접 접할 수 없게 되었기 때문에 문헌사가 중심을 이루게 되었다.[37] 이에 따라 연구의 내용이 과거와는 달라졌으며, 일본의 대외관계와 정치사 및 발해의 사회구조를 밝히는 데에 중점이 두어졌다. 발해사회 가운데에서도 首領制를 중심으로 하는 지방사회의 구조를 해명하는 데에 특별한 관심을 기울였다.

마지막으로 러시아를 보겠다.[38] 러시아에서 발해사에 관한 관심은 19세기에 활동한 연구자들에게서 이미 나타나고 있다.[39] 그로부터 20세기 전반까지는 연해주의 발해유적들에 대해 산발적인 조사가 진행됨으로써 향후의 연구에 기초자료를 제공해 주었다. 발해사 연구가 체계적으로 이루어지기 시작한 것은 1950년대이다.[40]

1958년에 코프이토(Kopyto)절터를 발굴하면서 연해주에서 체계적 발굴이 시작되었다. 그러나 1960년대에는 샤이가(Shaiga)성터에 대한 조사가 중심을 이루면서 금나라의 유적에 관심이 집중되어 상대적으로 발해유적에 관심이 덜 기울여졌다. 이후 발해유적에 대한 조사와 연구가 다시 활기를 띠기 시작한 것은 1970년대부터이다.

---

37) 일본사 전공자로서 石井正敏・鈴木靖民・酒寄雅志 등이 있고, 한국사 내지 중국사 전공자로서 古畑徹・河上洋・李成市・浜田耕策 등이 있다. 이 밖에 小嶋芳孝와 西川宏 등의 연구도 눈여겨 볼 필요가 있다

38) 小島武男, 〈ロシヤに於ける渤海研究者及び文獻について〉(《史學》 10 - 1, 三田史學會, 東京, 1930).
林樹山・姚鳳, 〈蘇聯對渤海國的研究〉(《中國史研究動態》 1981 - 12).
薛虹, 〈蘇聯的渤海史研究－兼評蘇聯對渤海國的研究－〉(《中國史研究動態》 1983 - 1).
T. A. Vasil'eva, 〈우리나라 문헌을 통해서 본 연해주 발해 유적 연구사〉(《소련원동 중세 고고학의 새로운 자료》, 소련과학원 원동지부 원동민족 역사학・고고학・민족학연구소, 블라디보스톡, 1989).
宋基豪, 〈沿海州의 渤海遺蹟 硏究 動向〉(《韓國民族史의 再照明》, 제5회 韓國民族史 국제학술심포지엄, 1992).
에. 붸. 샤브꾸노프, 〈러시아에서의 발해사 연구〉(《발해의 민족 형성과 연구사》, 발해사 국제학술회의 발표요지, 1993).

39) 비추린(N. Ia. Bichurin) 등이 있다.

40) 이 때부터 아클라드니코프(A. P. Okladnikov)와 그의 제자인 샤브꾸노프(E. V. Shavkunov)가 연구를 주도하였다. 특히 샤브꾸노프는 전체 연구의 30% 정도를 차지하고 있으며, 지금까지 볼딘(V. I. Boldin), 세메니첸코(L. E. Semenichenko), 이블리예프(A. L. Ivliev) 등의 연구자들을 배출한 대표적인 연구자이다.

그 사이에 성터와 주거지들이 다수 발견됨으로써 상당한 자료가 축적되었고,[41] 이를 토대로 고고학적으로 다양한 접근이 이루어지고 있는 것이 러시아측 연구의 특색이다. 이 때문에 지금까지 발표된 논문들을 분석해보면 고고학에 관한 것이 70% 이상에 달한다. 연구자들은 대부분 블라디보스토크에 있는 '러시아과학원 원동지부 원동민족 역사학·고고학·민족학연구소'에 소속되어 있다.[42]

3) 주요 연구 주제

이상으로 각국의 발해사 인식과 연구 동향을 살펴보았다. 전체적으로 개괄해 보면 발해사 연구는 1980년대에 본격화되었다고 할 수 있다. 80년대 이후에 발표된 글이 전체의 71%를 차지하고 있는 것이다. 그리고 지금까지의 연구에서 중심을 이루어 온 주제는 발해사의 歸屬문제, 지리고증, 대외관계, 고고학적 조사와 연구, 내부 사회의 여러 양상들, 유민 활동 등이다.[43] 전체 글을 대략적으로 분류해 보면, 고고학 분야가 가장 많은 수를 차지하고 있고, 그 다음이 대외관계 분야이다. 이어서 종족구성, 지방사회, 경제·정치제도, 문화 등과 같은 내부구조 해명이 있고, 그 다음으로 지리고증, 유민, 귀속문제, 번역물, 연구사 정리 등이 차지하고 있다.

이러한 주제들 가운데에서 가장 관심을 기울여 온 부분이 발해사의 귀속

---

41) 연해주 유적 목록 및 참고문헌은 다음 책에 망라되어 있다.
A. G. Striuchenko 등 공저, 《연해주의 역사유적 및 문화유적-자료 집성-》 2, 고고유적편(러시아과학원 원동지부 원동민족 역사학·고고학·민족학연구소, 1991).

42) 볼딘, 셰메니첸코, 디야코바(O. V. D'iakova), 이블리예프 등이 있다.

43) 발해사 연구 성과를 주제별로 개관한 것들로는 다음의 연구가 있다.
景愛, 〈戰前東北歷史地理硏究述評〉(《學習與探索》 1981 - 4).
諸爲, 〈國內渤海史硏究近況介紹〉(《學習與探索》 1982 - 5).
孫秀仁, 〈新中國時期渤海考古學的進展〉(《黑龍江文物叢刊》 1982 - 2).
王成國, 〈近年來國內硏究渤海史槪況〉(《中國史硏究動態》 1982 - 10).
丹化沙, 〈渤海歷史地理硏究情況述略〉(《黑龍江文物叢刊》 1983 - 1).
송기호, 〈발해사 연구의 몇가지 문제점〉(《韓國古代史論》, 한길사, 1988).
宋基豪, 〈발해 城址의 조사와 연구〉(《韓國史論》 19, 國史編纂委員會, 1989).
鄭永振, 〈최근년간 중국동북지역에서의 발해유적 조사 발굴과 발해사 연구동향〉(《韓國上古史學報》 9, 1992).

문제이지만, 전적으로 이것만 다룬 글은 그렇게 많지 않다. 그러나 大祚榮의 出自나 발해의 종족 구성, 대외관계, 문화 성격 등 다른 여러 방면의 연구도 직·간접적으로 이와 관련되어 있다. 이것은 발해사를 어떻게 바라보느냐 하는 인식문제와 직결되어 있기 때문이다. 따라서 이것까지 감안한다면 제일 큰 비중을 차지하는 주제가 되며, 발해사 연구의 방향을 결정하는 핵심이 되고 있다.

금세기에 들어 각국에서 진행된 논의는 크게 두 가지로 나뉘어진다. 하나는 高句麗 계승국가로 보는 관점이고, 다른 하나는 靺鞨系 국가로 보는 관점이다. 이러한 차이는 과거의 역사적 사실에 근거를 두고 있기보다는 현재의 국가적 이해 관계에 따른 것이다. 그리고 지배층을 중심으로 보려는 전통적 역사관과 피지배층을 중심으로 보려는 마르크스주의 역사관에서 비롯된 면도 있다. 이에 따라 개인적 차원에서보다는 국가별로 견해가 갈라지는 특성이 있다. 전자는 주로 남·북한과 일본에서 보는 시각이며, 후자는 중국과 러시아에서 견지하는 시각으로 정리해도 무리가 없을 것이다.

그러나 이 두 가지 그룹 안에서도 관점들이 조금씩 다르다. 똑같이 고구려 계승국가로 보지만, 북한에서는 영토·주민·문화 등 모든 면에서 고구려를 계승하였다고 하여 고구려 일변도로 기울고 있어서 그만큼 경직성을 띠고 있다. 반면에 남한에서는 고구려 계승국가로 보아야 한다는 당위성에 동의하면서 南北國時代라는 명칭을 사용하자는 논의가 진행되고 있지만, 다른 가능성들에 대해서도 유연성을 가지고 있다. 일본에서는 이보다 강도는 약하지만, 國書에 나타나는 고구려 계승의식, 지방제도면에서 고구려와 발해의 연속성을 추적함으로써 고구려계 국가로 파악하고 있다.

중국과 러시아도 미묘한 입장 차이가 드러난다. 똑같이 말갈계 국가로 보더라도 말갈족의 귀속문제에서 시각이 갈라지고 있다. 중국에서는 말갈족을 중국에 속하는 소수민족의 하나로 보는 데에 반해서, 러시아에서는 러시아 원동 소수민족의 하나로 보려 하고 있다. 따라서 발해사를 각기 자기 역사의 일부로 다루려 하고 있는 것이다. 더구나 중국에서는 발해가 粟末靺鞨族을 주체로 한 정권이며, 심지어는 독립국이 아닌 당나라의 일개 지방정권에 불과하다고 주장하고 있는데, 이 두 가지 사실이 연구의 기본

전제가 되어 있을 정도이다. 근래에는 고구려도 중국사의 일부이기 때문에 말갈계 국가이건 고구려계 국가이건 간에 중국사의 일부라는 주장도 제기되고 있다.[44)]

따라서 한국과 중국 그리고 러시아가 모두 발해를 자기 역사 속으로 끌어들이려는 의도를 가지고 연구에 임하고 있다. 그러나 지금까지의 글들을 보면 이러한 주장들이 아직도 실증적 토대 위에서 설득력있게 전개되어 온 것이 아니라는 데에 문제점이 있다.

그 예로서 중국에서 1970년대부터 제기된 것으로 발해가 당나라 지방국가였다는 설을 들 수 있다. 그러나 이 주장은 발해인들이 賓貢科에 응시하였다는 사실 하나만으로도 허구에 불과한 것임을 알 수 있다. 빈공과란 신라인이나 발해인과 같은 외국인을 위해서 특별히 설치한 것이기 때문이다. 발해는 대외적으로 당나라로부터 冊封을 받았고 당나라에 朝貢하였으므로 기본적으로는 당나라 중심의 국제질서에 편입되어 있었던 왕국이었다. 그러면서도 내부적으로는 皇帝國의 면모를 원용하였던 사실이 확인되고 있다. 따라서 발해는 대외적으로 당나라에 臣屬하면서도 내부적으로 황제국의 질서를 일부 유지하려 한 二重體制를 취하고 있었던 엄연한 독립국이었다.

그러면서 발해는 고구려 계승의식을 강하게 지니고 있었던 나라였다. 고고학 자료를 분석해 보면 고구려·말갈·당나라 문화 요소 등이 서로 융합된 양상을 보이고 있다. 그렇지만 이것은 역사적 계승성을 보여주는 것이 아니라 발해인의 생활문화의 다양성을 반영하는 것일 뿐이다. 발해인들의 의식은 바로 문헌에서 드러난다. 이러한 문헌 자료에서는 지속적으로 고구려 계승의식만이 나타날 뿐이다.

건국 집단의 구성이나 지배 집단의 姓氏 구성에서 고구려 계통의 사람들이 주도권을 쥐고 있었음을 볼 수 있다. 그리고 文王대에는 일본과의 외교에서 고구려의 天孫意識을 원용한 사실이 드러나고, 그의 후반기에는 고구려 계승국이라는 의미로서 고려국을 표방하였다. 康王대에도 고구려 계승의식이 집중적으로 나타나고 있다. 특히 이 때에 강왕 자신이 스스로 이러한 의식을

44) 孫進己의 주장이 대표적이다.

드러낸 것은 발해인의 입장을 밝히고 있어서 주목된다. 그리고 872년에 일본에서 발해 사신을 접대하면서 고구려 계통의 사람을 내세웠다는 점을 볼 때에 마지막까지 고구려 계승의식이 지속되었음을 분명히 알 수 있다. 따라서 발해사의 고구려 계승성은 자명하다고 하지 않을 수 없다. 그런 의미에서 발해사는 한국사의 일부이다.

〈宋基豪〉

집 필 자

개 요 .... 노태돈

Ⅰ. 발해의 성립과 발전

1. 발해의 건국 .... 노태돈
2. 발해의 발전 .... 노태돈
3. 발해국의 주민구성 .... 노태돈

Ⅱ. 발해의 변천

1. 발해의 융성 .... 송기호
2. 발해의 쇠퇴와 멸망 .... 송기호
3. 발해유민의 부흥운동 .... 한규철

Ⅲ. 발해의 대외관계

1. 신라와의 관계 .... 한규철
2. 당과의 관계 .... 한규철
3. 일본과의 관계 .... 한규철

Ⅳ. 발해의 정치·사회와 경제

1. 중앙통치조직 .... 한규철
2. 지방·군사제도 .... 한규철
3. 사회·경제구조 .... 임상선

V. 발해의 문화와 발해사 인식의 변천

한국사 10
발해

편찬간행 **국사편찬위원회**

초판1쇄 2003년 11월 30일
2쇄 2013년 6월 4일

번각발행 **탑구당**

등록일 1950년 11월 1일
등록번호 서울 제 03-00993 호

주소 서울특별시 용산구 한강대로 62 나길 6
전화 (02) 3785-2211(대표)
팩스 (02) 3785-2272
홈페이지 www.tamgudang.co.kr
전자우편 tamgudang@paran.com

ISBN 978-89-8236-576-8
978-89-8236-566-9(세트)

값 12,000 원